NEGROS DOS MATOS

Histórias de comunidades quilombolas de Sergipe Del Rey (Séc. XIX)

NEGROS DOS MATOS

Histórias de comunidades quilombolas de Sergipe Del Rey (Séc. XIX)

Igor Fonsêca de Oliveira

Palameda

Grafia atualizada segundo o Acordo Ortográfico da Língua Portuguesa de 1990, que entrou em vigor no Brasil em 2009.

EDIÇÃO: Joana Monteleone/Haroldo Ceravolo Sereza
ASSISTENTE ACADÊMICA: Tamara Santos
PROJETO GRÁFICO, CAPA E DIAGRAMAÇÃO: Ana Júlia Ribeiro
REVISÃO: Alexandra Colontini

CIP-BRASIL. CATALOGAÇÃO NA PUBLICAÇÃO
SINDICATO NACIONAL DOS EDITORES DE LIVROS, RJ

O47N

Oliveira, Igor Fonsêca de
Negros dos matos : histórias de comunidades quilombolas de Sergipe Del Rey (Séc. XIX) / Igor Fonsêca de Oliveira. - 1. ed. - São Paulo : Alameda, 2023.
334 p. ; 21 cm.

Inclui bibliografia
ISBN 978-65-5966-200-5

1. Escravos - Sergipe - Insurreições, etc - Séc. XIX. 2. Escravidão - Sergipe Del Rey - História - Séc. XIX. 3. Quilombolas - Sergipe - História - Séc. XIX. I. Título

CDD: 981.41
23-85813 CDU: 94(813.7)

Meri Gleice Rodrigues de Souza - Bibliotecária - CRB-7/6439

ALAMEDA CASA EDITORIAL
Rua Treze de Maio, 353 – Bela Vista
CEP: 01327-000 – São Paulo – SP
Tel.: (11) 3012-2403
www.alamedaeditorial.com.br

SUMÁRIO

AO SUL E AO NORTE DA (PARA) HISTÓRIA QUILOMBOLA

Flavio Gomes (UFRJ)

Já é bem conhecida a viragem historiográfica sobre escravidão e pós-emancipação, entre o final do século XX e a era atual. Abordagens, fontes, metodologias, influências e tantos outros tópicos para uma história da historiografia brasileira que ainda aguarda um capítulo. É sempre importante destacar o protagonismo das gerações recentes – muitos intelectuais negros e negras – com estudos desenvolvidos nos mais reconhecidos programas de pós-graduação (não apenas aqueles *sudestinos* USP, UFF e Unicamp, mas igualmente UFBA, UFPE, UFPB, UFCE e outros tantos como UNEB, UFMA, UFS etc). Nas ambiências da redemocratização, no clima de esperança dos anos 90, na força dos movimentos sociais e diante das políticas afirmativas se desenvolveu ainda mais uma historiografia mobilizada em entender *Brasis* entre permanências, legados, heranças e projetos de exclusão que se reinventaram numa *nação* (existe?) que se quis moderna para a narrativa de uma *intelligentsia* urbana, masculina e branca.

Não faltaram temas inéditos, suportes originais e acervos descortinados que se transformaram em centenas de livros, artigos, coletâneas e, sobretudo dissertações de mestrados e teses de Doutorado. É interessante notar como alguns temas – a despeito da efervescência política – foram senão esquecidos, quase abandonados pelos historiadores na última década. As abordagens sobre o cotidiano e as sociabilidades procuraram os *sujeitos*, porém mais o *indivíduo-cultural* e menos o *coletivo-político*. Os estudos históricos sobre os quilombos coloniais e aqueles do século XIX desapareceram.

Quando não, se concentraram em abordagens sobre as comunidades remanescentes (questões da memória e patrimônio) com a proeminência das áreas de Educação, de Antropologia e depois da Geografia, do Serviço Social, da Pedagogia e menos (cada vez menos) da História. Nos debates sobre os *Direitos Constitucionais* quilombolas (terra, educação, políticas públicas e cidadania), a história, a historiografia e os historiadores ficaram de fora, quase banidos ou mesmo reclusos. Alguns críticos afirmavam que as definições sobre os quilombos históricos (um eufemismo para falar das experiências das comunidades de fugitivos entre os séculos XVI aos últimos da era escravista) se baseavam em categorias "frigorificadas", e o pior: nada ajudavam a entender o fenômeno contemporâneo dos remanescentes quilombolas. Será?

Houve exceções com pesquisadores vasculhando acervos de fontes textuais setecentistas e oitocentistas, localizando fugitivos, formações comunitárias, sentidos camponeses, integração sócio-mercantis etc. Nem sempre reconhecidas surgiriam mais e mais questões históricas que mostravam o *passado-presente* quilombola. Bastava conectar questões (*territórios* e *lugar*, por exemplo) e ajustar olhares.

O livro de Igor Oliveira (originalmente tese de Doutorado em História na UFPE) chega numa hora propícia. Nos últimos anos, os quilombolas conheceram ainda mais outros inimigos (alguns declarados e representados pela escassez de políticas da esfera pública, principalmente entre 2019 e 2022), mas se mantiveram firmes. Lutaram (e lutam) por terras, territórios, educação, saúde, demarcação, segurança alimentar, patrimônio, internet, titulação, memória, reconhecimento e especialmente proteção jurídica e policial, posto o número alarmante de lideranças quilombolas assassinadas e a permanente ameaça. Paradoxalmente foi no ano de 2022 -- era pós-pandêmica -- que os recenseadores do IBGE coletaram dados que surpreenderam. Há no Brasil atual cerca de 1,3 milhões de quilombolas, espalhados nos quatro cantos de uma *nação* que insisti em torná-los invisivéis.

Na próxima década, os quilombolas poderão chegar a um digito (1%) e não estarão muitos distantes da população indígena, atualmente 1,6 milhões.

A obra que os leitores tem em mãos não trata de questões atuais. Mas as investigações e reflexões que ele contém oferecem postos de observação interpretativos, localizam mapas metodológicos, indicam lentes e reconhecem bússolas acadêmicas e intelectuais para entender faces e fases históricas sobre os quilombos e suas transformações contemporâneas. Com força empírica adentramos veredas de um Sergipe Oitocentista. E assim continuamos a refletir sobre as formas *camponesas negras* – sempre provisórias e improvisadas -- que rapidamente se desmanchavam, proliferando em fronteiras econômicas, tanto *plantation* como áreas voltadas para a produção de alimentos. Experiências camponesas que se constituíram a partir dos próprios quilombos – independente de tamanhos -- com suas especificidades e articulações econômicas locais.

A apropriação da nomenclatura "comunidades quilombolas" que autor utiliza amplia em muito a temática em perspectiva histórica. Fenômeno hemisférico na escravidão africana atlântica das Américas, as comunidades de escravizados fugitivos foram nomeadas *Cumbes*, *Palenques*, *Maroons*, *Maronage* e *Cimarrones.* No Brasil, as denominações encontradas nas fontes textuais coloniais para as comunidades de fugitivos foram primeiramente *mocambos* e depois *quilombos*, ambas africanas (da África Central) com significado de acampamentos. Certamente traduções (administrativa e cultural) de termos africanos na linguagem colonial eram apropriadas, embora conheçamos poucos sobre como os fugitivos africanos identificaram a si próprios e as comunidades que formavam. Cabe destacar que uma definição de *Quilombo* só aparece na legislação ultramarina para o Brasil em 1741.

No caso das comunidades negras rurais, além dos quilombos, surgiram de formas de ocupação seculares e também de doações de terras para libertos desde o final da era setecentista, com impacto nas últimas décadas da escravidão e no primeiro quartel da pós-abolição. Assim, importante processo histórico a ser considerado foi o movimento de migração de famílias negras e ocupação de terras na última década da escravidão e primeiros anos de pós-emancipação.

Igor Oliveira se multiplica em fontes policiais utilizadas entre impressionante acuidade analítica para adentrar o Vale do Cotinguiba, destacada área agrícola sergipana, localizando territórios, vislumbrando paisagens e sobretudo compreendendo a movimentação quilombola. As perspectivas de *deslocamentos* e de *provisórias estruturas* camponesas sugerem compreensão interessante sobre os quilombolas. Muito mais do que descrever outro *campo negro,* o autor recupera a expressão "negros dos matos" da documentação policial (enquanto formas camponesas em áreas de Pernambuco e Alagoas, na primeira metade do século XX, eram assim chamadas segundo a memória e estudos clássicos sobre campesinato), transformando-a em ferramenta analítica para refazer redes, decifrar estratégias, acompanhar trajetórias e descortinar sentidos e significados para as fugas, entre projetos coletivos de liberdade e autonomia, incluindo *geografias negras* de cooperação, conflitos, identidades e culturas agrárias.

INTRODUÇÃO

José Maruim chegou a Sergipe Del Rey após ser capturado, escravizado e embarcado em um navio que deixou alguma praia situada na costa da África em direção ao Brasil. Veio, muito provavelmente, ainda pequeno, motivo pelo qual não sabia indicar os nomes dos seus pais, onde estes se encontravam e sequer se estavam ainda vivos.

Chegou ao Brasil, presume-se, em meados da década de 1820, em um momento em que a importação de escravizados estava aumentando exponencialmente. Trabalhou no eito agrícola e no serviço doméstico, em mais de uma propriedade e para mais de um senhor, entre os quais um de nome Isac, morador na vila da Japaratuba, da província de Sergipe Del Rey, de quem escapou no início do inverno do ano de 1871, após ser castigado.

Não era, no entanto, a primeira vez que fugia. Já estivera nessa condição uma outra vez, motivo pelo qual parecia saber exatamente para onde deveria ir. Não demorou em seguir na direção das matas do engenho São José, da vila de Rosário do Catete, onde notícias indicavam existir um dos maiores redutos quilombolas do Vale do Cotinguiba. Lá, José Maruim encontraria não apenas um abrigo, mas ainda antigos parceiros com os quais conviveu da primeira vez que escapou.

Ficaria, no entanto, nessas matas apenas por um curto período, pois os constantes ataques contra o quilombo situado nas imediações do São José o obrigou a migrar, com outros escravos, para as matas do engenho Jurema. Todavia, com o aumento das operações policiais, os poucos quilombolas que permaneciam nos matos do São José acabaram se dispersando, pouco depois, para outras matas, outros redutos. Tratava-se, naquele momento, de uma realidade comum a outras comunidades quilombolas do Vale do Cotinguiba. Os constantes ataques não os permitiam pousos mais duradouros, motivo pelo qual não podiam ainda plantar e produzir os seus próprios alimentos. Tinham que recorrer, para sobreviver, a caça e sobretudo ao que podiam conseguir através do roubo de animais e saques que costumavam praticar contra as instalações das propriedades da região.

O próprio José Maruim participara de alguns desses roubos. Todavia, em decorrência de um deles, ocorrido na noite de Natal do ano de 1871, no engenho Carregosa, em Laranjeiras, o destino de José Maruim mudou mais uma vez. Logo depois de empreender esse roubo, José Maruim e outros dez quilombolas retornaram para os matos do engenho Jurema, onde se encontravam acoitados. Lá, no entanto, receberam a notícia de que um destacamento policial poderia estar prestes a marchar ao encontro deles, motivo pelo qual decidiram se mudar novamente, dessa vez para as matas do engenho Piranhas. Todavia, José Maruim optou por não seguir com os demais escravos para essas matas. Tomou outro destino, o da cidade de Maruim, onde estaria residindo o senhor que acabara de o comprar. Tencionava, ao que parece, se entregar ao seu novo senhor, mas acabaria sendo capturado pouco depois de alcançar o engenho Porto dos Barcos. E como em sua posse seria encontrado um saco contendo diversos objetos roubados do engenho Carregosa, José Maruim acabou sendo pronunciado e, em seguida, processado. Em um dos seus depoimentos, ele procurou diminuir sua participação ao indicar que se manteve distante da propriedade, apenas segurando os animais de montaria dos seus parceiros. Todavia, mesmo por "ouvir dizer", os demais depoentes procuraram desmentir José Maruim, indicando que ele era sim um dos principais autores do mencionado crime. Tudo indicava que ele não iria escapar de uma sentença punitiva, mas, contrariando o esperado, José Maruim acabou sendo inocentado no processo.

Em muitas pesquisas, o encerramento de um processo-crime ou de qualquer outro documento primário, coincide com o desaparecimento de um ou mais personagens da História que então nos propomos a narrar. Trata-se de uma realidade comum e, até certo ponto, esperada, mas que, nem por isso, deixa de ser angustiante, especialmente diante da impossibilidade de saber mais sobre os destinos dos personagens que estamos a estudar. No caso de José Maruim, isso não aconteceu. Um outro documento, datado pouco mais de um ano após ele ser capturado nas imediações do engenho Porto dos Barcos, apontou alguns indícios do que ocorreu com ele após ser inocentado naquele processo. Trata-se de um interrogatório produzido pouco depois dele ser capturado, mais uma vez, como autor de um roubo.

Nesse novo depoimento, José Maruim indicou não estar mais residindo no Vale do Cotinguiba. Há pouco mais de seis meses mudara-se para a vila de Itabaiana, região agreste de Sergipe Del Rey, onde estaria a se ocupar dos serviços do engenho Carvão. Trata-se de um dado importante sobretudo porque ele indicou que, mesmo não residindo mais no Vale do Cotinguiba, ele continuava a saber onde estariam escondidos seus antigos parceiros de quilombos. Todavia, mesmo sabendo onde eram os seus paradeiros, ele revelou que poderia denunciá-los. Tomaria essa decisão em atenção, mais precisamente, a um dos seus antigos parceiros, o qual quebrou e o resgatou de um tronco pouco depois dele ser capturado pela primeira vez.

Os documentos que narram essas experiências de José Maruim são datados do início da década de 1870, momento em que a secretaria de polícia de Sergipe Del Rey estava empreendendo uma série de atividades contra as populações quilombolas situadas nas matas do Vale do Cotinguiba. São documentos apurativos e acusatórios, produzidos não apenas no âmbito da secretaria de polícia, mas ainda do Poder Judiciário, que revelam as motivações, os sentidos, as expectativas e sobretudo a coragem de um escravizado que, por duas vezes, encontrou nos quilombos um meio de melhorar a sua condição de vida.[1]

Todavia, nas duas ocasiões em que escapou, acabou sendo capturado. Na primeira, acabou sendo punido, enquanto que na segunda, processado por roubo. Foi vendido, mudando-se, compulsoriamente, para uma região mais distante de onde estavam os seus antigos parceiros. Mas, nem por isso, deixou de manter contatos e, até mesmo, de cooperar com eles, mesmo que se mantendo em silêncio diante das autoridades policiais.

Muitos escravizados, assim como José Maruim, encontraram na evasão, mesmo que provisória, as condições necessárias para melhorar as suas vidas. Não era uma decisão simples de ser adotada, ainda mais quando se sabia que o sucesso de uma fuga ia muito além do destino que deveria ser, pouco depois, alcançado. Tinham escravizados que escapavam a procura de novos senhores, querendo reatar o contato com pessoas que o cativeiro os distanciou, atrás de outros meios de vida ou, simplesmente, para um ambiente mais distante dos seus senhores, onde procurariam dar continuidade, dentro do possível, as suas vidas. Não era incomum que nesse momento contassem com a solidariedade de antigos companheiros e de uma outra pessoa que, de algum modo, poderia contribuir com os seus anseios, com os seus planos.

Outros procurariam se inserir entre as populações de negros que ocupavam as ruas e as calçadas das cidades. Entretanto, indivíduos estranhos a esses ambientes, especialmente quando não possuíam ocupações

1 Sobre José Maruim, no Arquivo Geral do Judiciário do Estado de Sergipe consta um sumário de culpa, datado de 1871, que investiga a sua participação no roubo em uma senzala no engenho Carregoza. Já no Arquivo Público de Sergipe, constam algumas correspondências que noticiam a sua apreensão, além de um auto de perguntas, datado do ano de 1873. APES. Fundo: SP[1]. Pacotilha: 298. Interrogatório feito pelo delegado de polícia de Divina Pastora, 22 de março de 1873.

determinadas, costumavam atrair a atenção de civis e de autoridades públicas. Impossibilitados de permanecerem escondidos nesses ambientes por um período maior, muitos escravizados se viram obrigados a migrar, assim como José Maruim, para as matas que rodeavam os núcleos populacionais mais urbanos, onde – não coincidentemente – passariam a contar muito mais do que com uma cumplicidade natural.

Na segunda metade do século XIX, o escravizado que abandonasse a propriedade do seu senhor para se esconder nas matas do Vale do Cotinguiba, principal região agrícola da província de Sergipe Del Rey, não demoraria a se deparar com outros em iguais condições. Muitos deles estavam reunidos em pequenos redutos quilombolas, os quais eram compostos por dois ou, no máximo, quatro mocambos, onde se dividia uma população de, aproximadamente, duas dezenas de escravos fugidos.

Esse estudo procura analisar as experiências e as vivências desses escravizados que, em algum momento das suas vidas, deixaram a propriedade dos seus senhores e passaram a residir em comunidades quilombolas situadas nas matas do Vale do Cotinguiba, a partir da segunda metade do século XIX. Tratava-se, como poderemos notar, de comunidades volantes, não estáveis, que encontraram na cumplicidade das matas e nas redes de alianças estabelecidas a partir dos quilombos os elementos necessários para melhorarem e darem novos rumos as suas vidas. São, mais especialmente, os sentidos empregados a esse momento das suas vidas, o qual não deixava de ser permeado de tensão e conflito, que se procurou aqui apresentar.

Há anos as ações promovidas pelos quilombolas do Vale do Cotinguiba atraem as atenções dos pesquisadores da escravidão negra, especialmente daqueles que se debruçaram sobre o assunto da resistência escrava no Brasil. Levando em consideração a análise que João José Reis e Flávio Gomes desenvolveram a respeito da Historiografia dos quilombos no Brasil, pode-se indicar que os primeiros escritos a respeito dos quilombos de Sergipe – ao menos de modo mais sistematizado – aparecem dentro da perspectiva *revisionista* e *materialista* apresentada por Clóvis Moura em *Rebeliões da Senzala*, obra publicada no ano de 1959.[2]

Importante, esse seu estudo procurou revisitar as relações escravistas no Brasil, contrapondo sobretudo ao que disse Gilberto Freyre ao desenvolver o ideal da democracia racial. Muitos estudiosos procuraram repercutir os ideais propostos por Gilberto Freyre sobre a escravidão no Brasil. Em Sergipe, o primeiro a repercutir os seus ideais seria o antropólogo Felte Bezerra, em *Etnias Sergipanas*, estudo publicado no ano de 1950. Em uma obra que procurava, a partir da perspectiva da Antropologia Cultural, as origens étnicas do povo sergipano, Felte Bezerra indicou que Sergipe era um dos lugares onde se podia:

> aceitar a existência daquele tratamento relativamente humano, do senhor para o escravo, de que fala Gilberto Freyre, ao estabelecer paralelo entre o tratamento em muitas regiões escravas do Brasil e aquele dado pelos estadunidenses, ou melhor, seus colonizadores ingleses, nas *plantations* do Sul do país norte-americano.[3]

No seu entender, as relações entre senhores e escravos em Sergipe preservaram os mesmos aspectos paternais apontados por Gilberto Freyre ao comparar a escravidão do Brasil com a do sul dos Estados Unidos. Todavia, em outro momento desse seu estudo, Felte Bezerra não apenas reconheceu a existência de quilombos em Sergipe, como ainda indicou, contrariando o que disse anteriormente, que o surgimento desses redutos poderia ser decorrência do uso de instrumentos de punição por parte dos donos de escravos.

2 Reis & Gomes, 1996, p. 12-13.

3 Bezerra, 1984, p. 108. Grifos do autor.

Quanto ao suposto comportamento dócil desses donos de escravos, Felte Bezerra procurou se apoiar em parte de um depoimento do então vigário Dom Marcos de Souza, datado do ano de 1808. Trata-se de um registro da sua *Memória Sobre a Capitania de Sergipe Del Rey*, publicada no ano de 1878. Optou-se por reproduzir abaixo, *ipsis litteris*, essa parte do seu depoimento por compreender o quanto ele se mostrou ser importante não apenas para a construção de um ideal paternal das relações escravistas em Sergipe, o qual seria reproduzido não apenas por Felte Bezerra, mas ainda por seu impacto em alguns debates desenvolvidos no âmbito da escrita da História da escravidão negra em Sergipe.

Segundo o vigário Dom Marcos de Souza, eram:

> muito ativos os moradores de Sergipe, que empreendem este ramo de lavoura [cana de açúcar], porque com vinte cativos fazem maior quantidade de açúcar do que muitos ricos lavradores do recôncavo da Bahia com os enfraquecidos braços de cem escravos. Mas eu descubro e apresento a razão de proveito tão vantajoso. Ali são mais bem tratados estes homens desgraçados, sujeitos a lei do cativeiro; são nutridos com os saudáveis alimentos de vegetais com feijões e com milho que por toda a parte colhem com abundância. Os escravos do recôncavo da Bahia se nutrem com o escasso e nocivo alimento de carne salgada do Rio Grande; suas pequenas casas são cobertas de palhas e mal os agasalham do rigor da estação, quando as senzalas em Sergipe são cobertas de telhas. Os escravos são vestidos com algodão manufaturado pelas escravas, quando os do recôncavo pela maior parte parecem orangotangos. Ali se lhes permite a mais doce sociedade, podem casar-se com as escravas da mesma família e ainda de outra, quando os proprietários da vizinha Bahia embaraçam a liberdade do

> matrimônio, obstam a este contrato santo, esses grande sacramento, como escreve o Apóstolo.[4]

Nota-se que, de acordo com o vigário, mesmo com um número menor de escravos, os proprietários da capitania de Sergipe Del Rey conseguiam produzir mais açúcar "do que muitos ricos" donos de engenhos do Recôncavo Baiano. Isso se devia sobretudo ao modo paternal como os escravos dessa capitania eram cuidados pelos seus senhores, os quais não apenas os vestiam mais adequadamente, como ainda os nutriam com alimentos mais saudáveis, os protegiam em moradas menos insalubres e nem se quer os impediam de contrair matrimônio com escravas ou escravos de outras propriedades.

Em outro momento desse mesmo estudo, o Vigário Dom Marcos, ao retratar ainda a abundância da produção de cereais e leguminosas nos núcleos populacionais mais acostados das praias, principalmente em Santo Amaro da Purificação, revelou que isso vinha possibilitando a maior concentração de "negros de Guiné e Angola", os quais viviam ali "mais satisfeitos".[5]

Mesmo alguns dados apresentados pelo vigário Dom Marcos não destoando plenamente do que se pode encontrar em alguns documentos primários, percebe-se que ele pintou uma paisagem muito idílica da escravidão em Sergipe, a qual, certamente, não condizia com a realidade. Uma maneira de melhor compreender a dimensão que esse depoimento atingiria dois séculos depois passa, necessariamente, pela compreensão da importância do vigário Dom Marcos. No ano de 1808, momento em que indicou estar ocupado com a escrita da sua *Memória* sobre a capitania de Sergipe, o vigário Dom Marcos de Souza era considerado um dos religiosos mais respeitados do lado de cá do Império Português. Inclusive, esse prestígio o credenciou, no ano de 1820, a ocupar uma das cadeiras de deputados nas cortes de Lisboa, onde as pautas principais em curso eram a soberania e o destino político do Império.

4 Souza, 2005, p. 26-27.

5 *Idem*, p. 68.

Logo depois, atravessou novamente o Atlântico e acabou sendo nomeado pelo próprio Imperador Dom Pedro I como o primeiro bispo do Brasil recém independente. Essa proximidade com a corte e, mais especialmente, com o Imperador, permitiu que ele adentrasse para a política, porém sem abandonar os postos e os compromissos com a Igreja Católica.[6]

Não restam dúvidas que Dom Marcos de Souza era uma pessoa de muito prestígio, detentor de um posicionamento político-religioso marcante em momentos conturbados na História do Brasil. É a partir dessa perspectiva que se deve interpretar o que ele disse a respeito da escravidão em Sergipe. No que concerne, mais especialmente, a parte do depoimento em que empreende uma comparação entre o comportamento, os cuidados e as concessões que os proprietários de Sergipe davam aos seus escravos, isso parece retratar mais o seu posicionamento político-religioso em relação a escravidão no Brasil, do que uma imagem mais autêntica da realidade. Não se deve deixar ainda de considerar que, alguns anos depois de redigir a sua *Memória*, Dom Marcos de Souza estaria representando interesses que, aos poucos, se apresentariam enquanto nacionais. Inclusive, interesses onde o assunto da escravidão estava densamente pautado, sobretudo a partir da aliança com a Inglaterra nas questões que envolviam o reconhecimento da autonomia política em relação ao domínio de Portugal.

Enquanto esteve na capitania de Sergipe, Dom Marcos de Souza ocupou o cargo de vigário na freguesia de Siriri, uma pequena povoação situada dentro do Vale do Cotinguiba, região que estava, naquele momento, despontando economicamente em razão do cultivo da cana de açúcar. Muito embora se encontre em seus apontamentos registros sobre outras regiões de Sergipe, assim como relatos sobre muitos outros assuntos, não restam dúvidas que a parte de maior repercussão corresponde a sua abordagem a respeito da escravidão e das relações escravistas em Sergipe.

---

6 Neste sentido, ver: Silva, 2015, p. 49-69.

Muitos estudiosos reproduziram essa parte do seu depoimento procurando discutir e se posicionar a respeito do que ele indicou, o que, por sua vez, acabou contribuindo para o desenvolvimento da escrita da História da escravidão negra em Sergipe. Nota-se, em algumas ocasiões, que estudar as ações promovidas pelos quilombolas de Sergipe se constituía na melhor maneira de repudiar o mito da democracia racial, o qual, regionalmente, passaria, como dito, a ser sustentado por Felte Bezerra.

O estudo revisionista e materialista de Clóvis Moura seria o primeiro a promover mudanças interpretativas importantes a respeito da escravidão em Sergipe. Os quilombos, disseminados em diversas regiões e presentes em muitos momentos da História do Brasil, seriam apresentadas por esse autor enquanto mais uma demonstração – se não a maior – de como o nosso sistema escravista era pautado na violência. Todavia, segundo Clóvis Moura, o quilombo era uma instituição natural no interior de uma sociedade escravista; a sua aparição iria se dar onde quer que a escravidão estivesse presente. Era, desse modo, um produto, uma consequência do acentuado e meticuloso processo de coisificação arquitetado e desenvolvido pelos proprietários contra a classe escrava do Brasil.[7]

Em alguns quilombos como, por exemplo, os de Sergipe Del Rey da segunda metade do século XIX, a proximidade com as propriedades senhoriais permitiu um contato maior entre os quilombolas e os escravos das senzalas.[8] Isso, no seu entender, permitiu a adoção de uma estratégia de luta escrava que ele denominou enquanto "sistema de guerrilhas", o qual correspondia, em suma, a ataques surpresas promovidos contra as diligências repressoras no interior das matas. Essa estratégia era, na verdade, um complemento de outros modelos de resistência escrava descritos anteriormente

7 Moura, 1981, p. 87.

8 *Idem*, p. 125.

por Edison Carneiro, mais um autor comprometido com os estudos dos quilombos no Brasil, especialmente com o Quilombo dos Palmares.[9]

Clóvis Moura indicou que essa estratégia parecia ser a mais adequada para regiões que possuíam dimensões pequenas, a exemplo de onde estavam situados os quilombos de Sergipe. Quando associada a outras ações promovidas pelos escravos, ela permitiria um maior desgaste da estrutura coercitiva montada pelos proprietários e autoridades policiais de Sergipe, motivo pelo qual os redutos quilombolas conseguiriam se perpetuar até a derrocada do regime escravista.

Os escritos e as interpretações materialistas propostas por Clóvis Moura seriam amplamente repercutidas entre os estudiosos de Sergipe. Em *Da fuga ao suicídio*, obra publicada no ano de 1972, José Alípio Goulart, ao analisar a rebeldia escrava e os quilombos de Sergipe, procurou recrutar muitos dos ideais desenvolvidos por Clóvis Moura, inclusive dando destaque a prática de guerrilhas empregada pelos escravos fugidos.[10]

Foi, no entanto, o pesquisador Ariosvaldo Figueiredo quem mais se mostrou entusiasmado com a perspectiva materialista desenvolvida por Clóvis Moura a respeito dos quilombos de Sergipe. Em suas palavras, o quilombo era a esperança, a possibilidade encontrada pelos escravos para escapar, dentro do possível, de uma relação pautada na insegurança, no ódio, na suspeição, na agonia e na dor; daí o porquê dos crimes, muito comum entre os quilombolas, serem praticamente inevitáveis. No seu entender, os roubos, os assassinatos e os muitos episódios de resistência impetrados pelos escravos, sobretudo a partir dos quilombos, decorriam de um processo de reação e afirmação de uma classe, de uma *luta de classe*.[11]

Muito embora procurasse, mais adiante, criticar o que Nina Rodrigues disse a respeito das comunidades quilombolas do Brasil, nota-se

9 *Idem*, p. 88.

10 Goulart, 1972, p. 249-254.

11 Figueiredo, 1977.

que Ariosvaldo Figueiredo, assim como a maioria dos estudiosos materialistas, insistiu no ideal da marginalização dos quilombos, um aspecto comumente retratado pelos estudos culturalistas produzidos entre as décadas de 1930 e 1940.[12] Ou seja, ainda que repudiasse e procurasse abandonar as principais concepções apresentadas pelos culturalistas, os estudos materialistas acabaram desenvolvendo, mesmo que a partir de outros argumentos, o ideal de que o aquilombamento se dava em um ambiente situado para além da escravidão.[13] Lá, nesse mundo a margem da escravidão, os escravos fugidos resistiriam astutamente, porém sem a capacidade política e o nível de consciência de classe imprescindíveis para contrapor a ordem pública, muito embora a perturbasse de sobremaneira.

No estudo de autoria de Lourival Santos, o primeiro preocupado em analisar de modo particular as ações e os atos promovidos pelos escravos fugidos instalados nas matas do Vale do Cotinguiba, pode-se percebe ainda a perpetuação do ideal da marginalização, uma vez que, segundo esse autor, a resistência das populações negras através dos quilombos se desenvolveu "de fora para dentro".[14]

Vale salientar, no entanto, que nesse estudo Lourival Santos apresenta discussões e aspectos até então não indicados, como, por exemplo, o desenvolvimento de uma análise sobre o modelo de economia presente nos quilombos sergipanos do século XIX. Inclusive, esse era o aspecto principal que, de acordo com ele, distinguia os redutos de Sergipe Del Rey dos situados em outras regiões do Brasil. Isso por que, os quilombolas de Sergipe desenvolveram um modelo de "economia predatória", pautado no predomínio de roubos e assaltos como meio de sobrevivência.[15] Tratava-se de uma inserção dos quilombos de Sergipe Del Rey em um dos modelos de

12 *Idem*, p. 92.

13 Reis & Gomes, 1996, p. 13

14 Santos, 1992, p. 42.

15 *Idem*, p. 41.

economia quilombola desenvolvida por Décio Freitas uma década antes, a qual seria retomada por Stuart Schwartz alguns anos depois, porém a partir da expressão "economia parasitária".[16]

Mesmo o uso dessas duas expressões sendo alvo de críticas de alguns pesquisadores, elas continuariam a serem empregadas em outros estudos sobre os quilombos de Sergipe, sempre como meio de indicar o modelo ou a principal característica econômica presente nesses redutos.[17] Tendo como perspectivas de análises os quilombos de Sergipe da segunda metade do século XIX, o pesquisador Amâncio Cardoso indicou que eles se enquadravam dentro do modelo "predatório", enquanto que Sharyse Piroupo do Amaral indicou que eram as suas economias que se caracterizavam enquanto "predatórias".[18]

O próprio Stuart Schwartz chegou, anos depois, a comentar as críticas que estava recebendo de alguns estudiosos após caracterizar as economias dos quilombos como "parasitária" e "predatória". Segundo ele, não obstante as associações depreciativas que essas duas expressões carregam – motivo da irritação, no seu entender, dos seus críticos –, não restam dúvidas de que muitos quilombos sobreviveram "à maneira das guerrilhas"; invadindo fazendas, assaltando nas estradas e extorquindo pessoas. Em outro momento, como que aprovando o uso dessas expressões, Stuart Schwartz indicou que mesmo quando as ações mencionadas não impediam o desenvolvimento de atividades como a agricultura, o artesanato e a caça, era, ainda assim, igualmente inegável que existia uma associação íntima e de atrito com a sociedade escravocrata, a qual ele nomeou enquanto "hospedeira".[19]

O que Stuart Schwartz parecia não compreender era que as críticas contra essas expressões se encontravam muito mais assentadas na

16 Freitas, 1982, p. 41; Schwartz, 2001, p. 228.

17 Reis, 1995-1996, p. 42; Gomes, 2006, p. 59.

18 Cardoso, 2005, p. 62; Amaral, 2012, p. 199.

19 Schwartz, 2001, p. 49.

precariedade semântica delas, do que, necessariamente, em suas associações depreciativas. Tais expressões não explicam a complexa estrutura econômica de sobrevivência presente na maioria dos quilombos do Brasil. Nesse sentido, o uso dessas expressões mais deturpa o entendimento dessas relações do que, necessariamente, contribuiu para a sua compreensão.

Não se pode dizer que os quilombolas – indicados como agentes parasitas – estabeleceram uma espécie de estrutura econômica onde somente eles eram os reais favorecidos e beneficiários, enquanto que a sociedade escravocrata – a suposta hospedeira – padecia por meio das suas ações criminosas. Não era isso que ocorria na maioria das ocasiões, motivo pelo qual parece ser um equívoco enquadrar a economia desenvolvida nesses redutos enquanto parasitária ou predatória. Existem diversos documentos que apontam que os alimentos e os produtos saqueados nas propriedades, assim como as carnes dos animais roubados nos pastos, eram, em seguida, repartidos com os escravizados que permaneciam nas senzalas. Há indícios ainda que apontam que pequenos sitiantes, donos de engenhos, autoridades públicas e, até mesmo, pessoas que estavam na mira das ações policiais como, por exemplo, os ciganos, se envolveram em negociações clandestinas com os escravizados que integravam os quilombos. Todos esses indivíduos pareciam retirar algum proveito dessas relações, as quais estavam mais para simbiótica ou de protocooperação do que para parasitária ou predatória – para não nos desviarmos do assunto ao qual essas duas últimas expressões parecem ser mais propícias.

Em artigo publicado em uma importante coletânea sobre os quilombos do Brasil, Donald Ramos apontou que um dos maiores problemas encarados pelas autoridades no combate aos quilombos do período colonial em Minas Gerais eram as relações simbióticas que os quilombolas desenvolviam com os moradores da região onde estavam acoitados.[20]

20 Ramos, 1996, p. 186.

Quanto aos quilombos de Sergipe do século XIX, eles não se distinguiam dos de outras regiões por serem diminutos, por não desenvolverem alguma espécie de economia própria ou pela prevalência de roubos como meio de sobrevivência. Tais características, pelo contrário, os aproximam de outros quilombos e da realidade experimentada por muitos quilombolas do Brasil.

Todavia, não obstante reconhecer que o uso e o emprego de tipologias continua sendo uma preocupação de alguns pesquisadores dos quilombos do Brasil, como se pode notar no estudo de Marcia Amantino, não se está aqui a advogar o uso das expressões acima mencionadas.[21] Qualquer discurso nessa direção pode colocar em risco e comprometer, mais uma vez, o entendimento de relações diversas, sem padrões e sobretudo complexas.

Voltemos, por mais alguns instantes, as experiências do quilombola José Maruim. Os muitos roubos que ele mesmo indicou participar e praticar com os seus parceiros de quilombo serviram, como se poderá notar no decorrer desse estudo, não apenas para mantê-los alimentados e distantes dos seus senhores, mas ainda para nutrir escravizados – em alguns casos seus próprios entes - que permaneciam nas senzalas. Em contrapartida, recebiam notícias a respeito dos rumos das operações policiais mais recentes, além de provimentos e abrigo durante o inverno.

Há, como se pode notar, uma série de dimensões, algumas assentadas muito além do quesito econômico, que não podem ser desconsideradas pelos pesquisadores. Torna-se imprescindível ampliar os sentidos das ações impetradas pelos quilombolas sergipanos, mesmo quando essas se encontravam revestidas de práticas criminosas, como então disciplinava o Código Criminal do Império.

No início da década de 1980, os estudos desenvolvidos dentro da perspectiva da História Social da escravidão procuraram, entre outras coisas, ampliar os sentidos dos crimes perpetrados pelos escravizados. Tais

---

21 Amantino, 2008.

crimes e delitos passaram a ser apresentados enquanto um ato social que, quando melhor analisados, podiam abrir possibilidades para a remontagem de determinados aspectos da vida social escrava, sobretudo de como eles se organizavam sob o regime de escravidão, como nos ensinou Maria Cristina Wissenbach.[22]

Na verdade, não apenas os crimes, mas muitas outras ações praticadas pelos escravizados, inclusive as que poderíamos enquadrar enquanto menos imperiosas, passaram por um processo de reavaliação analítica, sendo observadas a partir de um novo prisma – *de baixo*. Tal reposicionamento permitiu não apenas uma reconstituição mais nítida da vida social dos escravizados, mas ainda a superação de interpretações pessimistas como, por exemplo, a da *incapacidade política dos escravos*, outro ideal muito recorrente entre os estudiosos materialistas.

Esses novos estudos passaram a apresentar personagens que compreendiam o cenário político nacional e que eram capazes de interpretar, a partir dos seus interesses, as principais pautas e os debates mais acalorados ocorridos na Corte; os quais não demoravam a alcançar as ruas, as esquinas, as matas, os quilombos. Homens e mulheres que eram ainda capazes de intervir nas questões políticas nacionais – mesmo que minimamente, porém com enorme impacto em seus mundos –, participando diretamente e ativamente dos principais processos em curso, até mesmo daquele que resultaria na derrocada da escravidão.

Muitas mudanças operadas no âmbito da escrita da História da escravidão negra no Brasil eram decorrentes do contato com autores e obras estrangeiras como, por exemplo, as produzidas pelo inglês E. P. Thompson e pelo norte-americano Eugene Genovese, entre outros. Não restam dúvidas que esse contato estimulou e enriqueceu o debate a respeito da escravidão nacional. Temas, conceitos e problemas antigos seriam ressuscitados, reavaliados, reescritos, enquanto que uma série de novos assuntos e questões

22 Wissenbach, 1998.

passariam a estar na mira de uma nova geração de pesquisadores que, a partir de perspectivas teórico-metodológicas mais diversas, alargariam, em alguns anos, consideravelmente o conhecimento a respeito da História da escravidão negra no Brasil.

Houve, no entanto, quem se mostrasse incomodado com essas mudanças. Entre aqueles que se posicionaram contra essas novas abordagens estava Jacob Gorender. Seguindo uma perspectiva e um compromisso ideológico mais centrado no Marxismo, esse autor procurou, porém sem muito sucesso, reacender o debate sobre a violência do sistema escravocrata nacional. Não concordava, por isso, com as mudanças e as novas interpretações "reacionárias" desenvolvidas no âmbito da escrita da História da escravidão no Brasil, as quais, de acordo com ele, eram patrocinadas sobretudo pelo departamento de História da Universidade Estadual de Campinas.[23]

Mesmo os ideais propostos por Jacob Gorender sendo, nesse momento, pouco repercutidos, pode-se dizer que eles encontraram eco em Sergipe. Isso porque, em estudo dedicado a um dos principais personagens abolicionistas de Sergipe Del Rey, Maria Nely Santos indicou que as suas concepções a respeito da escravidão estavam muito mais próximas das propostas desenvolvidas por Jacob Gorender do que das apresentadas pela "corrente unicampista", uma vez que essa, de acordo com ela, estaria creditando as ações autônomas dos escravos como as principais causadoras da abolição da escravatura no Brasil.[24]

Tratava-se de um posicionamento, até certo ponto, compreensivo, sobretudo se considerarmos que o seu estudo estava a exaltar sobremaneira o papel desempenhado por um abolicionista, então apresentado como o principal agente da causa abolicionista em Sergipe. Todas as ações comunitárias dos escravos de Sergipe, incluindo as que resultaram no surgimento dos quilombos, seriam indicadas por Nely Santos como desorganizadas, motivo pela qual

23 Gorender, 2016, p. 40.

24 Santos, 1997, p. 132.

não atingiram a consciência e o amadurecimento necessários para contrariar e subverter a ordem escravista.[25] Tal subversão estaria a cargo de destemidos abolicionistas; no caso de Sergipe, de Francisco José Alves.

Mesmo reconhecendo as enormes contribuições de Robert Slenes, Maria Celia Marinho de Azevedo, Sidney Chalhoub, Silvia Hunold Lara, entre outros muitos pesquisadores que passaram pela UNICAMP, pode-se precisar que o movimento que estava a promover mudanças importantes no âmbito da escrita da História da escravidão no Brasil era muito mais amplo, reunindo pesquisadores de muitas outras instituições do país.

Todavia, em relação, mais precisamente, a Historiografia dos quilombos no Brasil, pode-se indicar que as mudanças operadas não resultaram em um abandono e nem sequer em uma ruptura plena com os ideais marxistas, uma vez que eles continuam presentes em muitos escritos, porém agora renovados a partir do contato com debates, perspectivas e abordagens mais recentes a respeito da escravidão negra em outras regiões do continente americano.

Os estudos sobre os quilombos no Brasil, inclusive a respeito de Palmares, passaram por renovações interpretativas importantes nas duas últimas décadas. Temos análises enriquecedoras a respeito de quilombos situados em regiões suburbanas, em ambientes mais ermos e, até mesmo, em zonas de fronteiras. Há, do mesmo modo, importantes estudos dedicados a quilombos compostos por um pequeno número de escravos fugidos, dos que comportavam mais de uma centena de quilombolas e, inclusive, que propõe uma avaliação mais criteriosa do conceito de comunidade quilombola empregado em muitos estudos. Temos ainda estudos que propõe uma análise desse assunto a partir de uma perspectiva mais macro e outros que procuram se aproximar mais intimamente das experiências dos quilombolas, diminuindo, assim, a escala de observação.

Entre os muitos conceitos surgidos e densamente debatidos no âmbito da escravidão, o "campo negro", idealizado por Flávio Gomes, parece ser o que

25 *Idem, ibidem.*

mais vem impactando as interpretações a respeito da História dos quilombos no Brasil. Tal conceito propõe um olhar mais amplo para um quesito sempre observado pelos pesquisadores dos quilombos do Brasil, mas que nem sempre mereceu a atenção devida: os contatos estabelecidos pelos quilombolas com as pessoas que residiam nos arredores dos seus coutos.

Segundo Flávio Gomes, o campo negro consistia em "uma complexa rede social permeada por aspectos multifacetados, envolvendo, em determinadas regiões do Brasil, movimentos sociais, assim como práticas econômicas com interesses multifacetados". Mais adiante, o autor indica que esse equivale a uma "arena social" que se constituiu como " palco de lutas e solidariedade" capaz de conectar "comunidade de fugitivos, cativos nas plantações e nas áreas urbanas vizinhas, libertos, lavradores, fazendeiros, autoridades policiais e outros tantos sujeitos que vivenciaram os *mundos da escravidão*".[26]

Flávio Gomes suplanta assim o aspecto econômico que acabou sendo acentuado por muitos estudiosos que procuraram analisar a rede de sociabilidades estabelecidas pelos quilombolas. Trata-se de um conceito que procura compreender essa rede de contatos a partir de interações sociais e interesses mais diversos, para além do quesito estritamente econômico, muito embora reconheça que esse era sim o aspecto que mais parecia atrair a atenção das autoridades.

Desde a publicação da obra *Histórias de Quilombos*, em 1995, onde Flávio Gomes apresentou e desenvolveu, pela primeira vez, esse conceito, alguns estudiosos mostraram-se preocupados em atestar a existência de campos negros em outras regiões do Brasil. Em suas análises, no entanto, quase nunca se pode compreender como essas redes de sociabilidades acabaram sendo estabelecidas nessas outras regiões. Há, certamente, aspectos e interesses comuns que motivaram e possibilitaram interações aqui e acolá, porém existem ainda questões e características que são particulares a cada uma dessas regiões escravistas que não podem ser ignoradas. Em outras palavras, não se

26 Gomes, 2005, p. 45. Grifos do autor.

deve apenas apontar a existência de comunicações mais rotineiras entre quilombolas e outros membros da sociedade escravista. Torna-se imprescindível ir além desse dado, superar essa questão, analisando ainda o que permitiu que esses indivíduos, em determinado momento, se aproximassem, interagissem socialmente, negociassem e compartilhassem interesses em comuns, mas que nem por isso deixavam de possuir motivações distintas.

Nos escritos sobre os quilombos de Sergipe, o mencionado conceito aparece, pela primeira vez, no estudo de autoria de Sharyse Piroupo do Amaral, intitulado *Um Pé Calçado, Outro No Chão*. Em o "Campo Negro do Cotinguiba", nome dado a uma parte do capítulo que a autora procura analisar a História e as experiências dos quilombos e dos quilombolas do Vale do Cotinguiba na segunda metade do século XIX, o conceito de campo negro aparece associado a interações sociais que eram motivadas – ou desembocavam – em práticas econômicas predatórias, uma vez que estavam centradas em roubos.[27]

Não se repetirá aqui novamente as críticas ao emprego dessa expressão. Entretanto, não se pode deixar de registrar que o seu uso, especialmente quando associado ao conceito de "campo negro", parece ser ainda mais impróprio, sobretudo quando se considera que este conceito suplanta, como indicado aqui anteriormente, o aspecto econômico presente em muitas análises desenvolvidas sobre as relações e as interações impetradas pelos quilombolas.

Muito embora salientasse, em outro momento, que os quilombolas do Vale do Cotinguiba desenvolveram a tática de guerrilhas no interior das matas, não se pode indicar que o estudo de Sharyse Piroupo do Amaral retoma os ideais e as perspectivas materialista que, durantes muitos anos, marcaram presença na escrita da História dos quilombos de Sergipe. Na sua análise, os roubos, os saques, entre outros crimes e delitos comuns em uma economia quilombola caracterizada enquanto predatória, contribuíram

27 Amaral, 2012, p. 187-189.

para que as ações dos escravos minassem "a escravidão por dentro, ao torná-la cada vez mais trabalhosa e menos lucrativa".[28]

Nesse sentido, se por um lado Sharyse Amaral direcionou mais o sentido das interações impetradas pelos quilombolas ao aspecto econômico, por outro, ampliou o impacto que essas causaram ao sistema escravista, sobretudo ao reposicionar os quilombos enquanto uma estrutura de resistência endêmica. Trata-se de um quesito importante em seu estudo, uma vez que supera, pela primeira vez, o ideal da marginalização dos quilombos sergipanos, dado esse muito marcante nos estudos de Lourival Santos e Maria Nely Santos.

O estudo de Sharyse Amaral consolida um novo momento na escrita da História dos quilombos de Sergipe, na medida em se aproxima mais das interpretações teórico-metodológicas desenvolvidas a respeito da escravidão negra no Brasil a partir da década de 1980; um direcionamento que podia ser sentido, mesmo que ainda parcialmente, em um estudo anterior, de autoria de Amâncio Cardoso.

Há seis décadas os pesquisadores de Sergipe vêm se debruçando sobre a problemática dos quilombos. Trata-se, certamente, do assunto que mais atraiu a atenção daqueles que escreveram a respeito da escravidão negra em Sergipe Del Rey. Entretanto, apesar desse amplo interesse, não existia ainda um estudo que se preocupasse em discutir de modo mais particular e sistematizado as experiências dos quilombolas que estavam acoitados nas matas do Vale do Cotinguiba na segunda metade do século XIX. Tomando como ponto de partida, entre outras coisas, essa constatação, procurou-se desenvolver nas páginas seguintes este estudo, porém não com a pretensão ou a intenção de ocupar esse espaço, mas sim com o compromisso de contribuir com as discussões que diversos estudiosos de Sergipe desenvolveram.

Isso explica por que se demorou aqui apontando e registrando – algumas vezes até datando – como se iniciou e se desenvolveu a escrita da História

---

28 *Idem*, p. 199.

dos quilombos em Sergipe e o modo como cada estudioso se posicionou em relação aos principais debates nacionais e estrangeiros. O que se encontra escrito nas próximas páginas preserva relação direta com as abordagens e as questões apresentadas e desenvolvidas por muitos estudiosos, inclusive com outros que não acabaram sendo aqui mencionados, mas que nem por isso deixam de ser importantes. O diálogo com esses pesquisadores e, mais precisamente, com o a produção historiográfica desenvolvida nas duas últimas décadas a respeito das comunidades de escravos fugidos nas Américas e, até mesmo, em África se mostrou importante para cada uma das escolhas e abordagens teórico-metodológicas que se procurou aqui apresentar.

No desenvolvimento dessa pesquisa, contou-se com uma documentação primária que, em sua maioria, corresponde a correspondências produzidas no âmbito da secretaria de polícia da província de Sergipe. Todas essas correspondências, as quais se encontravam, *a priori*, dispersas, quando agrupadas e organizadas de modo cronológico, permitiram compreender como se desenvolveu a problemática dos quilombos no decorrer dos últimos anos da escravidão em Sergipe, mais precisamente no Vale do Cotinguiba. Muitos dados contidos nessas correspondências acabaram sendo cruzados com outros obtidos a partir de uma documentação menos ordinária, porém mais qualitativa, como, por exemplo, os autos de perguntas submetidos nos quilombolas recém capturados. Isso permitiu adentrar, aos poucos, nas matas do Vale do Cotinguiba, alcançar os pontos onde os quilombolas se encontravam acoitados e acompanhar, mais de perto, os percursos e as experiências de parte deles, até mesmo por mais de um quilombo. Ter a oportunidade de seguir os passos desses escravos possibilitou compreender melhor os sentidos das suas ações, ampliar os significados dos seus atos, mesmo quando esses estavam revestidos de práticas delituosas e criminosas.

Finalmente, se apresentará a seguir como este estudo encontrasse dividido. No primeiro capítulo, "O Vale dos Fugidos", aborda-se algumas características geográficas e socioeconômicas do Vale do Cotinguiba na segunda metade do século XIX; ou seja, procura-se aqui apresentar a região que serviu como cenário para as muitas histórias que serão aqui analisadas. Também procurou-se destacar aí o quanto a sua população escravizada era composta por negros crioulos, indivíduos que, sobretudo na segunda metade daquele século, seriam apontados por diversas autoridades do Brasil como os principais responsáveis pela resistência escrava e, concomitantemente, pelo aumento dos custos com a manutenção da ordem, indispensável para a perpetuação do sistema escravista.

No segundo capítulo, pretende-se contribuir com as discussões presentes na Historiografia sobre os padrões de fuga e os perfis dos fugidos, indicando sobretudo o que se pode obter a partir dos autos de perguntas impetrados contra escravizados recém-capturados. Os dados contidos nesses documentos permitem apresentar não apenas um retrato menos opaco – porém ainda distante de ser nítido – dos escravizados e escravizadas de Sergipe que estariam, supostamente, mais suscetíveis a se enveredarem em fuga, mas ainda indicar quais eram os argumentos e o que eles pretendiam ao deixar as propriedades dos seus senhores, quais as concepções que eles possuíam a respeito da própria escravidão, quais os significados da liberdade e os modos como esses se encontravam estruturados de acordo com as suas experiências no cativeiro, entre outras questões que, na documentação acima mencionada, surgem de modo mais aparente.

No capítulo de número três, intitulado "Estratégias... quem captura *vs* quem foge", analisa-se, de modo mais particular, as principais estratégias empregadas pela secretaria de polícia de Sergipe para dar cabo das comunidades quilombolas que empestavam as matas do Vale do Cotinguiba, assim como as contraestratégias usadas pelos escravos fugidos para se esquivarem dessas atividades policiais.

Em "A comunidade quilombola volante do São José", nome dado ao capítulo de número quatro, inspirado em um artigo de autoria de Flávio Gomes e Maria Helena Pereira Toledo Machado, procurou-se analisar e acompanhar mais de perto as experiências vivenciadas e as trajetórias de uma comunidade de escravos fugidos que estavam instalados nas matas do engenho São José, na vila de Rosário de Catete. Tal comunidade era composta por, aproximadamente, duas dezenas de escravos fugidos, os quais eram comumente acusados de impetrarem crimes na região, razão pela qual passariam a ser alvos, no início da década de 1870, de uma série de investidas militares. O ataque contínuo motivou o abandono das matas do São José, porém, como se poderá notar, parte da comunidade quilombola que ali residia continuaria nas matas, dessa vez dispersa em mais de um quilombo, dando prosseguimento as lutas pela manutenção das suas liberdades.

Finalmente, nos dois últimos capítulos, analisar-se-á mais de perto as trajetórias de diversos escravos fugidos, inclusive daquele que passou a ser acusado como o principal responsável pelo comando das comunidades quilombolas de Sergipe; o crioulo João Mulungu, a quem se dedicou, mais particularmente, o capítulo cinco. Tratar-se-á aqui das diversas alianças que permeavam esses escravizados, assim como a motivação e o modo como estas eram ensejadas. Também irá ser abordado o porquê que essas interações pareciam ser importantes não apenas para as comunidades quilombolas, mas ainda para os escravizados assenzalados e para outros indivíduos da sociedade escravista.

Há, certamente, nas páginas que seguem, muito mais do que dor, consternação, sangue e castigo. Há ainda sentimentos de mudança, esperança e conquistas, que, mesmo nem sempre notórios, pareciam motivar os quilombolas a seguirem contrariando os destinos que seus senhores pretendiam impor-lhes. Fez-se, do pouco que se encontrou sobre cada uma dessas pessoas, uma História, porém ciente de que ela não se encerra nesses personagens. Partamos, sem mais delongas, para as matas do Vale do Cotinguiba, onde momentos importantes das suas vidas seriam encenados.

CAPÍTULO 1.

O VALE DOS FUGIDOS (COTINGUIBA, SÉC. XIX)

Muito embora não se possa precisar em que momento as primeiras populações negras escravizadas de África aportaram em Sergipe Del Rey, sabe-se que, muito provavelmente, elas passaram a serem introduzidas, ao menos com uma maior regularidade, a partir do século XVIII, muito em decorrência da disseminação da cana de açúcar pelo Vale do Cotinguiba.

Essa região corresponde a um pequeno pedaço da Zona da Mata Atlântica que atravessa Sergipe. Tratava-se de uma região de pequena dimensão, mas que apresentava um enorme potencial natural, especialmente em relação ao solo e aos muitos rios que a serpenteavam. Entre esses, o mais importante era o Cotinguiba, não apenas devido a sua extensão e por ser navegável em sua maior parte, mas ainda por conta da sua abertura para o oceano, o que permitia um maior escoamento da produção açucareira da região, assim como dos seus derivados.

Outros rios como, por exemplo, o Ganhamoroba e o Siriri dariam contribuições importantes no escoamento dessa produção, o que asseguraria que o Vale do Cotinguiba alcançasse o posto de principal região agroeconômica de Sergipe Del Rey. Em dois mapas produzidos sobre Sergipe no século XIX, pode-se perceber algumas mudanças decorrentes desse surto econômico na região. No primeiro mapa (ver Figura 1), de autoria desconhecida, produzido no ano de 1831, nota-se o quanto as freguesias de Divina Pastora de São Gonçalo do Pé do Banco, de Santo Amaro das Grotas (Brotas), do Socorro de Cotinguiba e de Nossa Senhora da Purificação da

Japaratuba estavam encravadas nas encostas dos rios. Nota-se, do mesmo modo, que nas encostas desses mesmos rios estavam dispostos alguns engenhos, os quais, nesse momento, aparecem de modo mais representativo no Vale do Cotinguiba.

Nos anos seguintes, em decorrência do crescimento econômico pelo qual o Vale do Cotinguiba estava passando, a estrutura administrativa seria substancialmente mudada. Novos núcleos populacionais surgiriam. Freguesias mais antigas, como as mencionadas anteriormente, seriam agora elevadas a categoria de vilas. O Vale do Cotinguiba passaria então a ser composto pelas vilas de Capela, de Nossa Senhora do Socorro, de Santo Amaro das Brotas, de Rosário do Catete, de Divina Pastora, de Japaratuba, de Siriri e de Riachuelo, como ainda pelas cidades de Laranjeiras, de Maruim e Aracaju, que, a partir do ano de 1855, passaria a ser a capital da província de Sergipe Del Rey.

Maruim se destacava entre os municípios do Vale do Cotinguiba por recepcionar e escoar a maior parte do açúcar produzido na região. No ano de 1859, durante uma viagem que realizou pela Barra do Cotinguiba, Robert Avé-Allemant destacou a importância de Maruim ao ressaltar que esse município:

> desempenha importante papel nesse comércio de açúcar. Atrai para ele todo o produto da vizinhança. Até a maior parte da safra de açúcar das margens do pequeno, porém importante rio Japaratuba, entre o Cotinguiba e o S. Francisco, um rio com uma barra perigosa, chega ao mercado via Maruim, e só ultimamente se tentou utilizar, um braço entre o citado rio e o Cotinguiba, o rio Pomongo, como caminho mais curto e mais cômodo do Japaratuba para Aracaju.[1]

1 Avé-Allemant, 1961, p. 96.

Situada em um ponto estratégico do Vale do Cotinguiba, a cidade de Maruim atraiu a ambição de empresas estrangeiras como a Schramm & Cia, com sede em Hamburgo, que desempenharia uma enorme atuação na negociação do açúcar produzido nessa região.[2] Sua chegada em Maruim datava do ano de 1836, momento em que o cultivo da cana pelo Vale do Cotinguiba estava plenamente consolidado.

Foi a partir de meados do século XVIII que o Vale do Cotinguiba começou a se despontar economicamente. Terras e propriedades antes ocupadas e destinadas ao cultivo de cerais passaram, a partir de então, a serem ocupadas com a cana de açúcar. O enriquecido solo massapê e as estações climáticas precisas da região, as quais não impediam o aparecimento do sol nem mesmo no período do ano mais chuvoso, impulsionavam a produção e o aparecimento de novas propriedades açucareiras.

No ano de 1798, a maioria dos 140 engenhos que existia em Sergipe se encontravam situados no Vale do Cotinguiba. Nos anos seguintes, a proporção de engenhos nessa região aumentaria ainda mais, chegando ela a reunir, no ano de 1838, 70% das unidades açucareiras que estavam em plena atividade em Sergipe Del Rey.

No segundo mapa (ver Figura 2), de autoria do engenheiro João Bloem, produzido no ano de 1844, pode-se perceber não apenas o desenho da nova estrutura administrativa então presente em Sergipe Del Rey, mas ainda o quanto o número de engenhos em Sergipe aumentou contundentemente em poucos anos. Fica notório no seu mapa que o Vale do Cotinguiba continuaria a concentrar a maior parcela de propriedades açucareiras de Sergipe Del Rey. Também se percebe que, na medida que as propriedades iam surgindo, essas passariam a ocupar e a se espremerem em solos situados um pouco mais distantes das encostas dos rios, o que não os impediam, necessariamente, de usar as suas águas.

---

2 Subrinho, 2000, p. 46.

Segundo Maria da Glória Almeida, o aumento do número de engenhos após a década de 1840 decorreu não apenas da incorporação de novos ambientes agrícolas, mas ainda ao desmembramento de antigos potentados senhoriais, os quais possuíam dimensões para o surgimento de outras unidades açucareiras.[3] Já a redução atestada nas duas décadas seguintes, de acordo com a autora, seria devido ao deslocamento de parte dos investimentos antes destinados para a economia açucareira para a algodoeira.[4]

3 Almeida, 1993, p. 142.

4 *Idem*, p. 144.

Figura 1. Carta topográfica de Sergipe, datada do ano de 1831 (editada para dar destaque a região do Vale do Cotinguiba)

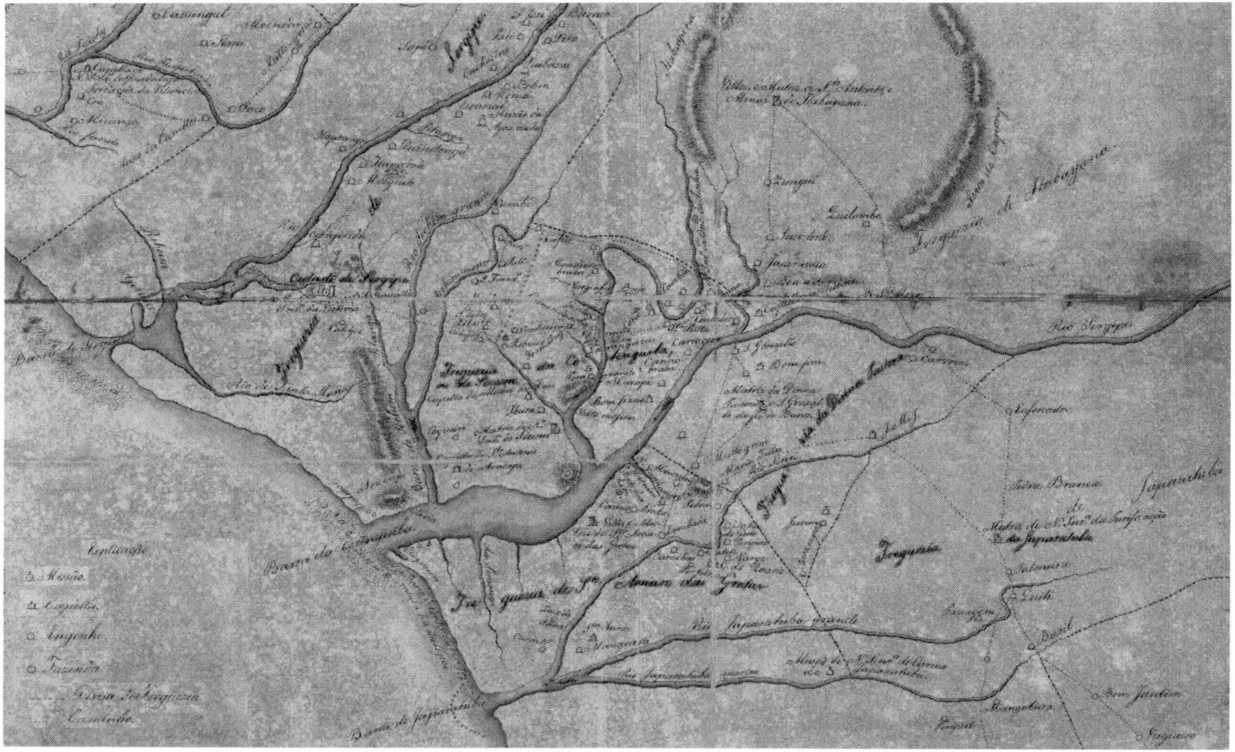

Fonte: http://objdigital.bn.br/objdigital2/acervo_digital/div_cartografia/cart543217/cart543217.jpg.

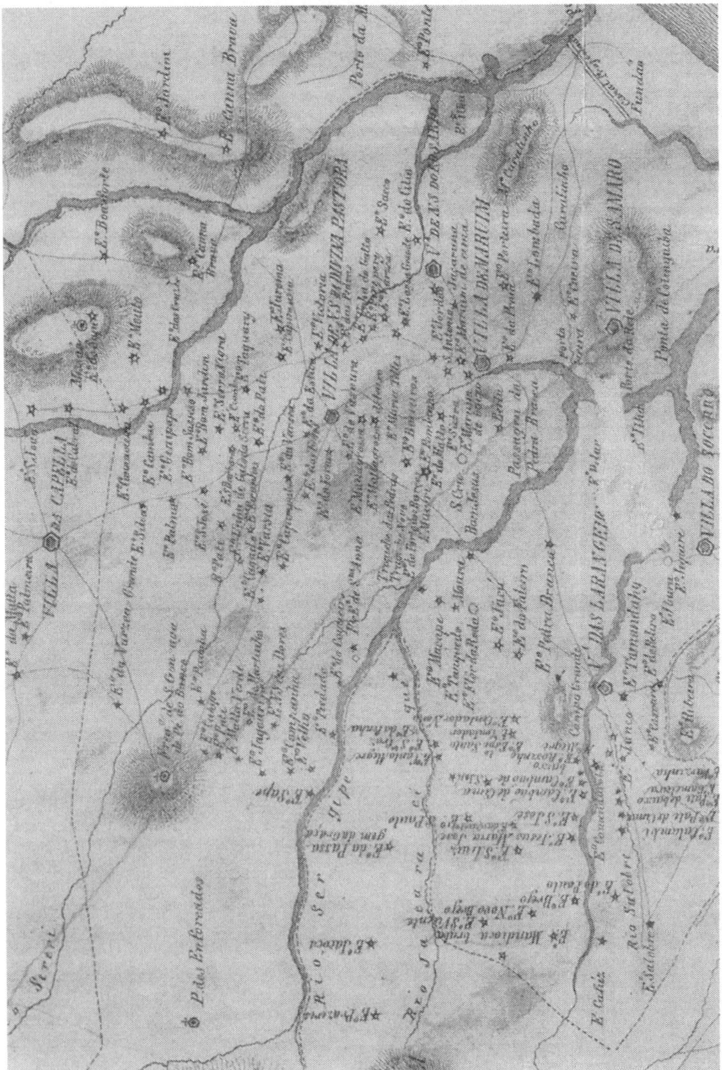

Figura 2. João Bloem. Carta corográfica para a divisão das comarcas, termos e municípios da província de Sergipe Del Rey, 1844.

Fonte: https://bdlb.bn.gov.br/acervo/handle/20.500.12156.3/20366.

Há um consenso entre os estudiosos ao caracterizar os engenhos de Sergipe Del Rey como propriedades de pequenas dimensões e que, por isso, dispunham de pouca mão-de-obra escrava. Segundo Josué Modesto dos Passos Subrinho, dos engenhos existentes em Sergipe no século XIX, os situados na região agreste-sertão e nas zonas secundárias, ou seja, deslocados da principal área agroeconômica, eram os que mais se aproximavam da "imagem clássica de latifúndios que preservavam as dimensões das antigas sesmarias, enquanto que os engenhos da Zona da Mata se assentariam sobre propriedades fundiárias que passaram" por um "processo relativamente intenso de fracionamento", estando então longe de "monopolizar as terras cultiváveis" da região.[5]

No Vale do Cotinguiba, os engenhos dividiam espaço com pequenos sítios, os quais estavam comumente encravados entre uma e outra propriedade açucareira com dimensões maiores. Nos sítios, plantava-se sobretudo cereais, leguminosas e algumas raízes, com destaque para a mandioca.[6] Também não era incomum encontrar nessas propriedades pequenas produções da cana de açúcar, as quais eram produzidas com instrumentos ainda mais rústicos que os usados nos engenhos.[7]

Na verdade, ao longo do século XIX, desprovidos de importar instrumentos e máquinas mais modernas, a maioria dos agricultores de Sergipe, e não apenas os que se dedicavam a cana de açúcar, era obrigado a

5 Subrinho, 2000, p. 67.

6 Bueno revelou em seu relatório que "a par das grandes roças, numerosas famílias cultivam pequenas plantações, das quais tira o preciso para o sustento e vendem as sobras nos povoados mais próximos, em dias marcados para as respectivas feiras". Ver: Bueno, p. 9.

7 Com base na análise dos inventários deste grupo de agricultores, percebemos que sua maior riqueza constituía o bem escravo. É provável que estes compartilhassem o ambiente doméstico com os seus senhores e familiares, já que raramente as expressões "senzala" ou "moradia dos escravos" aparecem na avaliação do imóvel.

empregar em suas propriedades instrumentos e procedimentos que pouco contribuíam para a ampliação das suas plantações. Todo o arsenal rudimentar dessas propriedades deveria ser compensado com disciplina e muito suor da população escravizada.

Quanto ao número de escravizados reunidos nesses engenhos, sabe-se que a média era de duas dezenas. Mesmo no Vale do Cotinguiba, onde estava concentrada a maior parcela da escravaria de Sergipe, essa mediana era respeitada. Nos sítios, o uso da mão de obra escravizada era um pouco menor, cerca de ¼ da atestada para os engenhos. Foi a partir do início do século XIX que a mão de obra escravizada penetrou mais substancialmente nas propriedades do Vale do Cotinguiba. Entretanto, distintamente do que estava ocorrendo em outras regiões açucareiras ao norte do Império, a sua proporção permaneceu menor em relação ao resto da população.

No ano de 1802, a escravaria residente em Sergipe Del Rey correspondia a 35% do montante da sua população; a maior proporção da sua história. Em 1819, apesar de um aumento no número de escravizados, eles correspondiam a apenas 22% da população. Já entre os anos de 1819 e 1834, mesmo praticamente dobrando o número de escravizados, a proporção quase não seria alterada, representando eles apenas 25% da população de Sergipe.

Vale salientar que esse aumento não estava diretamente relacionado ao comércio internacional de escravizados, o qual era considerado como o principal meio de reposição da mão de obra escrava até meados do século XIX. Isso porquê, as praças de Sergipe nunca se mostraram plenamente envolvidas e dependentes desse comércio. Muitos escravizados naturais da África que aqui residiam, aportaram, primeiramente, em portos situados na Bahia, entrando somente depois em Sergipe a partir da ação de negociantes instalados na vila de Estância.

Em um dos seus estudos, Luiz Mott indicou que esse modo de abastecimento da mão de obra escrava pode ser considerado como um dos maiores enctraves para se saber mais sobre as principais etnias que residiam em Sergipe. Segundo ele,

> as fontes que nos informam sobre o grupo dos escravos e dos descendentes de africanos são extremamente raras e incompletas. [Isto por que] como a introdução de africanos se fazia através dos portos das grandes capitanias, inexistem registros específicos relativos a tal contingente demográficos. As tentativas dos senhores de engenho de Sergipe, no início do século XIX, de irem resgatar escravos diretamente na Costa d'África não contou com o beneplácito da Coroa.[8]

Mesmo concordando com o que o autor indicou acima, optou-se por apresentar aqui a seguir dois documentos que sugerem que negociantes de Sergipe recepcionavam desembarques clandestinos de escravizados em sua costa. O primeiro documento data de 24 de março de 1835. Nele, o juiz de paz da vila de Estância realizou a seguinte acusação:

> Chega ao meu conhecimento por diversas vias dignas de fé que em pontos desta Província se importam constantemente Africanos, comerciados por uma sociedade negociantes da Vila de Estância, e praça da Bahia, os quais a mais atrevida impudência e menoscabo das leis são publicamente mercados em algumas vila da beira-mar, e com imoralidade ainda conduzidos as estâncias dos compradores, por entre os olhos daquelas mesma autoridades constituídas

8 Mott, 1879-1982, p. 20.

> para prevenir os crimes, e para os responsabilizar quando cometidos.[9]

Nas praias de Estância, disposta mais ao sul de Sergipe, ponto estratégico de comunicação com a província da Bahia, estariam sendo desembarcados de modo clandestino, porém com a complacência de algumas autoridades, diversos escravizados oriundos da África. Tal medida ia de encontro ao disciplinado na lei de 07 de novembro de 1831, motivo pelo qual a autoridade em questão ordenou não apenas a prevenção, mas ainda a devida responsabilização das pessoas envolvidas.

Já a outra menção sobre a ocorrência de desembarques clandestinos de escravizados seria dada pelo abolicionista Francisco José Alves. Segundo ele, no ano de 1842, o corsário Antônio Maria "desovou" mais de mil escravizados africanos na Barra de São Cristóvão, então capital da província de Sergipe Del Rey.[10] Os dois documentos são curtos, mas apresentam dados importantes. Mais do que apontar o envolvimento e a participação de autoridades e negociantes de Sergipe no comércio internacional de escravizados, esses dois documentos sugerem que a maioria dos escravizados naturais da África que estava residindo em Sergipe em meados do século XIX não deveria estar naquela condição, uma vez que deveriam ser atendidos pela mencionada lei de 07 de novembro de 1831.

Os escravizados naturais da África representavam, naquele momento, apenas 1/3 da população escravizada de Sergipe, uma proporção muito menor da encontrada em outras províncias situadas ao norte do Império como, por exemplo, a Bahia e Pernambuco. Trata-se de uma questão que vem sendo apresentada por estudiosos de Sergipe desde, ao menos, a década de 1980, mas que somente mais recentemente, por meio de uma densa

---

9 Relatório de todos os atos do governo da Província de Sergipe, na Presidência do Dr. Manoel Ribeiro da Silva Lisboa e por ele publicados, 1835, p. 11.

10 APES. Fundo: SP[1]. Pacotilha: 463. Ofício de Francisco José Alves ao chefe de polícia de Sergipe, de setembro de 1881.

pesquisa coordenada por Carlos Malaquias, conseguiu-se atestar de modo mais peremptório.[11] Os dados apresentados por esse pesquisador revelam que o processo de *crioulização* da escravaria de Sergipe era muito precoce, datando antes mesmo da promulgação da Lei Eusébio de Queiros, em 1850. Três em cada quatro escravizados que ali residiam na primeira metade do século XIX eram nascidos no Brasil. Nesse sentido, Sergipe contava com uma população de escravizados predominantemente crioula, muitos deles nascidos de pais igualmente crioulos.

Isso, obviamente, contribuía não apenas para o equilíbrio sexual, mas ainda para a estabilidade da escravaria sergipana, a qual apresentava ainda um elevado número de núcleos parentais.[12] No caso do Vale do Cotinguiba, uma região com dimensões espaciais pequenas, pode-se supor que o parentesco entre os escravizados alcançava um raio espacial mais amplo, uma vez que podia se estender a ponto de alcançar duas ou mais propriedades açucareiras.

No que concerne a ausência de disparidade sexual entre os escravizados, ela vem sendo apontada não apenas como um dos motivos para elevar o número de uniões matrimoniais entre eles – dado que seria salientado pelo vigário Dom Marcos ainda no ano de 1808 –, mas ainda como uma das razões para a sua própria manutenção pelo meio da reprodução natural. Todavia, mesmo os censos populacionais atestando um elevado número de crianças na escravaria sergipana, a dependência do método de reprodução natural podia estender a crise de mão de obra por muitos anos,

11 Luiz Mott, "População e economia: aspectos do problema da mão-de-obra escrava em Sergipe (Séculos 18 e 19)", *Revista do Instituto Histórico e Geográfico de Sergipe*, n. 28 (1979-1982), p. 19-32.

12 Carlos de Oliveira Malaquias e Isabel Leite Santos, "População e família escrava em Sergipe, primeira metade do século XIX", *Resgate: Revista Interdisciplinar de Cultura*, Campinas, v. 28 (2020), p. 1-30. https://periodicos.sbu.unicamp.br/ojs/index.php/resgate/article/view/8659127.

especialmente em momentos de ampla mortandade como os ocorridos nos anos de 1855 e 1856, quando a província de Sergipe acabou sendo assolada por epidemias de *cólera-morbos*. No engenho Mumbaça, situado na vila de Divina Pastora, por exemplo, essa epidemia seria responsável não apenas pela morte do dono da propriedade e dos seus dois filhos, mas ainda pela morte de 15 escravizados que ali residiam.[13]

Muito provavelmente essa epidemia demonstrou o quanto a dependência do método de reprodução natural poderia ser arriscada para a economia açucareira, sobretudo quando a outra via de reposição de mão de obra não se encontrava mais em operação. Segundo Maria da Glória Almeida, das, aproximadamente, 30 mil mortes registradas na província de Sergipe em decorrência dessas epidemias, pelo menos 1/3 delas era de escravos.

Entretanto, o impacto dessa mortandade não atingiu apenas a produção açucareira. Nos dois anos seguintes, os moradores da província de Sergipe passaram a conviver com uma crise de abastecimento e com uma carestia alimentar ainda sem precedentes. Sobre o impacto da epidemia, Maria da Glória Almeida indicou que:

> grande parte dos engenhos parou suas máquinas. [...] Reduzida a capacidade de produção dos engenhos, seus proprietários se viram sobrecarregados com juros altos, sobre capitais tomados ao comércio. O não cumprimento dos compromissos aumentou seus credores. Muitos engenhos, a partir de então, foram postos em arrematação. Uma forma de obter dinheiro vivo e acudir às mais freqüentes necessidade era a venda de escravos.[14]

13 APES. Fundo: G1. Pacotilha: 1158. Ofício do subdelegado, Antônio Carneiro de Menezes, ao presidente da província, Barão de Maruim. Santa Rosa, 03 de dezembro de 1855. Apud: Cardoso, 2000-2002, p. 209-233.

14 Almeida, 1965-1978, p. 31.

Nota-se assim que os males ocasionados por essa doença iam muito além do elevado número de óbitos registrados. Muitos proprietários se viram obrigados a interromper a produção em seus engenhos. Outros, ansiando saldar suas dívidas, procuravam negociar parte da escravaria sobrevivente. No entanto, a elevação do imposto a ser pago por cada escravizado que deixasse Sergipe, medida recentemente adotada pela assembleia provincial, impediu uma acentuação da crise de mão de obra.

Segundo Josué dos Passos Subrinho, essa medida protecionista acabou surtindo o resultado esperado, uma vez que ocorreu apenas um deslocamento da escravaria residente no agreste e no sertão de Sergipe para a região da Zona da Mata, mais especialmente para o Vale do Cotinguiba.[15] No ano de 1872, essa região alocava 45% dos escravos então residentes na província de Sergipe, como se pode notar na tabela a seguir:

Tabela 1. Número de escravizados residentes no Vale do Cotinguiba, por municípios, e em Sergipe Del Rey, em absoluto – 1872.

Municípios	Escravos	M	F	Livres	Total
Aracaju	489	n.d.	n.d.	5.354	5.843
Divina Pastora	1.398	718	680	3.123	4.521
Japaratuba	1.347	659	688	4.608	5.955
Jesus, Maria e José do Pé do Banco	762	328	434	3.012	3.774
Laranjeiras	2.793	1.086	1.707	13.303	16.096
Maruim	1.363	660	703	5.118	6.481
N. S. do Socorro	686	367	319	8.080	8.766**
Rosário do Catete	769	363	406	5.302	6.071
Santo Amaro	627	322*	305	4.029	4.656
Sergipe	22.623	10.840	11.783	153.620	176.243

Fonte: Censo do Império do Brasil de 1872.
Notas: n.d. = dados não declarados.
** = o dado apresentado no Censo corresponde a 422.*
*** = a soma apresentada no Censo corresponde a 8.716.*

15 Subrinho, 1992, p. 45-68.

Os escravizados representavam apenas 15% da população residente em Sergipe. Laranjeiras e Maruim, assim como as vilas de Divina Pastora e Japaratuba, se destacavam por concentrar o maior número; residiam nesses municípios cerca de 70% da escravaria alocada no Vale do Cotinguiba. Divina Pastora se destacava ainda por obter a maior proporção de escravizados entre a sua população, cerca de 30%. Naquele ano, registrou-se novamente uma paridade entre o sexo. Inclusive, em Rosário do Catete, Laranjeiras, Maruim, Japaratuba e Jesus, Maria José do Pé do Banco existiam mais escravizadas do que escravizados.

Uma análise mais minuciosa dos inventários *post mortem* atesta o quanto essa paridade sexual permitia não apenas uma maior incidência de uniões matrimoniais entre essa parte da população, mas ainda uma maior prevalência de núcleos parentais entre as comunidades das senzalas.

No ano de 1875, no engenho Formigueiro, da vila de Capela, por exemplo, existiam dois núcleos parentais entre os 25 escravizados que residiam nessa propriedade: um constituído por Isidoro, sua esposa Januária e suas crianças Elizeu, Júlia, Isabel, Gabriel e Estefânia, os dois últimos ingênuos; e outro constituído pelo crioulo Severo, sua esposa Custódia e suas sete crianças, estando três delas na condição de ingênuos. Tais núcleos parentais representavam quase 50% da escravaria alocada no engenho Formigueiro.[16]

Em outro engenho da vila da Capela, o Flor da Índia, onde residiam no ano de 1878 pouco mais de 100 escravizados, a proporção de núcleos parentais era igualmente elevada, alcançando ¼ da escravaria dessa propriedade.[17] É de supor que o número de núcleos parentais dentro dessas propriedades açucareiras devia ser ainda maior, visto que não se pode precisar

16 AGJES. Fundo: Capela, série: cível, subsérie: inventários, cx. 3082. Inventário de D. Helena Vieira de Melo datado do ano de 1875.

17 AGJES. Fundo: Capela, série: cível, subsérie: inventários, cx. 3083. Inventário do comendador Manoel José de Menezes datado de 11 de maio de 1878.

o parentesco entre os escravizados adultos arrolados nos inventários apenas como solteiros.

Mesmo entre os que optaram, em determinado momento das suas vidas, em deixar o domínio dos seus senhores, a manutenção e o contato com os núcleos parentais que permaneciam nas senzalas parecia ser algo imprescindível. Isso pode explicar, como abordado no decorrer desse estudo, o porquê de muitos quilombolas procurarem se acoitar em matas situadas não muito distantes das propriedades de onde escaparam.

Todavia, no decorrer da História de Sergipe, nem sempre as notícias deram conta de que os quilombolas estavam a residir nas imediações dos estabelecimentos senhoriais, como se poderá perceber a seguir.

Quilombos da Capitania de Sergipe Del Rey

No século XVII, ainda no início do processo de ocupação e colonização da capitania de Sergipe Del Rey, as notícias sobre quilombos davam conta de que os escravos fugidos estavam residindo em ambientes distantes dos pequenos núcleos populacionais que então existiam. Os quilombolas estariam ocupando espaços ermos e de acesso complicado, o que permitia a eles pousos mais seguros e demorados.

Foi Francisco Adolfo de Varnhagen quem indicou onde estavam situados esses primeiros redutos quilombolas da capitania de Sergipe. Em *História Geral do Brasil*, obra publicada no ano de 1877, ao narrar os entraves e o conturbado processo de ocupação e colonização das capitanias do Norte, Francisco Varnhagen apontou que índios potiguares seriam os principais responsáveis pela destruição de enormes mocambos situados nas imediações do rio Itapicuru, onde estava residindo "um grande número de pretos fugidos dos engenhos da Bahia e das fazendas de Sergipe".[18] Nessa ação, a qual resultou no aprisionamento de centenas de escravos, destacou-se a

18 Varnhagen, 1977, p. 408.

pessoa de Felipe Camarão, o mesmo que, em alguns anos, seria celebrado por suas realizações na guerra contra os holandeses.[19]

Toda a região próxima ao rio Itapicuru era praticamente despovoada. Tratava-se assim de um ambiente propício para se erguer os mocambos, uma vez que os seus senhores não se arriscariam em marchar até lá. Temiam serem surpreendidos no percurso pelos índios aimorés, os quais estavam se mostrando cada vez mais resistentes a presença de portugueses nessa região. Entretanto, se os aimorés eram seus inimigos, os missionados potiguares eram seus aliados. Inclusive, naquele mesmo ano, sabe-se que uma outra ação comandada por índios potiguares resultou na destruição de mocambos. Esse novo ataque ocorreu nas imediações do rio Real, onde se dizia existir "um mocambo ou magote de negros da Guiné fugidos". Entretanto, dessa vez, os potiguares, comandados por Zorobabé, aprisionaram menos escravos, uma vez que muitos deles acabaram sendo mortos no decorrer do ataque.[20]

Novas notícias sobre mocambos na capitania de Sergipe Del Rey iriam surgir em decorrência das invasões promovidas pela Holanda na América Portuguesa, ainda em meados do século XVII. Como parte dos ataques entre os soldados ocorreu nas imediações de Sergipe, isso contribuiu não apenas para que muitas propriedades da região norte acabassem sendo destruídas,

---

19 Varnhagen, 1977, p. 408.

20 Salvador, 1988, p. 288. Apud: Dantas, 2000, p. 11. Segundo Maria Inês Côrtes de Oliveira, a expressão "negros da Guiné" foi empregada pelos portugueses, nos primeiros tempos do tráfico, em alusão ao litoral da costa ocidental africana, o qual tinha como "centro comercial a feitoria de Cachéu, subordinadas às ilhas de Cabo Verde. [...] Entretanto, à medida em que a expansão do comercio português avançou para o sul, o termo passou a ser também utilizado para designar as parte então conhecidas como Costa da Pimenta, Costa do Marfim, Costa do Ouro e Costa dos Escravos, Assim, toda a África Ocidental ao norte do Equador, do Rio Senegal ao Cabão, era conhecida então como a Guiné". Neste sentido, ver: Oliveira, 1997, p. 38.

mas ainda para que muitos escravizados que ali residiam escapassem para ambientes mais seguros, especialmente para as matas de Itabaiana.[21]

No ano de 1668, Fernão Carrilho comandou uma onda de ataques contra os mocambos das matas de Itabaiana.[22] Nos anos seguintes, algumas medidas administrativas seriam adotadas com o intuito de impedir o surgimento de novos redutos. Segundo Maria Thétis Nunes, a preocupação das autoridades em destruir os quilombos motivou a divisão da capitania de Sergipe em quatro distritos: Itabaiana, Lagarto, Rio de São Francisco e Piauí.

Cada um desses distritos poderia contar, a partir de então, com a presença regular de um destacamento, o qual poderia ser auxiliado, ocasionalmente, por uma "Companhia de Homens Pardos" e por um "Corpo de Voluntários", esse a ser comandado pelo capitão-mor Belchior da Fonseca Saraiva Dias, o qual era ainda responsável pelos capitães de mato dispostos entre a Casa da Torre e o rio São Francisco.[23]

Não se pode precisar ainda se essas medidas surtiram os resultados esperados. Tão somente pode-se atestar que a série de ataques promovidas, pouco depois, contra o Quilombo de Palmares acabou contribuindo para que muitos escravos fugidos procurassem novos abrigos em Sergipe, mais especialmente em um lugar denominado Serra Negra, da onde partiam para roubar e saquear os moradores de Vila Nova, Canindé e da então capital de Sergipe, São Cristóvão. Os quilombolas que estavam reunidos nessa região seriam atacados por uma ordenança dirigida pelo Capitão Francisco Soares.[24]

Quando se presta atenção para os ambientes onde esses quilombolas estavam acoitados, percebe-se que eles estavam situados em regiões ainda economicamente pouco exploradas. Havia em Sergipe, naquele momento, uma predominância de propriedades envolvidas com a plantação da

21 Nunes, 1989, p. 202.

22 *Idem*, p. 203.

23 *Idem*, p. 204.

24 *Idem, ibidem*.

mandioca, de cereais e com a criação de animais para o corte; produtos mais destinados ao abastecimento do mercado interno. Mesmo essas propriedades não alocando um número de escravizados mais expressivo, a presença de quilombos, muitos deles compostos por pessoas que escaparam de propriedades situadas em capitanias vizinhas, parecia incomodar e preocupar de sobremaneira os proprietários e as autoridades da região.

Nesse período, segundo Maria Thétis Nunes, as regiões do rio Real, da Serra Negra, das matas de Itabaiana e do Baixo São Francisco eram as mais ocupadas pelos quilombolas.[25] Tratavam-se de regiões repletas de obstáculos naturais, pouco exploradas economicamente e que estavam posicionadas distantes dos principais núcleos populacionais então existentes em Sergipe.

Todavia, nos anos seguintes, devido a inserção e a rápida disseminação da cana de açúcar pelo rico solo do Vale do Cotinguiba, o número de escravizados em Sergipe aumentou consideravelmente. No decorrer do século XIX, autoridades policiais e donos de engenhos se mostrariam, cada vez mais, preocupados com a elevada concentração de negros nessa região.

Nas propriedades açucareiras do Vale do Cotinguiba, o ritmo da produção entraria em descompasso sempre que apareciam rumores de que uma revolta escrava estava prestes a eclodir. Também, aos poucos, se passou a noticiar a presença de quilombos nas matas, um problema antigo dos moradores de Sergipe. No entanto, distintamente do que ocorria anteriormente, as notícias datadas do século XIX apontavam que esses problemas não mais estavam posicionados distantes dos núcleos populacionais, como se notará a seguir.

Sublevações e quilombos de Sergipe, século XIX.

Nas primeiras décadas do século XIX, os moradores de Sergipe passaram a conviver, cada vez mais, com rumores e notícias sobre sublevações

25 *Idem*, p. 202.

escravas. Tais atos, ou parcela considerável deles, preservavam relação direta com o que estava acontecendo em outras partes do Império do Brasil, principalmente com a Bahia, onde, entre os anos e 1808 e 1835, ocorreu um ciclo de revoltas escravas.[26]

No ano de 1809, por exemplo, Sergipe não passou ileso a série de medidas adotadas pelo Conde da Ponte para conter a onda de evasões e ataques impetrados por escravos aquilombados em Rio de Contas. Também repercutiria em Sergipe os ataques promovidos por mais de uma centena de escravos haussás, nagôs e jejes nas imediações do Recôncavo Baiano.[27] Nesse ano, durante uma sessão na câmara de São Cristóvão, discutiu-se a respeito da denúncia que indicava existir uma "corporação de pretos" vagando "pelas partes da Cotinguiba", onde estariam a realizar roubos e a insultar a população. Nesta ocasião, decidiu-se comunicar os capitães mores de ordenanças para que esses dessem, o quanto antes, "as providências [necessárias] para" conterem os "pretos revoltos", de modo "que não aumentassem a dita corporação" a ponto dela estar "inconquistável como outra república do Palmar".[28] Notou-se depois que entre os escravos participantes dessa onda de ataques estavam alguns que participaram dos motins ocorridos, dias antes, na Bahia.[29]

Não se sabe quais as providências e medidas passaram a ser adotadas em represália as ações promovidas por esses escravizados. Tão somente pode-se precisar que, meses depois, medidas mais duras seriam adotadas para impedir o aparecimento de novas sedições. Inclusive, qualquer negro

26 Sobre o ciclo de revoltas escravas que ocorreram na Bahia na primeira metade do século XIX, ver: Reis, 1992, p. 100-126. Em outro estudo, João José Reis estudou mais uma revolta escrava, ocorrida em Salvador e nas suas imediações, comandada por negros haussás. Neste sentido, ver: Reis, 2014.

27 Neste sentido, ver: Schwartz, 1988, p. 388.

28 BN, seção de manuscritos, 19-4-13. Apud: Mott, 1987, p. 115.

29 Schwartz, 1988, p. 388.

suspeito de participação em motins deveria ser preso e conduzido de imediato ao pelourinho, onde passaria ser açoitado publicamente.[30]

Segundo Luiz Mott, no decorrer da primeira metade do século XIX ocorreram em Sergipe quase duas dezenas de motins organizados "por parte das gentes de cor", malgrado parte delas não passar de rumores.[31] Entre essas, o autor destaca as que ocorreram nos distritos de Rosário do Catete e Laranjeiras, em meados de 1824, envolvendo, respectivamente, as pessoas de Sebastião Soares e de Antônio Pereira Rebouças.

No caso de Antônio Pereira Rebouças, ele seria acusado de estimular a rebeldia. Inclusive, por conta disso, alguns moradores de Sergipe passaram a dizer que ele era o "miserável neto da rainha Jinga".[32] Em meados de 1824, ele seria acusado ainda de saudar os acontecimentos recentes ocorridas na ilha de São Domingos, como se pode notar na denúncia a seguir:

> Uma pequena faísca faz um grande incêndio. O incêndio já vai lavrando. No jantar que deram nas Laranjeiras os Mata-Caiados, se fizeram três saúdes: a primeira à extinção de tudo o quanto é do Reino, a que chamam de marotos; a segunda a tudo quanto é branco do Brasil, a que chamam caiporas; a terceira a igual das de sangue e de direitos. Que tal e bem alerta. Um tal menino R..........[*de Rebouças*] irmão de outro bom menino, fez muitos elogios ao Rei de Haiti, e porque não entendiam, falou mais claro – São Domingos, o grande São Domingos. Não houve manobra, Vossa Exa. tome cuidado. [...] Acudir enquanto é tempo.[33]

30 Mott, 1987, p. 115; Schwartz, 1988, p. 390.

31 Mott, 1987, p. 114.

32 Neste sentido, ver: Grinberg, 2002.

33 AN, IG[1], 105, fl. 119. Apud: Mott, 1987, p. 117.

Essas eram acusações sérias que não podiam passar despercebidas das autoridades, principalmente do Governador das Armas, para quem a denúncia era dirigida. No dia seguinte, diversos pasquins com as palavras "viva os negros e mulatos, morão [morrão] os marotos e caados [caiados]" passaram a circular no município de Laranjeiras. Logo a população se atemorizou.[34]

Enquanto isso, no distrito de Rosário do Catete, uma outra denúncia apontava que a pessoa de Antônio Pereira Rebouças estaria estimulando os escravos a se rebelarem na noite de Natal. Tal ato, o qual contaria com o suposto apoio de muitos pretos forros, seria realizado com o objetivo de matar "tudo quanto fosse branco" e aclamar a República.[35]

Os acontecimentos recentes de São Domingos parecia ser uma pauta muito recorrente, e não apenas em Sergipe.[36] No Rio de Janeiro, no ano de 1805, não era incomum se deparar com negros adornando seus pescoços com medalhões estampando o retrato de Jean-Jacques Dessalines.[37] Já em Pernambuco, anos depois, o personagem saudado era um certo Cristovam, em alusão Henri Cristophe, Imperador do Haiti.[38]

Essas menções a personagens importantes da Revolução do Haiti, especialmente as que datam do início da década de 1820, preservavam relação direta com as discussões a respeito do rompimento do Brasil ao Império de Portugal. Sobre esse aspecto, João José Reis salientou que:

> os escravos ouviam aquilo sisudamente e muitos traduziam o falatório dos brancos em causa própria, sobretudo os escravos crioulos, negros nascidos no Brasil que apostaram na possibilidade de se libertarem da escravidão real da mesma forma que os

---

34 AN, IG[1], 105, fl. 117. Apud: Mott, p. 116.

35 *Soldado de Tarimba*. Bahia, 1828. BN, I-31, 13, 13, fl. 2. Apud: Mott, p. 118.

36 Neste sentido, dentre outros, ver: Soares & Gomes, 2002, p. 131-144.

37 Ver: Reis, 1995-1996, p. 14-39.

38 Ver: Carvalho, 2010, p. 197.

> patriotas diziam querer libertar o país da metafórica "escravidão" colonial.[39]

Em que pese em Sergipe se ouvir as saudações ao "Rei do Haiti" e ao "Grande São Domingos", essas aclamações estavam inseridas em um esquema que procurava associar o nome de Antônio Pereira Rebouças ao de supostas sedições escravas, as quais estariam prestes a ocorrer. Em suma, usava-se o espectro do haitianismo para se disseminar acusações contra a pessoa de Antônio Rebouças, como indicou Edna Matos.[40]

Contraditoriamente, alguns anos depois, seria dada a Antônio Pereira Rebouças a responsabilidade de "acautelar" os escravos nagôs do seu sogro, os quais estavam prestes a se rebelar em Salvador.[41] Mesmo ele não possuindo participação direta nesses planos e nessas ações, não restam dúvidas que parte da escravaria de Sergipe percebeu nessas querelas algumas oportunidades para se rebelarem.

No início do ano de 1827, o Conselho do Governo da província de Sergipe registrou o empenho do coronel Manoel Ignácio da Silveira em dispersar um couto de escravos instalado nas imediações de Estância; muitos acabariam presos e açoitados.[42] No mês de setembro desse ano, uma nova denúncia apontou a ocorrência de mais uma sedição escrava em Rosário do Catete. Segundo Hermenegildo José Telles de Menezes,

> neste momento, escapo por milagre de Maria Santíssima, de ser vítima do furor de um partido de escravos Nagôs meus do engenho Porteira, Caraíbas, Maroim, Taverna, Várzea, Sítio, Santa Bárbara, de

39 Reis, 1995-1996, p. 28.

40 Antônio, 2011, p. 343.

41 Neste sentido, ver: Reis, 2003, p. 128.

42 Ata da sessão do Conselho de Governo da Província de 12 de janeiro de 1827. Apud: *Revista do Instituto Histórico e Geográfico de Sergipe*. Ano II, fascículos III e IV, vol. II, 1914, p. 353.

> cujo ataque fica um filho meu a expirar e três forros meus vizinhos, e dois escravos não nagôs que foram defensores de minha vida, mulher e filhos. Se acham nove bem maltratados, além de dois suponho mortos. Passo a V. Exa. esta participação e logo quero dar providencia pois desconfio que estavam recolhidos nas matas de que vive cerca e suponho voltarão na seguinte noite.[43]

Tal denúncia apontava que escravizados nagôs estariam no comando de mais uma sedição em Sergipe. Nos dias seguintes, a ação promovida por eles alcançaria outros engenhos de Rosário do Catete; o Sítio, o Periperi, o Unha de Gato, o Vargem e o Pati. Muitos escravizados dessas propriedades escaparam "para os matos". Na caçada que se empreendeu a partir de então contra eles, poucos acabaram sendo presos, porém muitos mortos.

Em outubro de 1827, embora a onda de sedições nos engenhos se mostrasse menor,[44] denúncias atestavam que ainda existiam "muitos escravos dispersos pelas matas da Cotinguiba". Segundo o tenente coronel Manoel Rodrigues do Nascimento,

> os negros de nação Nagô tinham formado de acordo entre si o desígnio de uma guerra servil cujo plano era massacrar todos os brancos, principiando pelos senhores, e ficarem de posse do terreno, [...] projeto que só foi desfeito facilmente pela força oposta, por se terem enganado (como dizem) com o dia

43 APES. Pacotilha: 174. Ofício do Coronel Comandante Manoel Rolemberg d'Azevedo Auciolli ao Vice-Presidente de Sergipe, de 25 de março de 1827. Apud: Mott, 1987, p. 120.

44 APES. Pacotilha: 125. Ofício do tenente coronel Manoel Rodrigues do Nascimento ao Vice-Presidente de Sergipe, de 6 de outubro de 1827. Apud: *Idem*, p. 122.

> aprazado ou o que é provável, por se terem pois acelerado no rompimento [...].[45]

Logo a seguir, ele ressaltou que apesar de "se ter cortado a cabeça da *hidra* da conjuração" e se achar que o "mal" estava "sedado", não se podia declinar, de modo algum, dos cuidados contra aqueles "tigres esfaimados", uma vez que eles poderiam "causar maiores danos e desgraças incalculáveis".[46]

O tenente cel. Manoel usou o mito da Hidra de Lerna para indicar o perigo que a população de Sergipe corria naquele momento. Segundo a mitologia grega, a Hidra era um animal perigoso, quase indestrutível, que morava em um pântano acostado ao Lago de Lerna. O seu corpo era parecido como o de um dragão. Tratava-se de um animal asqueroso, venenoso, detentor de nove cabeças de serpentes. Héracles – Hércules na Mitologia Romana – seria uma das pessoas que acabaram adentrando no pântano de Lerna com o propósito de matar a Hidra. Héracles procurou, de imediato, aniquilar a Hidra cortando as suas cabeças. Todavia, logo percebeu que sua estratégia não daria certo, uma vez que sempre que decepava uma delas, surgiam outras duas em seu lugar. Foi então que Héracles, ansiando impedir o poder de regeneração da Hidra, optou por procurar o apoio do seu sobrinho, Iolau, o qual passou a queimar imediatamente o lugar onde as cabeças eram cortadas. Nesse sentido, pouco depois de Héracles cortar uma cabeça, Iolau entrava na cena cauterizando o ponto da decapitação, impedindo assim que as duas novas cabeças surgissem. Tal procedimento se repetiu até que restasse apenas uma cabeça de serpente, a qual, após ser cortada, acabou sendo enterrada em uma vala, deitando-se em seguida uma enorme rocha em sua superfície.

---

45 AN, IJJ^{9}, fl. 161, nº 55. Ofício do tenente coronel Manoel Rodrigues do Nascimento ao Vice-Presidente de Sergipe, de 6 de outubro de 1827. Apud: Mott, 1987, p. 124.

46 AN, IJJ^{9}, fl. 161, nº 55. Ofício do tenente coronel Manoel Rodrigues do Nascimento ao Vice-Presidente de Sergipe, de 6 de outubro de 1827. Apud: *Idem*, 1987, p. 124.

No ano de 1878, o Ministro da Justiça recorreu ao mesmo mito da Hidra de Lerna ao indicar a necessidade de se adotar medidas mais astutas contra os diversos quilombos que insistiam em se reproduzir nas imediações do Iguaçu, na província do Rio do Janeiro, como apontou Flávio Gomes em um importante estudo denominado *A Hidra e os Pântanos*.[47]

Em Sergipe Del Rey, a menção ao mito da Hidra de Lerna decorria, como dito, da necessidade de se adotar medidas que pudesse conter a perpetuação de sedições escravas. Todavia, no pântano – nesse caso o Vale do Cotinguiba – outros atos de rebeldia estavam prestes a acontecer.

No ano de 1828, Rosário do Catete seria, mais uma vez, sacudida por uma sedição escrava. Em denúncia dirigida ao senhor Inácio José Vicente da Fonseca, presidente da província de Sergipe, indicou-se que "os escravos da nação nagô dos engenhos Mato Grosso, Maria Telles e Periperi" estavam a seduzir os escravos do engenho das Porteiras para se revoltarem durante as comemorações "da semana santa". Nesse ato, os rebeldes contariam com o apoio e a participação de escravos crioulos.[48]

Todavia, o plano não seguiu a diante, pois um outro nagô, de propriedade do tenente coronel Sebastião Gaspar de Almeida Boto, denunciou o que estava prestes a acontecer. No decorrer da oitiva realizada entre os envolvidos, apurou-se que alguns escravos de Sergipe poderiam estar de "correspondência" com escravos da Bahia, da onde chegara recentemente mais uma notícia de sublevação.[49] No dia 27 de março de 1828, o presidente de Sergipe recomendou que se adotassem medidas que impedissem a dissemi-

47 Neste sentido, ver: Gomes, 2005 e 2006.

48 APES. Pacotilha: 174. Ofício do coronel comandante Manoel Rollemberg d'Azevedo Auciolli ao presidente de Sergipe, Inácio José Vicente da Fonseca, s/d., Apud: Mott, 1987, p. 125.

49 APES. Pacotilha: 174. Ofício do coronel comandante Manoel Rollemberg d'Azevedo Auciolli ao presidente de Sergipe, Inácio José Vicente da Fonseca, 25 de março de 1828. Apud: *Idem*, p. 125.

nação da onda de insurreições escravas que estava, naquele instante, pondo a Bahia em convulsão.[50]

Nota-se assim que muitas revoltas escravas que estavam ocorrendo na Bahia, durante a primeira metade do século XIX, não demoraram a repercutir em Sergipe, mais precisamente no Vale do Cotinguiba, onde estava reunida a maior parcela da sua escravaria. Nesse sentido, não era de se esperar que a província de Sergipe Del Rey passasse inerte ao ano de 1835.[51]

Um mês depois das ruas de Salvador serem ocupadas por escravizados mulçumanos – episódio esse que entrou para a História com o nome de Revolta dos Malês –, o presidente de Sergipe recomendou o aumento dos destacamentos dispostos em alguns municípios. Segundo ele, não se podia desconsiderar

> a situação desta província quanto a sua população. Não ignorais, que só homens livres a não formam, e que para policiar esta segunda parte da população [escrava] é força que o Governo tenha gente armada e assoldadada à sua disposição. [...] Essa insurreição, que acaba de ter lugar na Bahia, é prova assaz convincente da minha asserção.[52]

Tudo era muito recente, não se sabia nem sequer ainda o real impacto que essa revolta iria causar no sistema escravista do Brasil. Mesmo assim, a prudência e o estado de alerta eram necessários, uma vez que não se podia permitir que os atos ocorridos em Salvador alcançassem, de algum modo,

50 APES. GL134. Ofício do presidente Fonseca a várias autoridades municipais, datado de 27 de março de 1828. APES. Pacotilha: 174. Apud: *Idem*, p. 126.

51 Neste sentido, ver: Reis, 2003.

52 Ofício do presidente de Sergipe, Manoel Ribeiro da Silva Lisboa, ao tenente coronel comandante geral do corpo de permanentes de Sergipe, José Joaquim de Abreu e Seixas. In: Relatório de todos os atos do governo da província de Sergipe, 1835, p. 55.

Sergipe. No dia 31 de março de 1835, Manoel Ribeiro da Silva Lisboa, dito presidente de Sergipe, disponibilizaria ao tenente coronel comandante geral do corpo de permanentes, José Joaquim de Abreu e Seixas, cerca de mil cartuchos para conter a onda de ataques promovidas por "escravos insurgidos" que se encontravam, de acordo com os "rumores vagos", aquilombados "nos subúrbios" de Laranjeiras.[53]

Nenhuma dessas medidas, aparentemente, surtiu o resultado esperado, uma vez que, com a aproximação das comemorações do Natal daquele ano, os escravos se mostraram ainda muito inquietos, a ponto de se ponderar, mais uma vez, que uma "sublevação de africanos" poderia estar em curso.[54]

Não restam dúvidas que episódios como os promovidos pelos escravos malês na Bahia contribuíram para aumentar o preconceito e o espectro contra os negros escravizados da África, mais especialmente dos embarcados na costa ocidental como, por exemplo, os nagôs, repetidamente apontados nas denúncias como os maiores responsáveis por irradiar o sentimento de sedição entre a escravaria disposta nos engenhos do Cotinguiba.[55]

No dia 19 de janeiro de 1836, o *Noticiador Sergipense* publicou um documento onde indicou que, uma semana antes, "mais de cem escravos" residentes no engenho Limoeiro, de propriedade do capitão Gonçalves de Faro Leitão e Menezes, se dirigiram – "armados de espingardas, bacamartes, chuços, machados e foices" – até a sede da vila de Santo Amaro das

---

53 Ofício do presidente da província de Sergipe, doutor Manoel Ribeiro da Silva Lisboa, ao tenente coronel comandante geral do corpo de permanentes da província de Sergipe, José Joaquim de Abreu e Seixas, datado de 31 de março de 1835. Ver: Relatório de todos os atos do governo da província de Sergipe na presidência do dr. Manoel Ribeiro da Silva Lisboa e por ele publicados. Bahia: Typ. do Correio Mercantil, 1835, p. 55.

54 APES. Pacotilha: 383. Ofício do Juiz de Paz de Maruim ao Vice-Presidente de Sergipe, de 10 de dezembro de 1835. Apud: Mott, 1987, p. 127.

55 Neste sentido, dentre outros, ver: Soares & Gomes, 2001, p. 1-44.

Brotas para retirar da prisão os presos Agostinho, Marcelino e mais um outro escravizado.[56]

Na ocasião, recomendou-se a adoção de medidas que os impedissem alcançar outros distritos do Vale do Cotinguiba, sobretudo Laranjeiras, Maruim, Rosário do Catete e Socorro. Qualquer "reunião de escravos" deveria ser dispersada.[57]

Na edição do *Correio Sergipense* datada de 07 de dezembro de 1842, o redator não escondeu a sua preocupação com as novas notícias que apontavam que os escravos estavam reunidos nas matas. Segundo ele, o desprezo com que "algumas vezes" se encarou essas notícias mostrou-se "fatal em algumas províncias", sobretudo naquelas onde a população escrava era "maiormente" composta por "africanos nagôs"; os quais, de acordo com a nota, abundavam em Sergipe.[58]

O redator recomendou que a secretaria de polícia investigasse, o quanto antes, uma denúncia que indicou estar os escravos "aquilombados" nas "imediações das matas da Pitanga, Merém e Prata". Tratava-se de uma denúncia que não podia deixar de ser apurada, uma vez que a demora em debandar essa reunião de escravos podia demandar "maiores incômodos" para destruí-lo.[59]

Se, ao longo da primeira metade do século XIX, os senhores e as autoridades se mostravam muito mais preocupados em controlar a rebeldia

---

56 Ofício do Presidente da Província de Sergipe, Manoel Joaquim Fernandes de Barros, ao juiz de paz da vila de Santo Amaro, Manoel Pereira Coelho, datado de 12 de janeiro de 1836. Ver: Governo da Província. *Noticiador Sergipense*, n. 78, de 19 de janeiro de 1836, p. 3-4.

57 Ofício do Presidente da Província de Sergipe, Manoel Joaquim Fernandes de Barros, ao Juiz de Paz de Laranjeiras, Francisco Alves Brito, datado de 12 de janeiro de 1836. Ver: Governo da Província. *Noticiador Sergipense*, n. 79, 22 de janeiro de 1836, p. 4-5.

58 *Correio Sergipense*, n. 405, de 07 de dezembro de 1842, p. 4.

59 *Idem, ibidem.*

e os atos de sedições que estavam, de acordo com os denunciantes, sendo encabeçados pelos escravos nagôs residentes no Vale do Cotinguiba, na segunda metade do século XIX, essas preocupações estariam mais centradas nos escravos crioulos, os quais estariam reunidos em pequenos quilombos situados nas matas das propriedades açucareiras dessa região.

Tal como indicado no início desse capítulo, o combate aos redutos quilombolas era um problema antigo em Sergipe, mas que se acentuaria em meados do século XIX. No dia 28 de agosto de 1846, por exemplo, o subdelegado de Maruim indicou que um pouso de escravos fugidos estava instalado "nos matos entre os engenhos Unha de Gato, Pedras, Maria Teles e Sítio dos Oiteiros". Segundo ele,

> se acham reunidos dez, doze ou mais escravos fugidos, acoitados e armados de bacamartes, facas de ponta e outras armas de defesas somente tratando de roubar e incomodar assim ao sossego público, como por diversas pessoas tem sido este juízo sabedor, desse ajuntamento, constando mais, que saem do rancho todas as noites, [...] e que tem roubado bois, arrombado casas nos Oiteiros e atacando e roubando a quem encontram pelos caminhos, estando esses escravos dispostos a ofenderem a quaisquer que a ele chegarem, entrincheirados nos matos, de forma que se torna necessário fazê-los dispersar e captura-los a fim de que não tenha progresso o ajuntamento deles, que de toda a sorte se torna gravoso aos habitantes deste termo, podendo ser até que nesse número esteja um escravo Victor do Tenente Coronel José Nobre Paes de Azevedo Faro, que sendo preso nesta vila roubando duas casas, evadiu-se da prisão, e se acha pronunciado por este juízo, assim como o guarda de polícia, que negligente o deixou fugir. Também consta pertencerem ao rancho os escravos

> do Major José Vieira e Almeida, do falecido Antônio José e de Luiz Barbosa Madureira, e por que este juízo não possa dar as providencias necessárias, que urge o bem público pela falta de força, visto que a Guarda Nacional não se acha municiada e em estado de tais diligencias, que podem trazer consigo algum desastre logo que haja rompimento do fogo da parte desses negros armados, sirva-se pois V. Sa. tomar em consideração quanto exponho e instruir-me do que devo praticar, dando V. Sa. as providencias que achar justas a vim tal fim com uma força que faça respeito, e seja suficiente para se dar cerco no mencionado rancho.[60]

Segundo José Francisco, estavam reunidos nesse quilombo "dez, doze ou mais" escravos, parte deles munidos de "armas de defesas". Muitos optavam por deixar os ranchos ao anoitecer, momento em que passavam a praticar roubos e arrombamentos nas propriedades mais acostadas aos seus coutos. Também se aproveitam do anoitecer para promover ataques contra as pessoas que diziam que iriam capturá-los. Tais escravos, de acordo com o denunciante, deveriam ser dispersos ou presos o quanto antes, de modo que se impedisse a perpetuação do couto.

Tanto as matas dos engenhos Unha de Gato e Periperi como a de muitos outros engenhos situados no Vale do Cotinguiba apareceriam ainda como supostos pousos de quilombolas. Nessas matas eles ergueram os mocambos; estruturas arquitetônicas simples, construídas com materiais encontrados na própria vegetação. Mesmo estando dispostos não muito distantes das propriedades senhoriais, os escravos fugidos procuravam erguê-los em pontos mais estratégicos das matas, respeitando uma certa

60 APES. Fundo: SP. Pacotilha: 05. Ofício de José Francisco, subdelegado de Maruim, a Henrique Jorge Rebello, chefe de polícia de Sergipe e juiz de direito de Sergipe da província de Sergipe, de 28 de agosto de 1846.

distância entre eles, pois isso podia impedir o cerco dos destacamentos policiais. Neles se reuniam poucas dezenas de escravizados, a maioria deles evadida de propriedades situadas no entorno das matas onde estavam acoitados.

Segundo Sharyse Piroupo do Amaral, as matas de aproximadamente 30 engenhos do Vale do Cotinguiba acabaram sendo apontadas como ambientes onde existiam quilombos ou, simplesmente, como ponto de pouso de quilombolas.[61] Quando se atenta para os nome das propriedades onde essas comunidades quilombolas estavam instaladas, percebe-se que algumas delas acabaram sendo palco de revoltas escravas algumas décadas antes.

Nesse sentido, ao que parece, existia no Vale do Cotinguiba uma espécie de reminiscência rebelde entre os escravos, a qual se iniciou com os atos de sedição provocados pelos nagôs ainda na primeira metade do século XIX. Por exemplo, se no ano de 1828 eram os escravos nagôs do engenho Maria Telles que estavam envolvidos em um plano de rebelião que deveria estourar na semana santa, no ano de 1846 as matas desse mesmo engenho estava sendo usada como pouso de quilombolas. Trinta anos depois, mais precisamente no ano de 1876, seria capturada nas matas dessa mesma propriedade uma escrava fugida apontada como amasia de um dos quilombolas mais procurados da província de Sergipe Del Rey.

O mesmo pode ser demonstrado para o Periperi, mais um engenho apontado como palco de um plano de sedição arquitetado por escravos nagôs nos idos dos anos de 1827 e 1828. Meio século depois, mais precisamente no ano de 1873, uma operação nas matas dessa propriedade seria responsável pela captura de três escravos fugidos, "perdendo-se a captura de mais quatro por ser insignificante o número de praças" que participaram diretamente desse ataque.[62]

---

61 Amaral, 2012, p. 182.

62 APES. Fundo: SP¹. Pacotilha: 393. Ofício do tenente João Batista da Rocha ao doutor Manoel José Espínola Júnior, de 1° de fevereiro de 1873.

Nota-se assim que os ambientes onde os quilombos estariam situados eram, praticamente, os mesmos onde, anos antes, se deram planos, ensaios e revoltas escravas no Vale do Cotinguiba. No entanto, no que concerne aos principais personagens envolvidos, os crioulos aparentavam estar assumindo agora o protagonismo que antes era dado aos nagôs. Os crioulos, por serem nascidos no Brasil, compreendiam e dominavam o idioma dos seus senhores e aprendiam, desde muito cedo, a interpretar as suas normas, as suas regras, os seus costumes. Tinham plena consciência dos lugares que estavam reservados a eles, mas nem por isso deixavam de contestar, protestar e de negociar mudanças em seus destinos. Também percebiam melhor qual era o momento de recuar e aguardar uma nova oportunidade para prosseguir com as negociações com o mundo senhorial.

Muitos crioulos que irão aparecer no decorrer desse estudo eram naturais do Vale do Cotinguiba. Sabiam, por isso, quem era quem na região; quais eram as pessoas que podiam contar em caso de necessidade, assim como aquelas que não deveriam estabelecer qualquer espécie de contato. Também dominavam, como poucos, o ecossistema do Vale; os seus obstáculos naturais, os pontos mais alagadiços e os atalhos que deveriam ser percorridos para se alcançar os ambientes mais propícios para se esconder.

Não restam dúvidas de que por esses e outros motivos os crioulos passaram a ser apontados como os escravos mais preparados para romper com a estrutura de dominação escrava presente no Império do Brasil. Lembremos, como indicou Carlos Engemann, que o mundo parecia muito retorcido e sinuoso para os milhares de negros que cruzavam o oceano Atlântico e desembarcavam enquanto escravizados nos portos do América. Interpretar essa nova situação/condição podia demandar muitos dias. Tempo esse que podia ser substancialmente abreviado entre os crioulos, uma vez que eles nasciam e amadureciam em um sistema que, a partir da segunda metade do século XIX, entraria em pleno colapso.[63]

63 Neste sentido, ver: Engemann, 2009.

Em estudo recente, Ivana Lima indicou que uma das potencialidades dos escravos crioulos era o domínio que detinham do idioma nacional. Segundo ela, os escravos nascidos no Brasil eram, quase sempre, apontados como indivíduos que não apresentavam maiores embaraços ao se comunicar. Tal realidade, como ela salientou, pode ser notada em muitas notas de fugas, as quais descrevem, comumente, o escravo crioulo fugido como um indivíduo que: "fala bem", ou que era "bem-falante" e "falador", ou ainda detentor de uma "fala desembaraçada", dentre muitas outras expressões que poderiam ser usadas para caracterizar esse poder de comunicação entre os crioulos.[64]

O escravo Simeão, personagem que protagoniza uma das novelas de *As Vítimas Algozes*, de autoria de Joaquim Manoel de Macedo, parece ser o melhor exemplo, embora não real, do que os crioulos eram capazes, ao menos aos olhos dos seus senhores. Joaquim Manoel de Macedo descreveu Simeão como sendo um:

> crioulo de raça pura africana, mas cujos caracteres físicos aliás favoravelmente modificados pelo clima e pela influência natural do país onde nascera, não tinham sido afeiados pelos serviços rigorosos da escravidão, embora ele fosse escravo.
>
> Havia em seus modos a expansão que só parece própria do homem livre: ele não tinha nem as mãos calejadas, nem os pés esparramados do negro trabalhador de enxada era um escravo de cabelos penteados, vestido com asseio e certa faceirice, calçado, falando com vícios de linguagem triviais do campo, mas sem a bruteza comum na gente da sua condição].[65]

Simeão nascera no Brasil, porém os seus pais eram naturais da África. Foi apresentado como um indivíduo de aparência e gestuais que não

64 Neste sentido, ver: Lima, 2012, p. 353-369.

65 Macedo, 2006, p. 16.

pareciam ser comuns entre os escravos. Estava sempre asseado, com os cabelos penteados, roupas adequadas e de pés calcados. Falava com os mesmos vícios de linguagem das pessoas do campo, mas, ainda assim, o seu poder de comunicação era algo que merecia destaque. Tratava-se de uma pessoa divertida, aceita, acariciada, apadrinhada, protegida e, até mesmo, amada pelo seu senhor e pelos entes deste.

Todavia, apesar disso, Simeão não deixava de ser um escravo, e não demoraria a perceber isso. Logo os seus senhores perceberiam que ele não passava, na verdade, de um ser ingrato, medonho, pervertido, capaz de cometer as maiores perversidades. Nas palavras do seu autor, Simeão representava aquilo que de pior poderia existir na escravidão, muito embora os seus modos, *a priori*, não permitissem notar isso. Tal como o crioulo Simeão, existiam muitos outros escravos no Brasil; eis a mensagem principal que Joaquim Manoel de Macedo queria deixar.

Vale salientar que a natureza cruel de Simeão era devido a sua condição de escravo, e não necessariamente por ele ser crioulo – "Não condeneis o crioulo; condenai a escravidão", ressaltava Joaquim Manoel de Macedo. O seu intuito era demostrar aos donos de escravos os perigos que eles e seus entes corriam diante não apenas do contato ordinário com escravos crioulos, os quais eram maioria naquele momento, mas sobretudo com a perpetuação da escravidão no Brasil.

É preciso ressaltar ainda que muito do que acabou sendo discutido a partir do enredo dessa novela se encontrava em consonância com as denúncias realizadas por alguns proprietários do Vale do Paraíba. Isso porque, o surto agrícola que essa região assistiu na segunda metade do século XIX e a necessidade iminente de mão de obra, permitiu que muitos crioulos acabassem sendo conduzidos para os municípios do Vale do Paraíba por meio do comércio interprovincial de escravizados; era o "mau [vindo] do norte" do Império, como ressaltou o estudo de Celia Maria Marinho de Azevedo.[66]

Muitos proprietários dessa e de outras emergentes áreas agrícolas situadas mais ao sul, mesmo mostrando-se interessados em obter mão de obra, não deixavam de se preocupar com a onda de ataques promovidas pelos escravizados recém-chegados sobretudo do norte do Império. Segundo as denúncias, muitos deles escapavam dos seus novos senhores e passavam, em seguida, a procurar meios de retornar para a região onde eram nascidos; isso quando não abandonavam os comboios antes mesmo deles aportarem nas propriedades onde seriam depositados.

Os denunciantes acusam os senhores nortistas de negociarem escravizados indisciplinados, de índoles duvidosas, alguns, até mesmo, suspeitos de participações em crimes. Há indícios de que alguns donos de escravos de Sergipe estavam, realmente, agindo dessa maneira. Inclusive, alguns deles, pouco depois de reaverem a posse de escravos que estavam aquilombados nas matas do Cotinguiba, se apressaram em vendê-los para o sul do Império antes mesmo deles serem pronunciados pelo Ministério Público como autores de crimes e delitos.

Segundo o pesquisador Luiz Felipe de Alencastro, atos como esses demostravam não apenas o abalo da ordem privada escravista, mas ainda o processo de corrosão da ordem pública no Império. Isso porque, na medida que os proprietários passaram a desrespeitar o pacto senhorial que assegurou, durante séculos, a ordem e a disciplina dos escravos, o processo de declínio do próprio sistema escravista se aceleraria acentuadamente.[67]

Temia-se o retorno desses escravos para os municípios de onde eram oriundos e, mais ainda, a onda de revoltas e insubordinações que eles estavam, aparentemente, empreendendo na região do Oeste Paulista. No Vale

66 Celia Maria Marinho de Azevedo. *Onda negra, medo branco*: o negro no imaginário das elites século XIX. 3ª edição. São Paulo: Annablume, 2004.

67 Alencastro, 2011, p. 91.

do Cotinguiba, a realidade não era muito destoante. Na segundo metade do século XIX, os crioulos estavam no comando de dezenas de comunidades quilombolas espalhadas pelas matas do Cotinguiba. No capítulo a seguir, se poderá perceber melhor não apenas quem eram esses escravizados que optaram, em determinado momento das suas vidas, em escapar dos seus senhores e residir em quilombos, mas ainda quais eram as suas motivações, os seus interesses e se existiam um certo padrão de comportamento entre eles.

CAPÍTULO 02

QUAL SEU NOME, IDADE, OCUPAÇÃO...? (RE) VISITANDO AS DISCUSSÕES SOBRE PERFIS E PADRÕES DE FUGAS ESCRAVAS

Três décadas se passaram desde que pesquisadores, na esteira do que Gilberto Freyre realizou, pioneiramente, ainda na década de 1930, passaram a dedicar mais atenção aos anúncios sobre escravos publicados nos periódicos do Brasil no século XIX. Tais pesquisadores concentram suas análises sobretudo nas descrições dadas por donos de escravizados que pretendiam recuperar a posse sobre as suas propriedades, as quais se encontravam então evadidas.

Há de se destacar, entre essas pesquisas, as desenvolvidas por Flávio Gomes sobre a população escrava fugida do Rio de Janeiro. Também merece destaque as pesquisas realizadas por Marcia Amantino e Martha Rabelo sobre, respectivamente, os escravos evadidos de Ouro Preto, em Minas Gerais, e Santa Catarina.[1] No que concerne, mais especialmente, a Sergipe Del Rey, pode-se destacar o estudo de Luís Mott, considerado um dos primeiros pesquisadores a se debruçar sobre essas notas após Gilberto Freyre, além dos de autoria de Sharyse Amaral.[2]

Todos esses pesquisadores procuraram, a partir dos seus estudos, apresentar uma espécie de retrato dos escravos que seriam mais propensos a escaparem dos seus senhores, uma vez que apareciam com maior regularidade nas

1 Gomes, 1996, p. 67-93; Amantino, 1997, p. 169-188. Amantino, 2006, p. 59-74; Amantino, 2007, p. 1377-1399; Rebelatto, 2007, p. 81-110.

2 Mott, 2008, p. 95-117; Amaral, 2012.

notas. O momento ou o período em que ocorriam as suas escapadas seriam outros aspectos discutidos recorrentemente por esses estudiosos.

Todas as discussões desenvolvidas por esses e outros pesquisadores permitiram não apenas construir o ideário de que os escravos crioulos, adultos e do sexo masculinos eram os mais propensos a escaparem do cativeiro, mas ainda a compreensão de que existiam relações substanciais entre o momento das suas escapadas e o ciclo produtivo no interior das propriedades, o qual, por sua vez, se relacionava ainda com o calendário religioso cristão vigente no Brasil.

Mais recentemente, Manolo Florentino e Marcia Amantino contribuíram com essas discussões ao indicar – a partir da análise de inventários *post mortem* – uma importante correlação entre o aumento de evasões e o período em que se contabilizou mais desembarques de escravizados nas Américas.[3]

Não restam dúvidas que os padrões de fugas e os perfis dos fugidos ocuparam, nos últimos anos, parte das discussões sobre a História da escravidão negra no Brasil, especialmente a que se preocupa mais com o assunto da resistência escrava. Flávio Gomes, por exemplo, procurando melhor compreender esses aspectos, analisou não apenas as notas publicadas nos periódicos do Rio de Janeiro, mas ainda os registros de prisões de escravos, uma documentação que preserva muita correspondência com os analisados, anos depois, pelo pesquisador José Curto, em estudo sobre os escravos recapturados em Angola.[4]

Tais estudos, entre outros aqui não mencionados, contribuíram sobremaneira para ampliar a nossa compreensão sobre as experiências dos escravizados que, em algum momento das suas vidas, optaram por escapar do cativeiro, seguindo assim rumos muitos distintos dos ansiados pelos seus senhores.

3 Florentino & Amantino, 2012, p. 259-297.

4 Curto, 2005, p. 67-86.

Todavia, existem aspectos sobre as vidas desses escravizados que merecem ainda atenção de pesquisadores, sobretudo no que concerne as primeiras experiências vivenciadas por eles após deixarem as propriedades dos seus senhores. Essa realidade se deve, em parte, a própria natureza da documentação comumente consultada pelos pesquisadores. Isso porque, enquanto os inventários e os registros de aprisionamento de escravos se apresentam como documentos importantes para pensarmos acerca dos perfis dos escravizados e como eles agiam no instante da escapada, o mesmo não ocorre quando nos questionamos sobre o que ocorreu com as suas vidas depois de abandonarem o cativeiro. Teriam eles se abrigado, *a priori*, nos arredores das propriedades dos seus senhores? Ou, diante da ameaça de serem capturados, procurariam, de imediato, se distanciarem das regiões onde podiam ser reconhecidos? Que ambientes procuraram alcançar após deixarem as propriedades dos seus senhores? Teriam, no ato da escapada, procurado e contado com o apoio dos seus companheiros das senzalas? Na procura de responder esses e outros questionamentos, pesquisadores da escravidão negra do Brasil continuam ampliando o *corpus* documental analisado, esperando sobretudo compreender melhor aspectos que se relacionam com as motivações, os anseios e as estratégias empregadas pelos escravizados após deixarem as residências dos seus senhores.

O que se discutirá no decorrer desse capítulo preserva relação direta com o que muitos estudos apontaram. Todavia, ressalta-se que, não obstante se adotar como parâmetro a abordagem presente em alguns estudos, as discussões aqui apresentadas procuraram, dentro do possível, ampliar as questões, até então, apontadas. Isso acabou sendo possível devido a análise de um *corpus* documental composto por 23 autos de perguntas procedidos em escravos fugidos recém-capturados.

Trata-se de uma documentação numericamente pequena, mas que apresenta um conteúdo qualitativo muito significativo, especialmente porque, como poderemos observar doravante, permite dar voz aos escravizados.

Os autos de perguntas dos escravos capturados

Foi Mário Maestri Filho um dos primeiros estudiosos a chamar a atenção dos pesquisadores da escravidão negra no Brasil sobre a importância dos depoimentos dos escravos. Escrevendo em um momento em que os estudos sobre a democracia racial se mostravam ainda contundentes, ele indicou que a aparente despreocupação em relação aos depoimento dos escravos do Brasil não parecia ser gratuita, uma vez que ela permitia que se perpetuasse o ideal de doçura da nossa escravidão.[5]

No Brasil, os registros e depoimentos de escravizados em primeira pessoa são pouco numerosos, distintamente do que ocorre, por exemplo, nos EUA, onde os abolicionistas incentivaram os próprios escravos a escreverem a respeito das suas vidas e, consequentemente, sobre o quanto a escravidão era perversa. Essa realidade – a escassez de registros de escravizados em primeira pessoa – não impediu que, no Brasil, diversos estudiosos procurassem, a partir de outros documentos, imprimir os sentidos que esses indivíduos impuseram ao cativeiro ou ao sistema escravista.

Todavia, não obstantes as importantes mudanças ocorridas a partir da década de 1980 na escrita da História da escravidão negra no Brasil, a qual acabou convergindo para o centro das análises os sentidos descritos acima, não se pode indicar ainda que se conseguiu adentrar nas impressões, concepções e dimensões mais particulares da vida da população escravizada; ao menos do modo como se espera, como se anseia. Mais recentemente, Silvia Hunold Lara, dedicando sua atenção a essa questão, indicou que necessitamos ainda de mais pesquisas que nos permitam compreender melhor sobre como "os escravos pensavam a respeito do mundo em que viviam e como lidavam com seus desafios e riscos".[6]

5 Maestri Filho, 1988, p. 9.

6 Lara, 2018, p. 17.

Talvez, a própria característica da maioria dos documentos primários consultados não permite adentrar por essas discussões de modo mais peremptório. Todo empenho nesse sentido parece ser milimetricamente ponderado, ainda mais quando se sabe que o campo onde se desenvolve a maior parte das discussões sobre a escravidão negra no Brasil encontra-se marcado por debates que se mostram, em não raras ocasiões, pouco cordiais.

Há, no entanto, um documento que pode permitir uma aproximação mais direta da voz escrava; os autos de perguntas procedidos em escravos fugidos recém-capturados. Trata-se de um documento produzido no âmbito das secretarias de polícia e, por isso, não devem ser confundidos com os autos de perguntas que se encontram apensados aos processos movidos no judiciário. Isso por que, mesmo ambos preservando aspectos e estruturas parecidos, existem elementos importantes que distinguem um do outro.

Os autos aqui analisados são documentos produzidos por autoridades da secretaria de polícia de Sergipe. Isso implica dizer que, a partir da estrutura organizacional do Estado Imperial, esses autos eram conduzidos por autoridades inseridas no domínio do Poder Executivo. Tais autos, distintamente do que ocorria com os produzidos no âmbito da justiça, não seguiam um rito mais rígido. Eram assim produzidos, na maioria das vezes, ainda no calor das apreensões, após duradouras e penosas perseguições pelas matas. Já os autos anexados aos processos que comumente encontramos nos arquivos e/ou nas sessões do Poder Judiciário, eram produzidos somente após o pronunciamento do Ministério Público, ato esse que demandaria ainda o aceite e a instauração do processo na Justiça.

Mesmo algumas cópias de documentos produzidos no decorrer do inquérito policial sendo, pouco depois, enviadas ao Ministério Público e, em caso de seguimento da denúncia, anexadas aos processos que passariam a correr no judiciário, os autos aqui analisados não seguiram, obrigatoriamente, esse rito, uma vez que permaneceram no domínio e na instância da secretaria de polícia de Sergipe.

Feitas essas rápidas ponderações sobre os autos, passemos a adentrar nos cenários comuns a muitos desses documentos. Nas salas/ambientes onde eles eram elaborados podia-se encontrar não apenas o escravo, mas ainda, muitas vezes posicionado mais ao canto, debruçando-se em uma mesa de madeira, um escrivão, pessoa responsável por redigir e permitir que o ato pudesse ser, pouco depois, um auto. Também não era incomum encontrar uma ou duas pessoas reportadas ainda mais ao canto dessas salas. Talvez, apenas procurassem obstruir a porta de entrada da sala, impedindo assim uma nova escapada ou qualquer outro ato de rebeldia por parte dos escravizados. Todavia, não se pode indicar que essas pessoas se ocupariam apenas da preservação da segurança no recinto, uma vez que seriam convidadas depois a assinar o auto, autenticando-o, atestando a veracidade do que se registrou. Mais ao centro da sala, quase dividindo o protagonismo com o escravo prestes a ser ouvido, podia-se encontrar um indivíduo com ar e postura pouco modestos; era a maior autoridade no recinto, o inquiridor, a pessoa responsável por elaborar os questionamentos e conduzir o ato.

Muito embora o seu cargo ou a sua patente o credenciasse a ocupar uma posição de destaque na cena, a sua importância não era medida, imperiosamente, por esses aspectos. Tomando como perspectiva os principais motivos que permitiram a realização de um auto de perguntas, a importância de uma autoridade, ao menos no curso dessa inquirição, deveria ser medida mais pelos dados que ela conseguia obter no decorrer do interrogatório do que, necessariamente, pelo cargo que então ocupava.

É de se presumir que quanto mais essas autoridades estivessem envolvidas com as operações e as marchas policiais, mais capacitadas estariam para dirigir produtivamente um auto de perguntas contra um escravo evadido ou um quilombola recém-capturado, obtendo assim dados e aspectos mais escusos não apenas sobre ele, mas ainda sobre os seus parceiros e os seus possíveis coiteiros e apoiadores.

Era diante dessas autoridades que seriam posicionados os escravos capturados. Em algumas ocasiões, se procurou, ao menos durante a inquirição, retirar as algemas ou qualquer outra espécie de amarra a que o escravo estivesse submetido; um modo, segundo registraram os escrivães, de evitar maiores constrangimentos a sua pessoa.

Não obstante o recorte deste estudo privilegiar uma região, neste caso, Sergipe Del Rey, mais especialmente o Vale do Cotinguiba, não restam dúvidas que as problemáticas e as experiências de vida que serão aqui apresentadas se relacionavam com as de muitos outros escravizados do Brasil. Quais os motivos que mais contribuíram para que eles se enveredassem em fuga? Quais os desafios que deveriam, a partir de então, serem suplantados? Que mudanças em suas vidas poderiam e ansiaram realizar por meio da fuga? Quais os destinos e/ou ambientes que pareciam ser os mais seguros e que, por isso, deveriam ser alcançados pouco depois da evasão? Somente alcançar esses espaços permitia que os seus ideais pudessem ser, de fato, atingidos? Como deveriam agir para que pudessem permanecer não apenas distantes dos seus senhores, mas ainda a procura dos seus ideais?

Esses são alguns dos questionamentos que se pretende problematizar a partir da análise dos autos de perguntas. Os dados contidos nesses documentos, especialmente os produzidos na etapa da qualificação dos escravos, permitem contribuir e, de certo modo, ampliar algumas discussões desenvolvidas a respeito dos perfis e dos padrões de fugas escravas no Brasil, como se procurará demostrar a seguir.

Qual seu nome, idade e ocupação?

Logo depois de registrar o dia, o mês, o ano e os nomes do município e da autoridade responsável pela condução do ato, dava-se início a um dos momentos mais importantes do auto de perguntas; a qualificação do escravo.

Nota-se que os primeiros questionamentos eram elaborados com o intuito de apurar a real identidade do escravo, o que poderia permitir, a depender do conteúdo do seu depoimento, a restituição ao seu senhor ou a mera comunicação da sua apreensão. Nesse sentido, deveria o escravo responder, de modo contínuo, não apenas o seu nome, mas ainda a sua idade (presumida ou não), o seu estado civil, os nomes dos seus pais (quando soubesse), sua nacionalidade, ocupação e a quem pertencia.

Seguindo os ensinamentos dados sobretudo por Carlo Ginzburg e Carlo Poni, optou-se por registrar os diversos nomes mencionados nessa etapa.[7] Isso permitiu que, em um segundo momento, esses nomes pudessem ser rastreados em outros documentos. Mas, o que se pode perceber a partir da análise dos nomes que eram mencionados nos autos? Não restam dúvidas que uma maior atenção dos pesquisadores aos nomes citados nessa documentação irá permitir uma melhor compreensão sobre a relação existente entre o lugar da evasão e os ambientes em que procuravam, a partir de então, se acoitar.

Em primeiro lugar, notou-se que parte considerável das propriedades e, consequentemente, dos proprietários dos escravos depoentes residiam no Vale do Cotinguiba. Tratava-se de uma região, como apontado no capítulo anterior, predominantemente açucareira, repleta de engenhos e pequenos sítios. Quando se cruzou os nomes desses senhores e/ou dessas propriedades com os nomes dos ambientes ou municípios onde ocorreram as capturas, pôde-se atestar que os escravos submetidos aos autos não se distanciaram dos seus antigos aposentos. Ficaram, muitos deles, arranchados nas matas situadas nos arredores das propriedades dos seus senhores; o que possibilitou, como se poderá notar no decorrer deste estudo, em um maior contato entre eles e os que permaneciam nas senzalas.

---

7 GINZBURG, Carlo e PONI, Carlo. O nome e o como: troca desigual e mercado historiográfico. In: GINZBURG, Carlo. *A micro-história e outros ensaios*. Lisboa: Difel; Rio de Janeiro: Bertrand Brasil, 1989, p. 169 – 178.

Mesmo parte considerável das autoridades responsáveis por conduzir os autos não perguntando a respeito da origem e dos nomes dos seus pais, alguns dos escravos depoentes, quando questionados, responderam a esses questionamentos com uma precisão singular, apontando, inclusive, onde eles estariam residindo naquele momento.

Limôa, ao ser capturada, indicou que nasceu no engenho Retiro, onde ainda residiam os seus pais, os escravos Ignácio e Antônia. Já o crioulo Domingos, pertencente ao Barão de Japaratuba, indicou que sua mãe era a escrava Lucinda, crioula, residente na cidade Maruim, e que o seu pai era o crioulo Thimoteo, residente em Minas Gerais. Januário, escravo natural do engenho Conceição, situado nas imediações do Rio Azul, na província da Bahia, revelou que o nome da sua mãe era Maria, e que essa era escrava de um Bartolomeu de Tal, residente em Propriá. Vicência, por sua vez, indicou em seu depoimento que os seus pais eram o crioulo Felipe e a nagô Germana.[8]

Todos os escravos que acabaram sendo questionados sobre os pais souberam responder os seus nomes e, em algumas ocasiões, até mesmo se esses eram ainda vivos ou onde estavam naquele momento residindo; com exceção da escravizada Isabel, "natural da Costa da África", a qual indicou que desconhecia os seus pais. Já no auto de perguntas da escrava Luísa, consta apenas que ela era "filha de pais africanos" e "filha do engenho Caxueira", situado no município de Laranjeiras.[9]

---

8 APES. Fundo: SP[1]. Pacotilha: 176. Auto de perguntas feitas à escrava Limôa, em 09 de novembro de 1871; APES. Fundo: SP[1]. Pacotilha: 178. Interrogatório feito a Domingos, escravo do Barão do Japaratuba, em 14 de dezembro de 1871; APES. Fundo: SP[1]. Pacotilha: 373. Auto de perguntas feitas a escrava Vicência do proprietário do engenho Bette, de 04 de janeiro de 1873; APES. Fundo: SP[1]. Pacotilha: 705. Auto de perguntas feitas a Januário, de 03 de janeiro de 1882.

9 APES. Fundo: SP[1] 298. Autos de perguntas feitas a escrava Isabel, em 7 de janeiro de 1873; APES. Fundo: SP[1] 298. Autos de perguntas feitas pelo delegado

Muito provavelmente Isabel desembarcou no Brasil ainda criança, motivo pelo qual indicou não saber os nomes dos seus pais. No caso de Luísa, nota-se que ela era crioula de primeira geração e que, possivelmente, poderia revelar mais dados sobre os seus genitores. Porém, por algum motivo, optou por indicar apenas a nacionalidade deles e o nome da propriedade onde nascera.[10]

Na amostra apresentada por Luiz Mott, apenas ¼ correspondia a escravizados oriundos da África. É de supor que no período em que Sergipe esteve mais dependente do Comércio Internacional de Escravizados o número de estrangeiros entre a população escrava evadida poderia ser um pouco maior. Francisco José Alves, um dos mais atuantes abolicionistas sergipanos, em denúncia, revelou que seis escravos pertencentes a um carregamento composto por mais de mil escravizados recém-chegados da África, seriam encontrados nas matas do engenho Mosquito pouco depois do desembarque, ocorrido nas praias de São Cristóvão, em 1842.[11] Mais um caso que robustece o ideal registrado por Jean Casimir, ou seja: que todo recém-chegado da África poderia ser, potencialmente, um *cimarrón*.[12] Manolo Florentino e Marcia Amantino, como indicado aqui anteriormente, renovariam e robusteceriam ainda mais esse antigo ideal ao indicar que existia uma relação direta entre o aumento no número de evasões e o período de maior desembarque de escravos na América.[13]

---

de polícia da Vila de Nossa Senhora da Divina Pastora a preta Luisa, em 09 de janeiro de 1873.

10 APES. Fundo: SP[1]. Pacotilha: 298. Auto de perguntas feitas a preta Luísa, em 09 de janeiro de 1873.

11 Segundo Francisco José Alves, este desembarque foi dirigido pelo Corsário Antônio Maria com o consentimento do então Presidente da Província de Sergipe. Neste sentido, ver: APES. Fundo: SP[1]. Pacotilha: 385. Ofício de Francisco José Alves ao chefe de polícia de Sergipe, de setembro de 1881.

12 Casimir, 1997, p. 398-422. Apud: Florentino & Amantino, 2012, p. 259-297.

13 Florentino e Amantino, 2012, p. 242.

Hebe Mattos de Castro nos convida, em um dos seus estudos, a prestarmos mais atenção para as inflexões dos discursos escravos a partir da segunda metade do século XIX, especialmente nas indicações precisas dos nomes dos seus pais e dos seus antigos senhores. Tratava-se de um indicativo de que, uma vez envolvidos no comércio interprovincial, não seria impossível eles alcançarem novamente as regiões onde nasceram e cresceram, e onde uma série de direitos consuetudinários estavam consolidados e, por isso, respeitados.[14]

Hebe Mattos de Castro destacou ainda o quanto os escravos nascidos no Brasil podiam se mostrar mais capazes de aprender a política de negociação desenvolvida nos campos dos costumes e do poder senhorial, uma vez que se encontravam mais a par das práticas costumeiras ensejadas nas microrregiões e nas propriedades de onde eram oriundos.

Os crioulos, distintamente dos escravizados estrangeiros, e, mais especialmente, dos recém-desembarcados, possuíam concepções preestabelecidas acerca de diversas questões como, por exemplo, o que poderia ser um cativeiro ou um castigo moderado, mais disciplinar, ou outro astuto, meramente punitivo. Também possuíam percepções mais precisas sobre o comportamento dos senhores da região em que residiam, assim como das características e dos ritmos de produção de cada propriedade.

No que concerne aos escravos que aparecem nos autos, muitos deles experimentaram o processo de crioulização da população escrava residente em Sergipe Del Rey. Talvez, parte deles ouviu dos seus entes relatos sobre o processo de disseminação da cultura da cana-de-açúcar pela região do Vale do Cotinguiba, um momento não muito longínquo. Enquanto cresciam, puderam ouvir e, até mesmo, sentir o modo como algumas práticas escravas mais costumeiras passaram a ser, cada vez mais, respeitadas pelos proprietários da região. Além disso, puderam observar a erosão de alguns potentados senhoriais do Cotinguiba, o que, na prática, acabou resultando na divisão

14 Castro, 2010, p. 357.

de muitas propriedades açucareiras e, consequentemente, no deslocamento de parte dos seus entes para outras propriedades, outras regiões.

Mensurar a importância desse processo dentro de um estudo que pretende discutir e melhor compreender as ações e as motivações das populações escravas evadidas do cativeiro não parece ser algo simples. Entretanto, os muitos indícios encontrados e analisados no decorrer dessa pesquisa revelam que o agudo processo de crioulização em Sergipe contribuiu sobremaneira para que os escravos pudessem praticar diversas ações de resistência de modo muito exitoso.

Não menos importante que os nomes dos pais dos escravos arrolados nos autos são os nomes dos seus senhores. Esse dado aparece em muitos autos de perguntas. Em parte deles, os nomes dos seus senhores não estavam registrados nos autos, mas sim nas correspondências que eram enviadas apensadas. Não era incomum o nome do senhor ser substituído pelo o da sua propriedade. Por exemplo, enquanto o negro Romão respondeu ser de "seu Hércules", do engenho Boa Hora, o crioulo Evaristo disse apenas que era do "engenho Sítio Novo". Já Leocádio revelou que só conhecia seu senhor "pelo nome de Batalha", e Limôa disse que era de um "Domingos de Tal", morador de Laranjeiras.[15]

Tratando ainda sobre os primeiros dados apresentados nos autos, pode-se notar que, entre o montante de escravos ouvidos, 73% deles eram do sexo masculino. Não podemos dizer que essa maior prevalência era uma resultante do Comércio Internacional de Escravizados, o qual privilegiava, como sabemos, "peças" do sexo masculino, sobretudo porque, em Sergipe, existia uma paridade sexual na escravaria.

15 APES. Fundo: SP[1]. Pacotilha: 705. Auto de perguntas ao escravo Romão, em 22 de março de 1872; APES. Fundo: SP[1]. Pacotilha: 705. Auto de perguntas ao escravo Evaristo, em 22 de março de 1872; APES. Fundo: SP[1]. Pacotilha 178. Auto de perguntas feito ao escravo Leocádio, conhecido por José Boi, em 28 de abril de 1872.

Estudos realizados em outras regiões escravistas que se mostravam, assim como Sergipe, pouco ou quase nada dependentes do Comércio Internacional de Escravizados como, por exemplo, Virgínia e Maryland, dispostas ao sul dos EUA, apresentam dados equivalentes; ou seja, uma predominância acentuada de escravos do sexo masculino entre os fugidos.[16]

Mesmo essa predominância sendo ressaltada ainda em outros estudos sobre Sergipe como, por exemplo, os produzidos por Luiz Mott e Sharyse Piroupo do Amaral, os quais indicaram, respectivamente, que 75% e 90% das suas amostras eram compostas por escravos do sexo masculino, precisamos olhar com muito cuidado para esses dados, sobretudo impedindo que se perpetue o ideal que esses estariam mais aptos para escaparem do cativeiro do que as mulheres.[17]

Sobre o menor percentual de escravizadas entre os fugidos, alguns estudiosos salientaram que a maternidade podia estar associada a essa realidade. Esses autores compreendem que as demandas que recaíam sobre as mães poderiam, se não impedir suas escapadas, revesti-las de mais desafios, sobretudo quando essas se viam obrigadas a escapar acompanhadas das suas crianças.[18]

Não restam dúvidas que precisamos dedicar uma maior atenção às ações dessas mulheres no curso da resistência escrava impetrada por meio das fugas, sobretudo as desenvolvidas a partir dos quilombos. Todavia, como nos lembrou Yuko Miki, se a ausência de documentos pode estar associada a essa realidade, não se pode desconsiderar que existe ainda um viés marcadamente masculino na Historiografia a respeito da *marronage* nas

16 Neste sentido, ver: Mullin, 1994, p. 259-297. Apud: Florentino & Amantino. 2012, p. 292.

17 Mott, 2008, p. 100; Amaral, 2012, p. 96.

18 Amantino, 1997.

Américas, o que nos convida a ponderar alguns dos aspectos comumente mencionados.[19]

É essencial que se reconheça a importância dessas mulheres dentro de um movimento de resistência apresentado, substancialmente, como masculino. Vejamos como os autos de perguntas podem contribuir neste sentido. Seguindo os ensinamentos de Yuko Miki, procuraremos, a seguir, compreender de que modo o sexo acabou modulando algumas experiências de escravos fugidos, dando, no entanto, uma maior atenção às experiências vivenciadas pelas mulheres quilombolas; sempre que possível.

Tal como dito anteriormente, entre os escravizados que acabaram sendo submetidos aos autos aqui analisados, somente seis eram mulheres. Uma delas era a mencionada Limôa, pertencente a um senhor residente na cidade de Laranjeiras. Em determinada ocasião, estando adoentada e compreendendo que não poderia mais permanecer acoitada nos matos sem os devidos remédios, Limôa procurou o engenho Poções e se entregou nas senzalas do mesmo. O dono desse engenho, assim que soube da sua presença, recomendou, prontamente, que a conduzissem até a presença do delegado de polícia da vila de Rosário do Catete, autoridade que seria a responsável pelo seu auto de interrogatório.[20]

Limôa deu a entender que não pretendia, *a priori*, se acoitar em um quilombo. Segundo relatou em seu depoimento, assim que deixou a casa do seu senhor, procurou o dono do engenho Poções ansiando que esse a comprasse. Todavia, como esse se negou a comprá-la, ela se dirigiu para o engenho Cambuí, onde, mais uma vez, a sua esperança de mudar de senhor acabou sendo malograda. Foi aí que ela decidiu seguir por uma estrada que daria no engenho São José, mas, "antes que ali chegasse", acabou sendo interpelada por sete escravos que a convidaram "para [segui-los até] o couto

19 Miki, 2014, p. 54.

20 APES. Fundo: SP[1]. Pacotilha: 176. Auto de perguntas feitas à escrava Limôa, em 09 de novembro de 1871.

onde se achavam refugiados". Tomou então os caminhos que daria em um lugar denominado Tabocal, onde existia um quilombo.[21]

No Tabocal, situado nos arredores das matas do mencionado engenho São José, Limôa se reuniu a outros dezenove escravos fugidos, com os quais viveria os próximos quatro meses. Tratava-se, como era de se esperar, de uma comunidade que apresentava uma predominância numérica de escravos do sexo masculino. Entre esses, ela indicou que se envolveu amorosamente com o quilombola de nome José Leocádio, o qual passou a ser o seu amásio. Este, inclusive, a acompanhou no percurso até o engenho Poções, onde, como vimos, ela se entregaria.

No couto situado no Tabocal residiam apenas seis escravas quilombolas. Em seu depoimento, Limôa indicou aspectos importantes sobre o cotidiano dessas mulheres. É de supor que as experiências dessas escravas se encontrem associadas as de muitas quilombolas residentes em outras partes do Brasil. Sobre uma crioula denominada Thomazia, Limôa indicou que ela era oriunda do engenho Santa Bárbara e que perdera "uma cria na mata". Situação não muito diversa a que passou a crioula Luísa, a qual dizia "ter rejeitado um filho", mandando-o "depositar na porta da Igreja de São Benedito", em Laranjeiras.[22]

Em que pese os dados indicados por Limôa não permitirem maiores elucidações, não restam dúvidas de que os dois casos mencionados são correlatos, além do que somente poderiam ser vivenciados por escravas. O que motivou a perda/morte da cria de Thomazia? Seria a morte dessa criança o resultado de um aborto? Teria esse, por sua vez, sido espontâneo ou ela o induziu, evitando que essa criança padecesse da sua mesma sorte? No que concerne, mais especialmente, à atitude adotada por Luísa, porque ela optou por depositar a criança recém-nascida na porta da Igreja de São Benedito?

---

21 *Idem.*

22 *Idem.*

Tal como indicado acima, os dados disponíveis nos autos não nos permitem responder plenamente a esses questionamentos. Esses aspectos, aparentemente, não eram de interesse da autoridade que conduziu o depoimento de Limôa, ao menos a ponto de motivá-lo a realizar perguntas relacionadas ao que ela indicou sobre as suas duas antigas companheiras.

Outros dados, os quais eram ainda obscuros, pareciam ser mais urgentes. Todavia, isso não quer dizer que, pouco depois, medidas pudessem ser adotadas para prevenir que outras escravas continuassem a agir daquela maneira, nem que se requeresse ainda uma apuração para atestar o suposto paradeiro dessas crianças. Um caso apresentado pouco mais a seguir, demostra que medidas como essas poderiam ser sim adotadas contra essas mães escravizadas.

Seguramente, para muitas mulheres quilombolas, a autonomia conquistada a partir da evasão do cativeiro não poderia ser plena sem que, para isso, pudessem ainda obter o controle sobre os seus corpos, a maternidade e o destino das suas crianças. É, a partir desse prisma, que se deve analisar o que acabou sendo registrado no depoimento de Limôa. Situada no município de Laranjeiras, a Igreja de São Benedito era uma das mais importantes para a população negra do Cotinguiba. Inclusive, muitas pessoas de cor contribuíram com a sua construção através da Irmandade de São Benedito.

Muito provavelmente nascida e criada no Cotinguiba, Luísa sabia da importância da Igreja de São Benedito para a população negra da região, daí a opção de deixar a sua criança na porta dessa Instituição, e não em outra. Trata-se de uma medida que, *a priori*, podia parecer desesperada, mas que revela indícios de ser uma ação consciente e premeditada. Isso porque, o "abandono", como era então noticiado, poderia proporcionar, de algum modo, maiores possibilidades de sobrevivência para aquela criança, além de condições de vidas menos austeras das que podiam ser experimentadas nas matas ou nos quilombos.

Entretanto, em que pese a oportunidade de escapar do controle sobre o corpo e a maternidade permitir a condução de muitas mulheres escravizadas até os quilombos, isso não as dispensavam de, uma vez inseridas nesses ambientes, continuarem a experimentar contendas e uma experiência de maternagem ainda distante da então esperada.[23] Por exemplo, analisemos o caso da quilombola Thomazia, outra escrava mencionada no depoimento de Limôa.

No curso dessa pesquisa, pôde-se encontrar um documento de autoria do delegado da vila de Rosário do Catete, datado de 5 de setembro de 1873, em que se indicou a captura, dentre outros quilombolas, da crioula Thomazia, escrava evadida do engenho Santa Bárbara.[24] Sem dúvida, era a mesma escrava mencionada, dois anos antes, no auto de perguntas da crioula Limôa. Nesse novo documento, constam mais indícios de como uma gestação nos matos, nos quilombos, poderia ser austera.

Isso porque, de acordo com o delegado de Rosário do Catete, no período de três anos em que permaneceu na condição de quilombola, Thomazia não perdera apenas uma cria; como outrora indicou a sua companheira de rancho Limôa. Segundo ele, essa escrava concebeu pelo menos mais duas outras crianças nos matos; sendo uma vítima de aborto –provavelmente essa indicada no depoimento de Limôa –, outra morta após ser acometida por mal de sete dias e a última "desapareceu do rancho" em que

---

23 O uso da palavra maternagem aparece aqui como uma expressão que procura não apenas indicar a prática dos cuidados maternos, mas ainda as experiências vividas por essas mulheres escravizadas que procuravam resistir a ideologia opressiva e patriarcal da maternidade. Sobre esse conceito e o surgimento, ler: Danielle L. Silva. "Sem tempo para sonhar (?) Apropriação, maternagem e resistência em um defeito de cor e compaixão". *Revista Ártemis*, Vol. XXIV, nº 1, jul./dez. 2017. p. 18-28.

24 APES. Fundo: SP[1]. Pacotilha: 393. Ofício do tenente João Batista da Rocha Banha ao chefe de polícia de Sergipe, Manoel Espínola Júnior, em 05 de setembro de 1873.

estava acoitada, não sabendo ela precisar para onde os seus companheiros a conduziram.

Mary Karash salientou que o mal de sete dias, doença que acometia muitas crianças escravas recém-nascidas, estava diretamente associado as carências nutricionais das suas mães durante a gestação, representadas nesse caso por uma aguda ausência de cálcio, magnésio e de algumas vitaminas.[25] Não obstante se indicar que a inserção nos quilombos poderia representar uma maior autonomia para os escravos, inclusive no aspecto alimentício, não restam dúvidas de que esse era ainda desprovido de nutrientes cruciais para a saúde de qualquer indivíduo.

No que concerne, mais especialmente, ao desaparecimento de uma das crias da crioula Thomazia do rancho em que se encontrava acoitada e a sua suposta condução até um ponto, aparentemente, desconhecido por ela, isso poderia estar associado aos atritos que poderiam surgir diante da constituição de novos núcleos parentais nos quilombos. Esses, como era de se esperar, atingiam mais diretamente as mães quilombolas e, concomitantemente, as suas crianças.

Nos redutos quilombolas dotados de pequenas dimensões como os de Sergipe Del Rey do século XIX, composto por comunidades volantes, dinâmicas, onde a sua perpetuação não dependia diretamente de uma reprodução endógena, mas sim de acordos e pactos impetrados com a população residente no entorno, a permanência de qualquer pessoa com uma maior dependência motora, como no caso de uma criança, poderia provocar alguma instabilidade, especialmente no que concerne ao poder de mobilidade.

Viver nessas comunidades quilombolas exigia dos escravos constantes deslocamentos por ambientes insalubres, espessos e repletos de obstáculos naturais. Entre as escravizadas ouvidas nos autos, somente uma indicou que escapou acompanhada de uma criança. Todavia, não iriam muito longe.

---

25 Karash, 2000, p. 253.

Logo no dia seguinte ao da escapada, acabaram sendo capturadas e reconduzidas ao cativeiro.[26]

Na documentação reunida para o desenvolvimento dessa pesquisa, não existe qualquer menção a presença de crianças inseridas dentro das comunidades quilombolas. Isso pode indicar que existia, muito embora os documentos não precisem isso, restrições quanto a presença de menores no interior dos ranchos. Todavia, se existia realmente essa espécie de acordo/pacto entre os quilombolas, isso não pode ser encarado como uma ausência de solidariedade entre os membros dessas comunidades. No próprio relato do delegado sobre o desaparecimento de uma das crianças de Thomazia, não restou claro o posicionamento dela acerca do ocorrido. Teria ela, enquanto mãe, concordado com que seus companheiros de matos conduzissem a sua criança recém-nascida para um ambiente mais seguro, ansiando assim que essa pudesse padecer de doenças neonatais? Teria ela pleno conhecimento de onde estava a sua criança, optando, porém, em omitir esse dado da autoridade que a inquiriu?

Ela não se manteve em silêncio quanto a essa questão, porém se restringiu a dizer que não sabia o real paradeiro da criança. Talvez, soubesse que, mesmo nascido na condição de ingênuo, ele deveria ser conduzido ao poder do seu senhor. Em maio de 1873, por exemplo, uma nota publicada no Jornal do Aracaju com o nome de *Quilombolas*, ao mesmo tempo que se padecia com a reduzida apreensão realizada no curso de uma empresa contra o quilombo situado nas matas do engenho Brejo, em Laranjeiras, indicava que a única captura então realizada, a da escrava Francisca, "não deixa[va] de ser importante", uma vez que a partir do seu apresamento pôde-se descobrir que ela pariu "um filho nos matos", vindo a deixá-lo depois na casa de uma mulher denominada Maria Cabloca. Tão logo soube disso,

26 APES. Fundo: SP[1]. Pacotilha: 298. Autos de perguntas feitas pelo delegado da vila de Nossa Senhora de Divina Pastora, em 9 de janeiro de 1873.

segundo o autor da nota, o comando da secretaria de polícia de Sergipe recomendou que:

> o delegado procedesse as averiguações necessárias para saber se com efeito existe o menor em poder da dita mulher, a fim de que assim sendo tenha ciência o dr. juiz de órfãos, a quem cabe proceder a respeito na forma do reg. que baixou com o decreto do 13 de novembro de 1872, por ser o menor considerado liberto.
>
> Vê-se que esses quilombolas praticam toda sorte de perversidade nos lugares em que se acoitam. Roubam, fazem mil tropelias, *privam-se de seus próprios filhos, quando não lhe dão a morte, como muitas vezes terá acontecido*. Convém, pois, empregar todos os esforços para extinguir esses malfeitores.[27]

O decreto citado na nota correspondia ao regulamento de execução da Lei N° 2040 de 28 de setembro de 1871, mais conhecida como Lei do Ventre Livre. Essa notícia motivou uma espécie de apuração sobre o paradeiro daquela criança, a qual deveria ser conduzida, de imediato, até a presença do senhor da sua mãe. No depoimento de Limôa, aparece uma escravizada de nome Francisca como sendo uma das cinco quilombolas residentes no quilombo então situado nas matas do engenho São José.

Mais recentemente, uma coletânea de artigos organizada por Maria Helena P. T. Machado, Luciana Brito, Iamara Viana e Flávio Gomes, produzido no contexto dos 150 anos da aprovação da Lei do Ventre Livre, se comprometeu a pensar e examinar – "pela perspectiva do gênero, da raça e da liberdade" – aspectos múltiplos e complexos da escravidão de mulheres no processo de emancipação no Brasil e em outras sociedades escravistas no mundo Atlântico. Entre os artigos contidos nessa coletânea, os quais

27 "Quilombolas". *Jornal do Aracaju*, 14 de maio de 1873, p. 2.

procuram destacar não apenas o impacto da violência – sexual, psicológica, simbólica e afetiva – que a mencionada legislação causou na vida de mulheres escravizadas e na sua prole, mas ainda como elas resistiram a essa problemática, destacar-se-á aqui o de autoria de Lucimar Felisberto.

Nesse seu artigo, ao explorar os significados da liberdade do ventre para mães escravizadas capturadas enquanto se encontravam na condição de fugidas na Corte e no Rio de Janeiro, Lucimar Felisberto revela o quanto as suas evasões estavam relacionadas a "precarização de sua maternagem"; a necessidade de proteger e prestar os cuidados necessários em um ambiente que apresentava melhores condições delas reorganizarem as suas vidas, somado ao risco iminente de serem separadas da sua prole, motivariam as fugas dessas mães escravizadas e dos seus rebentos.[28] Trata-se de uma análise importante que, quando associada ao que se indicou acima a respeito das experiências vivenciadas pelas quilombolas Thomazia, Luísa e Francisca, pode revelar que se as suas escapadas estavam associadas ao propósito de exercerem melhor a sua maternagem, essa não seria exercida ainda plenamente nos quilombos, ainda mais diante da rotina de ataques e a necessidade de migrarem constantemente para outras matas do Vale do Cotinguiba. Talvez, como ponderou Lucimar Felisberto, isso explique o porquê da maioria das mães escravizadas que carregavam consigo os seus filhos no momento da escapada procurarem mais como destino os centros urbanos, onde procurariam – a partir da criação de uma nova identidade social – se inserirem e passar despercebidas no caos que era dinâmica econômica e cultural dessas urbes.[29]

---

28 Lucimar Felisberto dos Santos. "Disputas pelos significados da liberdade do ventre escravizado: episódios de fugas de africanas e de suas descendentes". In: Maria Helena Pereira Toledo Machado [et al.]. *Ventre livres?* Gênero, maternidade e legislação. São Paulo: Editora Unesp, 2021, p. 391.

29 *Idem.*

É de supor que Limôa, Luísa, Thomazia e Francisca preservassem aspectos de vidas em comum não apenas por escaparem dos domínios dos seus senhores, mas sobretudo por serem mulheres quilombolas, algumas delas mães. Limôa morreria pouco mais de dois meses depois de se entregar nas senzalas do engenho Poções, enquanto que as suas outras parceiras permaneceriam, apesar das adversidades, pelos matos, pelos quilombos do Cotinguiba.[30] Mas, quanto a outra quilombola que residia com elas? O seu nome era Vicência. Limôa não conseguiu precisar a quem ela pertencia; restringiu-se apenas em dizer que era uma crioula moça.

Entre as suas companheiras, Vicência seria a que permaneceria por um maior período na condição de quilombola; cerca de quatro anos. Em meados de 1872, ela procuraria o dono do engenho Bete, situado no município de Rosário do Catete, no Vale do Cotinguiba, para se entregar. Meses depois, o delegado da vila de Divina Pastora a requisitou para prestar um auto de perguntas a respeito do que sabia acerca dos quilombos que, como poderemos notar em outro momento desse estudo, empestavam a região. O seu depoimento permite ampliar a nossa compreensão acerca do cotidiano dos quilombolas.

Vicência revelou que, apesar de não mais se encontrar residindo nos quilombos, não deixou de manter contato e de se relacionar com seus antigos parceiros dos matos. Inclusive, indicou que recebera porções de dinheiro e de roupa de alguns quilombolas, especialmente do crioulo João Mulungu, naquele momento um dos quilombolas mais procurados de Sergipe.[31]

Quanto aos presentes, acredita-se que os seus valores estavam muito além do que podiam representar em moeda. Ter a oportunidade de manter o acesso a essa cultura material parecia ser muito importante. Inclusive, isso

---

30 APES. Fundo: SP[1]. Pacotilha: 705. Ofício do delegado de polícia de Laranjeiras ao chefe de polícia da província de Sergipe, datado de 17 de fevereiro de 1872.

31 APES. Fundo: SP[1]. Pacotilha: 373. Auto de perguntas feitas a escrava Vicência do proprietário do engenho Bette, de 04 de janeiro de 1873.

pode explicar o motivo do desentendimento entre Vicência e uma outra escrava, essa residente no engenho Tábua, contra quem a primeira disparou "palavras imperiosas" ao saber que ambas mantinham relações amorosas com o mencionado quilombola João Mulungu.[32]

Todas essas relações e contatos mais assíduos com as escravas residentes nas senzalas e/ou com mulheres pobres egressas do cativeiro, residentes em regiões próximas aos ranchos, pareciam de suma importância para a perpetuação do quilombo. Mesmo não pernoitando ou residindo nos mocambos, elas se encontravam inseridas no interior das comunidades quilombolas, compartilhando, inclusive, das suas agruras. Vicência, por exemplo, muito embora não mais residisse nos matos, não deixou de manter contato assíduo com seus antigos companheiros, sobretudo com o seu amásio. Entretanto, ela não seria a única. No seu depoimento consta que uma negra forra de nome Maria mantinha estreito contato com os escravos fugidos, sobretudo com o de nome Mathias, de quem era amásia.

Essa declaração motivou a convocação de Maria para prestar um auto de perguntas. Nesse, ela não apenas assumiu que era sim a amásia do quilombola mencionado acima, mas ainda indicou que recebeu deste uma certa quantia em dinheiro.[33] Três dias depois, em um novo auto de perguntas procedido em uma quilombola recém capturada, atestou-se a presença de mulheres escravas e forras residindo em um quilombo situado nos matos da vila de Divina Pastora.[34]

Essas relações envolvendo os quilombolas e as mulheres residentes no entorno das comunidades passariam a ser, aos poucos, menos obscuras para as autoridades policiais, muito embora eles continuassem a reconhecer

32 *Idem.*

33 APES. Auto de perguntas pelo delegado de Divina Pastora a Maria, em 3 de janeiro de 1873.

34 APES. Fundo: SP[1]. Pacotilha: 298. Auto de perguntas feita pelo delegado de polícia de Divina Pastora a escrava Isabel, em 7 de janeiro de 1873.

que era quase que impossível impedir o contato entre essa gente. No ano de 1872, um senhor morador da cidade de Maruim indicou que os escravos dos engenhos, os espias e "as raparigas de diferentes povoados" seriam os maiores responsáveis por avisarem os quilombolas das diligências que contra eles estavam em curso.[35]

Mais um indício do quanto essas mulheres e suas ações podiam ser importantes para a perpetuação de algumas comunidades quilombolas. Marcolina, por exemplo, seria apontada por sua parceira de rancho como umas das principais responsáveis pela manutenção da comunicação e da amizade com um senhor morador no Taboleiros, da vila de Rosário do Catete, o qual, em dias mais chuvosos, costumava abrir as portas das suas residências para os quilombolas, permitindo que esses pudessem dormir assim abrigados.[36] Ou seja, muito embora os documentos indiquem que "raparigas" podiam estar prestando auxílio aos quilombolas, não restam dúvidas que mulheres quilombolas poderiam serem sim as responsáveis por criarem e manterem alianças importantes, não apenas para elas, mas ainda para os membros das comunidades que pertenciam.

Em suma, é preciso que se reanalise os documentos que retrataram aspectos sobre as dinâmicas dos quilombos do Brasil, ressaltando, desta vez, sobretudo o papel desempenhado pelas mulheres escravizadas que se encontravam inseridas nessas comunidades ou que, de algum modo, contribuíam para a sua perpetuação. Tensões de gêneros poderiam ser mais presentes do que as redações, muitas vezes áridas e pretenciosas, dos escrivães nos permitem perceber.

Em outras partes do continente americano, percebe-se que algumas mulheres quilombolas se mostravam igualmente comprometidas na

35 APES. Fundo: SP[1]. Pacotilha: 75. Auto de perguntas feita a João Batista de Melo, de 11 de março de 1872.

36 APES. Fundo: SP[1]. Pacotilha: 705. Auto de perguntas a escrava Joana, 13 de março de 1872.

resistência contra a escravidão. Temos notícias, por exemplo, que em Cuba duas escravas alcançaram o comando de *palenques* após a morte dos seus esposos. Na Jamaica, uma escrava de nome Nanny, assumiu o comando dos *cimarrones* devido ao seu poder e sua "*capacidade de rechazar com el trasero las balas*" atiradas pelos ingleses. Segundo o pesquisador espanhol Javier Laviña, as escravas que alcançaram postos de comandos dentro dessas comunidades eram reconhecidas pelos escravos como detentoras de poderes sobrenaturais.[37]

Entre os muitos documentos disponíveis nos arquivos públicos, os autos de perguntas se destacam por possibilitar uma melhor compreensão da importância das mulheres no interior das comunidades quilombolas. Isso, por sua vez, permite que alguns ideais e concepções que recaem contra essas mães escravizadas possam ser, em certa medida, ponderados, quando não descartados.

Feita essa análise, mesmo que ainda sucinta, sobre a participação e a importância das mulheres para as comunidades quilombolas instaladas nas matas do Vale do Cotinguiba, passaremos agora a analisar a idade – presumida ou não – dos escravos submetidos aos autos. Trata-se de um dado comumente repercutido entre os estudiosos que se preocuparam em discutir sobre os padrões de fugas escravas no Brasil. Em apenas dois autos não consta qualquer menção a idade dos escravos capturados. Entre os que responderam sobre esse dado, 60% relevaram possuir entre 20 e 30 anos, enquanto apenas cinco indicaram possuir idade superior.

Não obstante alguns escravos indicarem as suas idades apenas presumidamente, devemos olhar com certa prudência para esses números. Isso porque, as discussões sobre perfis dos fugidos e padrões de fugas se mostram mais interessadas em saber em que momento da vida os escravos se mostravam mais propensos a abandonar os domínios dos seus senhores e não, necessariamente, a idade que possuíam no ato da sua apreensão; dado esse

37 Lavinã, 2005, p. 53.

apresentado nos autos. Ou seja, para que possamos obter a idade que o escravo detinha no ato da sua evasão, precisamos subtrair o número registrado nos autos pela data/momento em que esse indicou escapar.

Mesmo essas datas não aparecendo em alguns depoimentos de modo determinado, elas podem ser sim descobertas, ainda que presumidamente. Os dados encontrados nos autos sobre as idades dos depoentes estão em plena consonância com o que se apontou a partir da análise das notas/anúncios de fugas. Segundo Luiz Mott, 61% do montante dos seus anúncios correspondia a escravos com idade entre 20 e 39 anos.[38] Número esse análogo ao registrado no estudo de Sharyse Amaral, a qual indicou que 58% dos escravos arrolados em seus anúncios possuíam entre 20 e 40 anos de idade.[39]

No entanto, isso não quer dizer que escravos mais idosos, acima de 40 anos, não escapassem; esses correspondiam a 17% da amostra coligida por Luiz Mott e 14% na de Sharyse Amaral. Nos autos, encontramos escravizados como Maurício, o qual presumia possuir 70 anos de idade, e Joana, que indicou possuir 50 anos de idade, aproximadamente.[40] Talvez, a idade avançada se constituísse apenas em mais um dos obstáculos a serem suplantados no ato da escapada.

Entre os escravos submetidos aos autos, apenas uma minoria não realizou qualquer menção sobre as suas ocupações nas propriedades de onde escaparam. Nota-se que a maioria absoluta estava envolvida mais diretamente com os serviços do eito, muito embora as suas respostas variassem semanticamente.

38 Mott, 2008, p. 101.

39 Amaral, 2012, p. 95.

40 APES. Fundo: SP[1]. Pacotilha: 705. Auto de perguntas ao escravo Maurício por alcunha Udô, em 03 de março de 1872; APES. Fundo: SP[1]. Pacotilha: 705. Auto de perguntas a escrava Joana, em 13 de março de 1872.

José indicou que era empregado no serviço da lavoura, o mesmo que Maurício indicou "viver[r]".[41] Já João respondeu "vive[r] de roças", ao passo que o escravo Romão indicou se ocupar dos labores "da enxada". Limôa indicou se ocupar de dois serviços: do roçado de capim e da ordenha dos animais. O crioulo João, por sua vez, respondeu que não era detentor de qualquer ocupação/profissão, uma vez que era "escravo e achava-se no mato há oito anos".[42]

Em Sergipe, no ano de 1873, 85,11% da população escrava estava ocupada com os serviços do eito.[43] Tais ocupações eram muito extenuantes, cansativas, sobretudo por serem desenvolvidas em propriedades rudimentares, providas de equipamentos arcaicos.[44] Isso poderia, certamente, contribuir para que parte dos escravos optassem por deixar o cativeiro. Todavia, como essa questão podia se relacionar com as motivações/razões das suas escapadas, optamos por discutir esses aspectos separadamente.

Quando fugiu e por que razão?

Logo depois de dar-se por concluída a etapa de qualificação dos escravos recém-capturados, algumas autoridades responsáveis pela condução dos autos passaram a questioná-los, em ato contínuo, a respeito do momento e/ou do período em que escaparam do cativeiro, assim como dos

41 APES. Fundo: SP[1]. Pacotilha: 378. Interrogatório feito pelo delegado de polícia ao escravo José Maruim, em 25 de março de 1873. APES. Fundo: SP[1]. Pacotilha: 705. Auto de perguntas ao escravo Maurício por alcunha Udô, em 03 de março de 1872

42 APES. Fundo: SP[1]. Pacotilha: 176. Auto de perguntas feitas a escrava Limôa, em 09 de novembro de 1871; APES. Fundo: SP[1]. Pacotilha: 296. Auto de perguntas, de 16 de abril de 1873; APES. Fundo: SP[1]. Pacotilha: 397. Auto de perguntas feitas ao preto João, em 21 de janeiro de 1876.

43 Matrícula de Escravos, 1873. Apud: Subrinho, 2000, p. 85.

44 *Idem.*

motivos que, supostamente, os orientaram a adotar essa decisão. Trata-se de um dado importante, sobretudo porque permite compreender questões que não podem ser notadas a partir da análise de outros documentos.

Quanto ao momento da escapada, as respostas dadas não eram muito precisas, uma vez que não eram registrados o dia e o mês da evasão. Muitos dos escravos que responderam a essa questão, optaram por indicar, na verdade, desde quando estavam na condição de evadidos, ou seja, o período em que se encontravam ausentes das residências dos seus senhores.

Tão somente cinco escravos revelaram que estavam há mais de três anos distantes dos domínios dos seus senhores, enquanto que a maioria absoluta respondeu que acabou sendo capturado antes mesmo de completar um ano da sua evasão; entre esses, oito indicaram que suas apreensões se deram em menos de dois meses.

No que concerne ainda a esse dado, os autos revelaram que as escravas eram as que permaneceram por um menor período na condição de evadidos. Lembremos que Luísa seria capturada na companhia da sua criança no dia seguinte a sua escapada.[45] Já a escrava Germana, seria reconduzida ao poder do seu senhor um mês e meio depois de deixar sua propriedade; metade do período indicado pela escrava Isabel.[46]

Levando em consideração que parte considerável das escravas depoentes se encontravam inseridas em comunidades quilombolas, os dados acima demostram, na verdade, o quanto as populações dos quilombos de Sergipe na segunda metade do século XIX eram dinâmicas, movediças e pouco estáveis; características essas que serão melhor apresentadas e discutidas aqui em outro momento.

---

45 APES. Fundo: SP[1]. Pacotilha: 298. Auto de perguntas feitas a preta Luísa, em 09 de janeiro de 1873.

46 APES. Fundo: SP[1]. Pacotilha: 705. Auto de perguntas a escrava Germana, em 22 de março de 1872; APES. Fundo: SP[1]. Pacotilha: 298. Auto de perguntas feitas a escrava Isabel, em 07 de janeiro de 1873.

Em alguns autos, a indicação do momento da escapada ocorreu de modo mais singular, uma vez que as respostas dadas pelos escravos se encontram mais associadas ao calendário de celebrações cristãs do Brasil. Enquanto o escravo Anastácio revelou que escapara "desde o mês de dezembro", o escravo Vicente indicou que deixou a casa do seu senhor "no mês de Natal", ou seja, no mesmo período do escravo Amaro, que indicou escapar pouco "antes do Natal". Limôa declarou, por sua vez, que escapou no "mês de São João", o mesmo indicado pelo escravo Domingos, uma vez que ele revelou estar na condição de evadido "desde o dia de São Pedro".[47]

O que esses depoimentos revelam? Eles indicam que podiam existir momentos mais propícios para escapar dos domínios dos seus senhores. Esses momentos estariam, por sua vez, associados ao calendário de celebrações sagrado-católicas do Brasil, especialmente o da região norte do Império, o qual, no meio do ano, dedica suas orações e comemorações aos santos juninos.

No mês de dezembro e, em particular, no Natal, era comum ocorrer uma diminuição na rotina de serviços e encargos nos engenhos. O mesmo devia ocorrer na região norte do Império durante o mês de junho, especialmente nos dias de São João e São Pedro. Segundo Eugene Genovese, nesses momentos de celebrações religiosas cristãs, os escravos do Brasil acabaram recriando novos cenários e espaços de resistência, organizando-se socialmente à revelia das determinações e dos anseios dos seus senhores.[48] No Caribe, ainda no período de domínio da França, as comemorações

47 APES. Fundo: SP[1]. Pacotilha: 375. Auto de perguntas feito ao escravo de nome Anastácio, em 26 de janeiro de 1875; APES. Fundo: SP[1]. Pacotilha 178. Auto de perguntas feito ao escravo Vicente, em 28 de abril de 1872; APES. Fundo: SP[1]. Pacotilha: 373. Auto de perguntas, de 15 de julho de 1873; APES. Fundo: SP[1]. Pacotilha: 176. Auto de perguntas feitas a escrava Limôa, em 29 de novembro de 1871.

48 Genovese, 1988, p. 281.

alusivas a São João e a São Luís pareciam ser oportunas para escapar, assim como nos dias que antecediam o Natal. Eram nesses dias ainda que os escravos percebiam uma maior autonomia para se deslocar entre uma e outra propriedade.[49]

Há no Brasil diversos episódios de resistência escrava que, notoriamente, eclodiram mediante essas circunstâncias.[50] Na vila de Laranjeiras, no dia 11 de dezembro de 1871, se cobrou um aumento do destacamento policial diante da proximidade da "noite de Natal".[51] Nesse mesmo ano, o delegado da vila de Japaratuba receava que as vésperas do Natal poderia ocasionar no retorno dos escravos fugidos "aos seus antigos ranchos", então situados nas matas do engenho São José, motivo pelo qual insistia na permanência de um destacamento a postos no município.[52]

Ou seja, não restam dúvidas de que as autoridades policiais estavam sim cientes com o que poderiam se deparar durante o dia natalício. Há relatos que dão conta que quilombolas de Sergipe percorreram distâncias consideráveis para celebrar a noite de Natal em companhia de outros escravos, os quais permaneciam assenzalados. No ano de 1872, em Laranjeiras, as celebrações da noite de Natal entre os escravos do engenho Tábua contaram com a participação de, pelo menos, quatro quilombolas. Todos se divertiram nesse engenho até o sol raiar, retornando, em seguida, para os seus aposentos nas matas.[53]

49 Debien, 1996, p. 130.

50 Funes, 1995, p. 64.

51 APES. Fundo: SP[1]. Pacotilha: 301. Ofício de pessoa não identificada, residente em Laranjeiras, datado de 11 de dezembro de 1871.

52 APES. Fundo: SP[1]. Pacotilha: 178. Ofício do delegado de Japaratuba, Manoel Pereira dos Anjos, ao chefe de polícia de Sergipe, Manoel Maria do Amaral, de 14 de dezembro de 1871.

53 APES. Fundo: SP[1]. Pacotilha: 373. Auto de perguntas feita a Maria, em 04 de janeiro de 1873.

Nos atendo ainda a maneira como os escravos se pronunciaram acerca do período em que permaneceram na condição de evadidos, esses dados podem demostrar o quanto a compreensão e a percepção do tempo dos escravos estavam diretamente associadas não apenas ao circuito cultural cristão aos quais estavam envolvidos, mas ainda as experiências vivenciadas no eito, no cativeiro. O escravo Antônio, ao responder sua idade, por exemplo, indicou que era nascido antes mesmo da "primeira colérica".[54] Ou seja, ao indicar sua idade, esse escravo relacionou a sua noção de tempo a dois episódios dramáticos na História de Sergipe; as crises epidêmicas de *cólera morbos* que acometeram a província, seguidamente, nos anos de 1855 e 1856, responsáveis por dizimar parcela considerável da sua população escrava.[55] É de supor que, ao relacionar sua idade a estes episódios, o escravo Antônio, que presumia possuir naquela ocasião, aproximadamente, 30 anos, deixou claro que era não apenas um sobrevivente, mas que o seu calendário pessoal estava, diretamente, relacionada as experiências de dor e perdas que ele e outros escravos passaram durante o surto epidêmico.

Uma compreensão mais ampla sobre a escravidão no Brasil exige o desenvolvimento de pesquisas que registrem não apenas o modo como os escravos agiam, mas que demostrem ainda uma notória preocupação em abordar o que eles pensavam a respeito das suas próprias experiências no cativeiro, motivo pelo qual se direcionará aqui agora as discussões para os motivos apontados pelos escravos nos autos para escaparem dos domínios dos seus senhores.

Mesmo parte considerável dos escravos salientando que abandonaram as propriedades dos seus senhores por razões que se relacionavam as

54 APES. Fundo: SP[1]. Pacotilha: 296. Auto de perguntas feitas ao escravo Antônio, em 16 de abril de 1873.

55 Para saber mais sobre os males ocasionados por essa epidemia em Sergipe, propomos a leitura dos seguintes artigos: Cardoso, 2000-2003, 2000-2002, p. 209-233; Almeida, 1965-1978, p. 15-39.

violências experimentadas ao longo do cativeiro, as suas respostas revelam compreensões muito pessoais acerca da escravidão e sobre como cada um deveria/poderia agir para alterar, de algum modo, essa situação.

Nos autos, o registro sobre o motivo/razão da escapada ocorre, como dito, pouco depois de dar-se por conclusa a etapa de qualificação do escravo. Trata-se de um questionamento realizado por muitos dos inquisidores, não obstante eles demostrarem que estavam mais preocupados em cumprir o "rito" do auto do que, necessariamente, com as respostas que poderiam ser dadas nesse momento pelos escravos.

O crioulo Evaristo indicou em seu depoimento que deixou o engenho onde residia devido a "intrigas do feitor". Domingos, por sua vez, revelou que escapou da propriedade do seu senhor, o Barão de Japaratuba, porque os "feitores" costumavam ali castigar "os escravos sem razão".[56]

Mas nem sempre os castigos que eles próprios recebiam eram, necessariamente, os motivos das suas escapadas. Maurício, por exemplo, indicou que abandonou a propriedade do seu senhor por este surrar a sua mulher sem que ela "merecesse" ser castigada. Em outras ocasiões, a ameaça e/ou a suspeita de que um castigo poderia estar prestes a ser aplicado poderia motivar a fuga.[57] Januário revelou que o seu senhor prometeu castigá-lo após ele quebrar a ponta de um animal durante um carregamento, motivo pelo qual resolveu fugir.[58] Foi uma "ameaça de castigo" que motivou a escapada do escravo Romão.[59] Já o escravo Maximiano, revelou que escapou do

56 APES. Fundo: SP[1]. Pacotilha: 705. Auto de perguntas ao escravo Evaristo, em 22 de março de 1872; APES. Fundo: SP[1]. Pacotilha: 178. Interrogatório feito a Domingos, escravo do Barão do Japaratuba, em 14 de dezembro de 1871.

57 APES. Fundo: SP[1]. Pacotilha: 705. Auto de perguntas ao escravo Maurício por alcunha Udô, em 03 de março de 1872.

58 APES. Fundo: SP[1]. Pacotilha: 705. Auto de perguntas feitas a Januário, de 03 de janeiro de 1882.

59 APES. Fundo: SP[1]. Pacotilha: 705. Auto de perguntas ao escravo Romão, em 22 de março de 1872.

domínio do seu senhor somente depois de ouvir desse que estava prestes a ser conduzido ao esteio. Joana, relacionou o motivo da sua evasão ao "cativeiro muito duro" que vivia com o seu senhor.[60]

Mesmo essas noções sobre o que poderia ser considerado um cativeiro duro ou não e sobre quem poderia ser considerado um senhor cruel ou não, reconhecendo a própria legitimidade da escravidão, não se deve ignorar que essas consciências entre os escravos revelam, por outro lado, que os seus donos deveriam seguir um comportamento padrão, o qual, por sua vez, acabava reconhecendo, mesmo que contraditoriamente, direitos aos escravos.[61] Haviam, certamente, muitos direitos consuetudinários que alcançavam o dia a dia dos escravizados e que precisavam ser respeitados. Outros, ainda não aceitos, estavam sendo negociados. Fugir, mesmo que momentaneamente, poderia ser um modo de acelerar os seus reconhecimentos. O escravo Filirmino indicou que o motivo da sua escapada era por não ser "atendido nos cômodos que supria". Já o crioulo Anastácio, de cinquenta anos de idade, declarou que fugiu por se achar doente e não poder mais trabalhar.[62]

Na segunda metade do século XIX, sobretudo nas décadas de 1870 e 1880, muitos senhores acabaram sendo convocados a prestar esclarecimentos públicos sobre os castigos austeros que estavam a aplicar na sua escravaria. Outros, não poucos, receberiam a constrangedora notícia de que estavam sendo investigados por causar a morte de um ou outro escravo da sua propriedade. No estudo de Sharyse Piroupo do Amaral, consta o caso do escravo Lúcio, o qual acabou morrendo após ser capturado e castigado pelo

60 APES. Fundo: SP[1]. Pacotilha: 346. Auto de perguntas feitas a Maximiano, escravo de José Nobre da Cunha, em 29 de junho de 1875; APES. Fundo: SP[1]. Pacotilha: 705; APES. Fundo: SP[1]. Pacotilha: 705. Auto de perguntas a escrava Joana, em 13 de março de 1872.

61 Castro, 2010, p. 356.

62 APES. Fundo: SP[1]. Pacotilha: 178. Auto de perguntas feitas ao escravo Filirmino, em 22 de dezembro de 1872; APES. Fundo: SP[1]. Pacotilha: 375. Autos de perguntas feitas ao escravo de nome Anastácio, em 26 de janeiro de 1875.

seu senhor, Manoel Curvello de Mendonça, integrante de uma das famílias mais abastadas do Cotinguiba. Manoel Curvelo acabou sendo processado, porém absolvido; não obstante o empenho da promotoria em mostrar que ele era sim o culpado pela morte do escravo Lúcio.[63]

No dia 15 de outubro de 1879, chegou ao chefe de polícia de Sergipe a denúncia de que Herculano Luciano da Costa deu "muitas palmadas" na sua escrava Ana, "somente" por conta de ela "não suportar o peso" dos serviços que era então obrigada a desempenhar. Tais palmadas, dadas "sem [ela] ter cometido [sequer] falta alguma", motivou a ida de Ana em direção à casa de Manoel Soares, "irmão de sua senhora", onde ela se conservava dizendo estar "resolvida a não voltar mais a casa de seu senhor".[64]

Nesse mesmo ano, dona Victorina, moradora no Mosqueiro, termo de São Cristóvão, seria acusada de mandar açoitar duramente a sua escrava Bernardina. Essa punição, segundo a denúncia levada à secretaria de polícia da província de Sergipe, acabou sendo imposta porque a dita escrava pretendia "queixar-se ao senhor doutor chefe de polícia" acerca dos maus tratos que recebia. Segundo o denunciante, Francisco Pedro da Cruz, Bernardina se encontrava "presa e atada a um cepo" no sítio Grageru.[65]

No dia 24 janeiro de 1882, chegou à porta da secretaria de polícia de Sergipe o escravo Manoel, evadido do engenho Pedras, de Propriá, declarando que estava ali para "queixar-se dos maus tratos que sofrera injustamente", visto que lhe atribuíram "falsamente o furto de um pão de açúcar". Segundo Manoel, seu senhor Raymundo Henrique o aplicou chicotadas pelo "espaço de duas horas" e apenas interrompeu "essa surra" quando o mesmo arrancou

---

63 Neste sentido, ver: Amaral, 2012, p. 122.

64 APES. Fundo: SP[1]. Pacotilha: 658. Termo de declaração que fez a preta de nome Ana, escrava de Herculano Luciano da Costa Samango, de 15 de outubro de 1879.

65 APES. Fundo: SP[1]. Pacotilha: 608. Termo de declaração que fez Francisco Pedro da Cruz, de 21 de novembro de 1879.

a "força do chicote a [sua] confissão", embora ele se dissesse "inocente". Não satisfeito, seu senhor o deixou "atado ao esteio" por alguns dias e, ao sair, mandou que prendessem "uma corrente ao [seu] pé direito", a qual pesava "quase meia arroba".[66]

No ano seguinte, o abolicionista Francisco José Alves prestou depoimento sobre o que sabia acerca da morte de um escravo do engenho Mercês, do tenente coronel Antônio Luís de Siqueira Maciel. Segundo ele, achando-se na cidade de Maruim, alguns libertos se aproximaram da sua pessoa e disseram que, no dia de Santa Luzia – ou seja, 13 de dezembro –, um escravo acabou sendo retirado "morto do tronco" após ter sido "barbaramente castigado no dia antecedente". Francisco José Alves disse ainda que, muito embora os peritos atestassem que o referido escravo sucumbiu "por causa de um estupor", ele estava "convencido do contrário", uma vez que outros "fatos iguais" vinham se perpetrando em Sergipe.[67]

Muito provavelmente, as acusações e as denúncias registradas acima não demandaram qualquer maior punição aos donos dos escravos, para além do constrangimento público. Todavia, isso não significa dizer que eles não passassem a adotar outras posturas, adequando-as ao novo padrão de comportamento senhorial então exigido pelos escravizados.

Todos esses casos permitem melhor compreender não apenas os motivos e as razões das suas escapas, mas ainda o que poderia significar a escravidão para cada um desses indivíduos. Todavia, a maioria dos escravos não se comportou assim. Tratava-se de uma medida ousada e repleta de riscos. Isso porque, uma denúncia poderia, em certa medida, deixar a condição de vida no cativeiro ainda mais complicada. Mesmo mostrando-se ser uma decisão não menos arriscada, parte desses escravos percebeu que

---

66 APES. Fundo: SP⁹. Pacotilha: 09. Auto de perguntas feitas ao escravo Manoel, de 24 de janeiro de 1882.

67 APES. Fundo: SP⁹. Pacotilha: 09. Auto de perguntas feitas ao cidadão Francisco José Alves, de 18 de dezembro de 1883.

o mais prudente seria partir, procurar outros destinos, mesmo que isso os conduzissem a ambientes que não eram, necessariamente, desconhecidos.

Já possuía algum destino ou o tomou depois?

Talvez, a característica mais significativa dos autos de perguntas consiste em poder saber o que aconteceu com os escravos após eles optarem por abandonar os domínios dos seus senhores. Não obstante muitas escapadas serem precipitadas após a ocorrência de maus tratos ou de ameaças de castigos e punições, sabe-se que, na maioria das ocasiões, a sua consumação demandava não apenas coragem por parte do escravo, mas ainda ponderação e oportunidade.

Tão importante quanto escapar, era permanecer escondido. Logo que se rompia as dimensões das propriedades, era preciso seguir um destino certo, e de modo rápido. No entanto, em muitas ocasiões, os escravos sequer passavam dos arrabaldes das propriedades dos seus senhores. Muitos permaneciam no seu entorno, retornando para a senzala alguns dias depois. Tratava-se de um modo comum de pressionar e negociar com os seus senhores o atendimento de algumas demandas.

Esse estilo de fuga, a qual a Historiografia francesa denominou como *petit marronage*, e que no Brasil convencionou-se chamar de "fuga-reivindicatória", decorria mais devido à quebra de acordos cotidianos, estremecidos a partir da relação entre os senhores e os seus escravos; muito embora alguns casos arrolados pelos estudiosos indiquem que os escravos se ausentavam ainda, por pequenos períodos, com o propósito de reatarem o contato com os seus entes, etc.

Os objetivos dessas fugas eram divergentes da *grand marronage*, ou "fuga rompimento", a qual, por sua vez, correspondia a uma ruptura astuta na relação senhor/escravo. Na maioria das vezes, a fuga rompimento ocorria individualmente ou em dupla, superando, apenas em raras ocasiões, esses números. Nessa, os escravos rumavam comumente para as cidades, onde procurariam se ocultar entre os magotes de negros que perambulavam pelas ruas. Outros, optaram por se integrar a grupos quilombolas estabelecidos nas matas.[68] Segundo Manollo Florentino e Marcia Amantino, a nossa legislação escravista reconheceu a distinção entre esses estilos de fugas ao prescrever punições distintas para cada uma delas.[69]

Neste sentido, saber o destino que o escravo pretendia alcançar ou que, de fato, alcançou após a sua escapada nos permite compreender um pouco do que se passava em sua mente naquele momento; os seus propósitos, o que se pretendia demandar, reivindicar, mudar em sua vida através desse ato.

O destino imediato seguido após a fuga está presente em poucos autos. Nota-se que alguns escravos deixaram as propriedades dos seus senhores e rumaram, sem demora, na direção de outras propriedades, uma vez que esperavam que os donos dessas os comprassem. Limôa, como indicado anteriormente, revelou que se dirigiu, prontamente, para os engenhos Poções e Cambuí. Todavia, como os donos destes engenhos não a quiseram comprar, ela acabou aceitando o convite de sete escravos que a conduziram até os matos do engenho São José, onde existia um quilombo.

Outro escravo, o crioulo Domingos, o mesmo que registrou que deixou a casa do seu senhor por conta dos castigos que recebia "sem razão", revelou que saiu, *a priori*, sem destino algum, mas que se dirigiu depois para as mesmas matas do engenho São José, em atendimento ao convite de um quilombola denominado Januário, o qual, por sua vez, ao ser preso, revelou que deixara a casa do seu senhor sem "lugar certo" para ir.[70]

68 Sobre a diferença entre a *petit marronage* e a *grand marronage*, ver: Debien, 1996. Para a classificação "fugas reivindicatórias" e "fugas rompimentos", ver: Silva, 2005.

69 Florentino & Amantino, 2012, p. 263.

70 APES. Fundo: SP[1]. Pacotilha: 705. Auto de perguntas feitas a Januário, de 03 de janeiro de 1882; APES. Fundo: SP[1]. Pacotilha: 178. Interrogatório feito a Domingos, escravo do Barão do Japaratuba, em 14 de dezembro de 1871.

Mesmo o destino alcançado imediatamente após a evasão não sendo um aspecto recorrente nos autos que analisamos, precisamos salientar que somente quatro escravos depoentes registraram não pertencer a qualquer uma das comunidades quilombolas que empestavam as matas do Vale do Cotinguiba. Entre esses, estava Januário, o qual revelou para a autoridade inquiridora que "andava sempre só". Na realidade, entre os depoentes, Januário era o único escravo a não escapar de uma das propriedades situadas em Sergipe, mas sim de um engenho da Bahia.[71] Talvez, a precipitação da sua captura, ocorrida menos de um mês depois dele deixar os domínios do seu senhor, esteja associada ao desconhecimento sobre as pessoas e a própria região do Cotinguiba.

Muito provavelmente, a proximidade entre os engenhos e os quilombos de Sergipe Del Rey da segunda metade do século XIX contribuiu para que esses escravos, ao se evadirem, alcançassem, sem maiores obstáculos, os coutos escondidos nos matos. Quilombos mais densamente povoados como, por exemplo, o situado nas matas do engenho São José, atrairiam muitos escravos residentes nas senzalas dos engenhos circunvizinhos. O crioulo José Leocádio revelou que no momento que decidiu "não [mais] querer servir ao seu senhor", se dirigiu prontamente para as matas do São José.[72] Outro escravo, capturado na mesma ocasião em que se logrou a apreensão do mencionado José Leocádio, revelou que logo após deixar a casa do seu senhor, seguiu nas direção dos matas do engenho Poções, onde passaria a residir com outros quilombolas.[73]

71 APES. Fundo: SP[1]. Pacotilha: 705. Auto de perguntas feitas a Januário, em 3 de janeiro de 1882.

72 APES. Fundo: SP[1]. Pacotilha 178. Auto de perguntas feito ao escravo Leocádio, conhecido por José Boi, em 28 de abril de 1872.

73 APES. Fundo: SP[1]. Pacotilha 178. Auto de perguntas feito ao escravo Vicente, em 28 de abril de 1872.

O que se percebe era que esses escravos seguiram, prontamente, nas direções dos quilombos escondidos nas matas. Lá, pretendiam iniciar uma nova etapa das suas vidas, sobretudo com mais autonomia. Ter a oportunidade de saber o destino seguido pelo escravo no instante da sua escapada, assim como os outros ambientes que alcançou no decorrer dos dias, meses ou anos em que permaneceu na condição de evadido, e até mesmo o local onde se deu a sua captura, parece ser determinante para a compreensão dos anseios, dos desejos, das pretensões e ambições desses indivíduos que procuravam escapar da escravidão. Todos os autos de perguntas aqui analisados se reportam, ao menos, a um desses dados, o que demostra que os destinos dos escravos era uma preocupação saliente das autoridades inquisidoras.

Foi se atendo a esses dados que se pôde, por exemplo, perceber o porquê que alguns escravos insistiam em se esconder nas matas de determinadas propriedades, não obstante as constantes operações militares realizadas nos seus entornos. Fugir, antes de ser um ato desesperado, era um ato pensado, ponderado, maturado. Mesmo antes de escapar, era necessário agir com prudência; saber não apenas o momento certo para se evadir, mas ainda contatar quem eram as pessoas que podiam contribuir com essa empreitada. Também era preciso saber um pouco sobre o relevo da região, onde estavam situados os seus principais recursos naturais, especialmente os ambientes que podiam servir de abrigo. Eram necessários muito mais do que astúcia e audácia para que uma escapada pudesse ser exitosa. Muitos escravos, mesmo declarando que deixaram as casas dos senhores sozinhos, acabaram sendo acobertados por antigos parceiros e por outras pessoas que se encontravam naquela mesma condição. A fuga raramente era um ato solitárioa!

Luísa, por exemplo, pouco depois de contar que o seu "senhor era carrasco" e que esse pretendia "castigá-la", recebeu o apoio do seu amásio para escapar do cativeiro, o qual a acompanhou no ato. Pretendiam passar-se por casados e por pessoas egressas da escravidão, motivo pelo qual estariam agora a se mudar para uma outra propriedade da região.[74] Todavia, o plano não saiu como arquitetado e ambos acabaram sendo capturados no dia seguinte ao da escapada.

Não restam dúvidas que os autos de perguntas procedidos em escravos recém capturados são documentos importantes para se ampliar ainda mais o que se sabe a respeito da escravidão negra no Brasil. Eles revelam, mesmo que nas entrelinhas, os anseios, as expectativas e sobretudo o modo como essas pessoas pensaram, arquitetaram e procuraram agir para melhorar as suas condições de vida. Tais autos permitem que diversos momentos das relações sociais dos escravizados e das escravizadas possam ser observadas e interpretadas de modo mais íntimo, respeitando a individualidade, mas sem perder de vista qualquer dimensão mais plural das suas ações.

É preciso, no entanto, reconhecer que, mesmo suplantando determinadas abstrações, os dados encontrados nos autos apenas complementam as importantes discussões promovidas no âmbito dos estudos sobre os perfis dos fugidos e os padrões de fugas escravas nas Américas. Em relação a Sergipe Del Rey do século XIX, o cenário parecia ser o seguinte: os escravos crioulos, do sexo masculino, adultos e que se dedicavam ao eito pareciam ser maioria entre a população de fugidos. Mesmo poucos indicando o destino alcançado nos momentos imediatos as suas escapadas, percebe-se que a maior parte deles não demoraria a se deparar ou a ser inserida em comunidades quilombolas situadas nos arredores dos engenhos do Vale do Cotinguiba. Iniciavam assim uma nova etapa das suas vidas, não menos cruel, não menos dramática. Era preciso continuar a resistir! No próximo capítulo, serão apresentadas as principais estratégias empregadas pelos membros dessas comunidades para se esquivarem das inúmeras empresas policiais que acabaram sendo dirigidas contra elas; adentremos as matas do Vale do Cotinguiba.

---

74 APES. Fundo: SP[1]. Pacotilha: 298. Auto de perguntas feitas a presta Luísa, em 09 de janeiro de 1873.

CAPÍTULO 3.
ESTRATÉGIAS... QUEM FOGE *VS.* QUEM CAPTURA

No decorrer dos capítulos anteriores, indicou-se que as fugas, para além de ações audaciosas e desesperadas, eram medidas que demandavam doses substanciais de ponderação por parte dos escravizados. Tão importante quanto escapar, seria manter-se nessa condição. Isso demandava pensar com atenção não apenas os ambientes e os pontos a serem alcançados pouco depois de deixar os domínios senhoriais, mas ainda pensar nas estratégias que deveriam ser operacionalizadas a partir de então. Nesse capítulo, serão analisadas as principais estratégias adotadas pelos escravos residentes nas comunidades quilombolas do Vale do Cotinguiba. Tais estratégias puderam ser observadas a partir da análise de uma série de correspondências que davam conta sobretudo de denúncias, das operações em curso e dos resultados obtidos com as marchas contra os quilombos situados nessa região. Também serão apresentadas e discutidas algumas das estratégias empregadas pela secretaria de polícia de Sergipe no combate a esses redutos e por que elas pareciam ser pouco produtivas, ao menos diante da ampla rede de contatos estabelecidas pelos quilombolas a partir das matas.

Visando uma melhor compreensão dos mecanismos recrutados e adotados em cada uma das estratégias, assim como das contraestratégias, optou-se aqui em apresentá-las separadamente, não obstante reconhecer que elas eram empregadas concomitantemente, e na maioria das vezes como medidas complementares. Em outras palavras, muito embora se procure apresentar e discutir cada uma dessas estratégias em separado, sabe-se que elas eram aplicadas de modo associado, dependendo, até mesmo, em algumas ocasiões, uma das outras para surtirem o resultado esperado.

Notar-se-á que as estratégias aqui apresentadas estavam estritamente relacionadas não apenas com as particularidades populacionais e arquitetônicas dos próprios quilombos, mas ainda com as características naturais da própria região do Vale do Cotinguiba.

Capitão do Mato/Capitão do Campo

No ano de 1835, em sua segunda passagem pelo Brasil, o alemão Johann Moritz Rugendas produziu uma das imagens mais representativas a respeito de um personagem muito controverso na nossa História escravista: o capitão do mato. Trata-se de um desenho onde se pode notar, em um primeiro plano, um indivíduo de cor preta, postura imponente e olhar sisudo, montado em um suntuoso animal a marchar por um cenário rural, ao qual seguia atado – em segundo plano – um outro preto, de postura modesta e olhar compenetrado, angustiante. Esse desenho seria apresentado seguido de um pequeno verbete, onde dizia que:

> poder-se-ia imaginar que num país como o Brasil deve ser impossível pegar um negro fugido; é raro, no entanto, que este não seja rapidamente preso. São negros livres que gozam de um ordenado fixo e são encarregados de percorrer os distritos de vez em quando, com o fito de prender os negros evadidos e conduzi-los a seus senhores ou, não os conhecendo, à prisão mais próxima.[1]

É notório que Johann Moritz Rugendas pretendia, por meio da sua arte, dimensionar a importância daqueles indivíduos que se ocupavam da

1 Rugendas, 1972, p. 159.

atividade de caça aos escravos fugidos no Brasil. Todavia, uma análise mais acurada da documentação primária, indica que precisamos não apenas ponderar parte do que ele desenhou, mas ainda escreveu, uma vez que as regulamentações e as normas – consuetudinárias ou não – que disciplinavam a atividade do capitão do mato não eram equânimes no Império.

Há ainda uma outra questão que merece destaque. Mesmo desempenhando uma atividade importante para a manutenção da ordem pública e privada, muitos capitães de mato acabaram sendo denunciados como pessoas detentoras de condutas reprováveis. Em outras palavras, os capitães do mato não pareciam ser dignos de uma representação como a proposta por Johann Moritz Rugendas, especialmente devido os seus comportamentos.

Em estudo de autoria de Silvia Hunold Lara, encontra-se considerações importantes sobre o aparecimento e o modo como se desenvolveu o instituto do capitão-do-mato no Brasil. Não obstante as Ordenações Filipinas prever uma recompensa em pecúnia para qualquer indivíduo que pudesse achar, prender e conduzir até a autoridade competente um escravo que se encontrava na condição de fugido, seria somente no século XVIII que ocorreria a constituição do instituto repressivo denominado capitão do mato.[2]

Não coincidentemente, nota-se que no Brasil o seu surgimento se deu em associação a uma série de medidas criadas com o intuito de impedir o aparecimento de uma nova comunidade quilombola com as dimensões demográficas de Palmares.[3] No caso de Sergipe Del Rey, pode-se notar a presença, até mesmo, da atuação do divino capitão do mato: Santo Antônio. Segundo o Frei Jaboatão, em Sergipe duas capturas de escravos seriam resultados da ação direta desse santo. Teria sido o Barão de Estância quem apelara para as suas providências divinas, porém não antes sem recorrer, malogradamente, a algumas autoridades naturais. Santo Antônio,

2 Lara, 1988, p. 299-300.

3 Neste sentido, ver: Lara, 1996, p. 85.

mais perspicaz, não demoraria a encontrar o escravo procurado nos sertões da Jacoca, erguendo-se como um obstáculo diante dele e o impedindo de seguir; assim permaneceria até o convencer de retornar ao poder do seu devoto senhor.[4]

Segundo o pesquisador Luiz Mott, os primeiros registros sobre a atuação e a aptidão de Santo Antônio enquanto caçador de escravos no Brasil datam de meados do século XVII, período esse que coincide com o de maior onda de ataques contra Palmares. Todavia, ao que parece, a atuação de Santo Antônio podia ir além dos interesses dos donos dos escravos. Isso porque, na região do Baixo-Amazonas, como indicou Eurípides Funes, a devoção a Santo Antônio era usada pelos quilombolas como um meio de anular o apoio divino pedido por seus senhores.[5]

Muito embora alguns registros apontem que capitães do mato – dessa vez de carne e osso – estavam atuando em Sergipe ainda na primeira metade do século XVIII, os documentos reunidos para o desenvolvimento dessa pesquisa apresentam indícios que essa não mais parecia ser uma ocupação muito comum na segunda metade do século XIX, apesar do suposto aumento de evasões escravas nesse período. Há, no *corpus* documental reunido, apenas dois documentos que atestam, peremptoriamente, que pessoas estavam então a ocupar esse posto em Sergipe Del Rey.

O primeiro documento, datado do ano de 1872, registrou que o capitão de campo Lourenço Bezerra Cavalcanti Bravo, indivíduo "[da qual a] vida" era "prender escravos fugidos mediante uma gratificação dos [seus] senhores", recebeu por uma captura o valor correspondente de " 30 mil réis a 40 mil réis".[6]

4 Neste sentido, ver: Figueiredo, 1977, p. 74.

5 Neste sentido, ver: Funes, 1995, p. 83.

6 APES. Fundo: SP[1]. Pacotilha: 705. Ofício do 1° suplente do delegado de Capela, Antônio Pereira Resende, ao chefe de polícia de Sergipe, de 04 de janeiro de 1872.

Não se sabe como Lourenço chegou a essa importância, uma vez que não se encontrou um regimento ou qualquer outro documento normativo que pudesse disciplinar a atuação do cargo de capitão de mato ou de campo em Sergipe. No mencionado estudo de Silvia Lara, consta que, em Campos dos Goitacazes, município do Rio de Janeiro, os soldos a serem pagos aos capitães de mato deveriam considerar não apenas o sexo do escravo capturado, mas ainda as distâncias entre o lugar da evasão e o da apreensão, assim como a resistência empreendida no momento da captura.[7]

Trata-se de uma ocupação que sempre se mostrara contraditória, desde o seu aparecimento. Era ocupada sobretudo por indivíduos mulatos ou pretos que pretendiam, por meio dos seus serviços, obter e exercer alguma espécie de autoridade nas regiões em que residiam ou atuavam. Todavia, como Stuart Schwartz salientou, não era incomum capitães do mato serem acusados de promoverem desordens por onde passavam. Muitos eram denunciados por intimidar moradores do campo e por apresar escravos sem qualquer indicativo de que eles se encontravam na condição de evadidos. No ano de 1806, o pardo Daniel Dias, o qual aparentava estar sempre embriagado, acabou sendo acusado de extorquir dinheiro para comprar o cargo de capitão do mato em Sergipe Del Rey.[8]

No ano de 1880, as acusações direcionadas contra dois capitães do mato de Sergipe davam conta de comportamentos ainda mais abusivos e reprováveis. Teriam esses capitães do mato capturado equivocadamente Manoel Fernandes de Araújo por acreditarem que ele era um escravo que estavam a procurar, quando, na verdade, era uma pessoa nascida de "ventre livre". Tal erro, o modo como ele se processou e as penúrias por que passou desde o primeiro momento em que se deparou com os dois capitães do mato acabaram sendo narradas pelo próprio Manoel Fernandes em maio de 1880, no curso de um inquérito que pretendia apurar o ocorrido. Segundo ele, ao

---

7 Lara, 1988, p. 301.

8 Schwartz, 2005, p. 379.

sair da casa de Antônio Manoel de Jesus, seu padrinho de crisma e com quem residia desde "quando era rapaz", se dirigiu em direção a Aracaju, uma vez que pretendia "assentar praça". No entanto, como não conseguiu, optou por se retirar "para o Rio do Sal", onde passou a prestar serviço nas "roças do finado capitão José Vieira". Estava nessa região por um ano, "pouco mais ou menos", quando se deparou com dois indivíduos oriundos "do sertão" que diziam serem "capitães de mato". Esses, imediatamente, o prenderam e o conduziram amarrado até o engenho Sombinho, pois acreditavam que ele era de propriedade do senhor Fernandes.[9]

Logo que aportaram no dito engenho, Manoel passou a ser severamente castigado pelos dois capitães de mato. Os castigos somente seriam cessados após Manoel dizer que era escravo e pertencia ao dito Fernandes. Todavia, a sua delação não era verdade. Extraíram-na por meio de pancadas; ele apenas queria "se ver livres das dores que estava sofrendo". Talvez, acreditasse ainda que o próprio senhor Fernandes poderia acabar com aquele mal-entendido. Mas isso não aconteceu! Logo que viu Manoel, mesmo registrando que ele não "parecia com o seu escravo Patrício", o qual "se achava fugido", o senhor Fernandes o manteve preso no engenho por alguns meses e, em seguida, o vendeu a um senhor chamado Pedro Vieira, "negociante na cidade de Maruim". Esse, por sua vez, o negociou com o tenente coronel Luiz Correia, de quem Manoel escapou a procura do seu padrinho, o qual, prontamente, denunciou às autoridades acerca do ocorrido.[10]

Segundo o seu padrinho, muitos moradores da vila de Aquidabã, onde nascera Manoel Fernandes, podiam depor e comprovar que ele não era um escravo. Entre as pessoas que seriam convidadas a depor, estaria o próprio pai de Manoel Fernandes, o senhor Martiniano José de Souza, o

---

9 APES. Fundo: SP[1]. Pacotilha: 658. Auto de perguntas feitas a Manoel Fernandes de Araújo, em 26 de maio de 1880.

10 *Idem*.

qual não hesitou em dizer que o seu filho era nascido sim de "ventre livre".[11] Não se sabe o que aconteceu com Manoel Fernandes após o inquérito ser concluso. Muito provavelmente outras pessoas acabaram ainda sendo intimadas para prestar depoimento a respeito da sua condição de nascimento. Todavia, indícios apontam que os outros depoentes não iriam de encontro ao apurado até aquele momento, uma vez que, no rodapé do auto de perguntas do senhor José Martiniano, consta escrito que os demais depoimentos estavam "de acordo com o depoimento de Manoel".[12]

Tudo indica que Manoel Fernandes acabou sendo solto. Esse não era, no entanto, um caso isolado. Muitas outras pessoas negras passaram e estavam a passar por essa situação, porém nem sempre com a mesma sorte de Manoel Fernandes. Mesmo contando, em diversas ocasiões, com a assistência criminosa de mercadores e donos de escravos, sabe-se que a autoria dessas ações acabavam recaindo apenas nos capitães de mato, o que, por sua vez, contribuía para que essa ocupação não estivesse entre as mais respeitadas, especialmente devido a pouco integridade das pessoas que se dedicava aos seus serviços, como apontou João José Reis.[13]

No entanto, mesmo sendo uma ocupação pouco atraente, sabe-se que não era qualquer pessoa que podia alcançar o posto de capitão do mato. Tudo indica que, na segunda metade do século XIX, o processo de avaliação e nomeação dos indivíduos interessados em atuar como capitão de mato ou capitão de campo era de competência das secretarias de polícia das províncias. Isso porque, uma correspondência expedida para o chefe de polícia de Sergipe, datada de outubro de 1877, registrara o seguinte:

> o senhor Francisco José de Santana, morador deste termo, que a muito pede-me [...] obter um título de

11 APES. Fundo: SP[1]. Pacotilha: 658. Auto de perguntas feitas a Martiniano José de Souza, em 26 de maio de 1880.

12 *Idem.*

13 Reis, 1995-1996, p. 17.

> Capitão de Campo, ou que esta Delegacia o fizesse, porém não tenho essas atribuições passo a informar a V. S. que dito Francisco José de Santana é morador no meu termo e tem se dedicado a este ofício de capturar escravos fugidos, e outros negócios, de quem tem sido encarregado, a tudo isso tem se prestado bem com prontidão [...].[14]

Foi o delegado da vila da Capela que assinou o documento acima. Nota-se abertamente que não era da alçada dessa autoridade decidir sobre o pedido de Francisco José de Santana. Tratava-se, como se deixa antever os seus escritos, de uma prerrogativa do alto escalão da secretaria de polícia, e não dos delegados municipais. Esses, no entanto, poderiam, assim como procedeu o delegado de Capela, auxiliar nessa decisão, emitindo uma espécie de parecer a respeito da conduta da pessoa interessada.

Não se pode atestar se o mencionado pedido acabou sendo ou não atendido. Todavia, ao que parece, mesmo sem o devido consentimento, nada impediria que o senhor Francisco José de Santana continuasse a desempenhar e a prestar os seus serviços. Talvez, a própria dedicação pretérita ao "ofício de capturar escravos fugidos" que permitiu que ele, em um segundo momento, requeresse o "título" de capitão de campo.

Muito provavelmente, outros indivíduos estariam se dedicando, naquele momento, à caça de escravos pelos matos do Cotinguiba, mesmo que ocasionalmente. No entanto, no decorrer do século XIX, ao que parece, o número de capitães de mato diminuiu. Instituído o Império, as atividades e os serviços que pareciam ser mais de competência dos capitães de mato passariam a ser desenvolvidas por novas instituições, entre elas a Guarda

14 APES. Fundo: SP[1]. Pacotilha: 08. Ofício do delegado de Capela, Ângelo Pereira de Andrade, ao chefe de polícia de Sergipe, Geminiano Brasil de Oliveira Góis, de 09 de outubro de 1877.

Nacional, uma das principais responsáveis pelo combate e pela repressão aos quilombolas nas matas do Vale do Cotinguiba.

Marchando contra os quilombos

Na segunda metade do século XIX, as marchas coordenadas pelos delegados municipais, com o apoio da secretaria de polícia e de algumas autoridades particulares, seriam as principais medidas adotadas contra a perpetuação das comunidades de escravos fugidos que insistiam em aparecer nas matas dos engenhos do Vale do Cotinguiba.

Embora a documentação recrutada não indique, de modo mais preciso, quais os ritos que deveriam ser seguidos para se empreender uma operação militar nas matas, sabe-se que arregimentar soldados e preparar um ataque aos quilombos não era algo simples. Tal como indicou Flávio Gomes, em não raras ocasiões, os motivos que acabavam contribuindo para o insucesso de muitas diligências estavam diretamente relacionadas a essa questão.[15]

No que concerne ao Vale do Cotinguiba, como muitas das denúncias que apontavam a existência de comunidades quilombolas alcançavam, primeiramente, os delegados municipais, eram esses que davam os primeiros passos para coordenar uma marcha. Logo que recebiam a denúncia, os delegados participavam o chefe de polícia pedindo que esse disponibilizasse alguns soldados para que pudessem seguir até o ponto onde o couto estaria situado. Tal medida era necessária por conta do pequeno destacamento que estava à disposição das delegacias nos municípios, o que acabava impedindo a realização de um cerco e um ataque mais ordenado ao rancho dos escravos.

Todavia, nem sempre esse pedido podia ser atendido prontamente. Era preciso, em não raras ocasiões, deslocar soldados que se encontravam destacados em outros municípios, prestando o policiamento das ruas, da

15 Gomes, 2005, p. 334.

cadeia, entre outros serviços. Nesse sentido, não era incomum que, ao atender a denúncia de um município, se desmontasse a estrutura policial e de vigilância presente em outro.

Tudo indica que essa não era uma medida prudente a ser adotada, ainda mais se consideramos que as matas de diversos municípios do Vale do Cotinguiba se encontravam na mesma situação; repleta de quilombos. Em correspondência enviada ao comando da secretaria de polícia de Sergipe, o suplente do delegado de Laranjeiras indicou o seguinte:

> Tendo por diversas vezes me dirigido a V. S. para que obtenha o aumento da força destacada nesta cidade para que possa providenciar o que for mister a bem da Polícia, pois que com cinco praças não posso dar providências, por que quatro é a guarda do quartel, ao que fica se ocupa como ordenança ficaria sem praça alguma disponível e não obstante as reclamações feitas ainda não foi atendida. Agora porém que anda mais precisa os cuidados da Polícia, porque andam vagando uma porção de negros fugidos armados e a cavalo.[16]

Laranjeiras era um dos municípios mais populosos do Cotinguiba. No ano de 1872, de acordo com o censo, residiam em Laranjeiras pouco mais de dezesseis mil pessoas, sendo 17% desses de condição escrava.[17] Todavia, de acordo com o suplente do delegado, estavam destacados no município apenas cinco praças, dos quais quatro estavam ocupados com a

16 APES. Fundo: SP[1]. Pacotilha: 301. Ofício do delegado de polícia em exercício, Pedro Telles de Oliveira, ao chefe de polícia de Sergipe, Alexandre Pinto Lobão, de 22 de agosto de 1871.

17 Em 1872, segundo dados do Censo Populacional, Laranjeiras possuía uma população composta por 16.096 almas, estando 13.303 destes livres e 2.793 sob a condição escrava.

proteção do quartel. Tratava-se de um destacamento diminuto, que impedia, como se pode notar, que outras demandas importantes pudessem ser atendidas, especialmente a captura dos escravos fugidos que estavam, naquele momento, aparecendo armados e montados pelas ruas e estradas do município de Laranjeiras.

Não obstante Laranjeiras concentrar a maior parcela da escravaria residente no Vale do Cotinguiba, a autoridade em questão requisitou o envio de apenas "mais dez praças", número esse que podia, "ao menos", dar "as providências" que eram "de urgentes necessidades".[18]

Um outro meio de coordenar um ataque contra os quilombos situados nas matas era solicitar o apoio da Guarda Nacional. No entanto, muito embora essa se constituísse em uma das Instituições mais importantes do Império, não era incomum os delegados do Vale do Cotinguiba dispensarem o uso de soldados dessa corporação nas marchas. Muitas queixas e acusações eram direcionadas contra a atuação da Guarda Nacional. No ano de 1835, por exemplo, o presidente da província de Sergipe destacou que não era prudente usar os soldados dessa corporação na contenção de insurreições escravas. Segundo ele, "sem armas e sem disciplina", nenhuma contribuição nesse sentido poderiam prestar.[19] Nos anos seguintes, as acusações dirigidas contra os soldados da Guarda Nacional dispostos em Sergipe seriam ainda mais sérias, ainda mais alarmantes.

No dia 16 de agosto de 1871, João da Silva, delegado de Rosário do Catete que se envolveu substancialmente no combate aos quilombos do Vale do Cotinguiba, indicou ao chefe de polícia de Sergipe que "qualquer

---

18 APES. Fundo: SP[1]. Pacotilha: 301. Ofício do delegado de polícia em exercício, Pedro Telles de Oliveira, ao chefe de polícia de Sergipe, Alexandre Pinto Lobão, de 22 de agosto de 1871.

19 Ofício do Presidente Manoel Ribeiro da Silva Lisboa, de 25 de fevereiro de 1835. In: Relatório de todos os atos do Governo da Província de Sergipe, 1835, p. 6.

diligência com a Guarda Nacional" era "improfícua", "sem utilidade" e que, na verdade, ela não prestava para aqueles "serviços", pois os soldados escapavam diante do perigo.[20] Ou seja, durante os ataques nas matas quem acabava escapando era, contraditoriamente, os próprios soldados, e não os escravos como era de se esperar.

Meses depois, mais uma acusação. Nessa, o delegado João da Silva voltou a opinar sobre o uso da Guarda Nacional no combate aos redutos quilombolas nas matas. Na ocasião, ele disse estar "convencido" de que com ela não se devia realizar qualquer diligência, nem mesmo quando o número de soldados se mostrasse significativo.[21] Tal opinião acabou sendo dividida não apenas com o chefe de polícia interino de Sergipe, o senhor Francisco Gonçalves, mas ainda com o seu sucessor, o dr. Joaquim Barbosa de Lima, ao qual João da Silva revelou que não se podia "continuar com diligências eficazes" enquanto se empregasse a Guarda Nacional, "cujo movimento" era "moroso e vulgarizado".[22]

Em meados de 1872, ao solicitar apoio para atacar "um grande quilombo" situado nas matas do engenho Limoeiro, em Santo Amaro, João da Silva recomendou que não enviassem "guardas nacionais", pois iriam "contra vontade", o que poderia comprometer o "bom resultado" da diligência.[23] No cerco empreendido dias depois contra aquelas matas, puderam

---

20 APES. Fundo: SP[1]. Pacotilha: 301. Ofício do delegado de Rosário, João da Silva Maynard, ao chefe de polícia de Sergipe, Alexandre Pinto Lobão, de 16 de agosto de 1871.

21 APES. SP[1]. Pacotilha: 705. Ofício do delegado de Rosário, João da Silva, ao chefe de polícia de Sergipe, Francisco Gonçalves, 2 de fevereiro de 1872.

22 APES. SP[1]. Pacotilha: 705. Ofício do delegado de Rosário, João da Silva, ao chefe de polícia de Sergipe, Joaquim Barbosa Lima, de 18 de fevereiro de 1872.

23 APES. SP[1]. Pacotilha: 174. Ofício do delegado de Rosário, João da Silva Maynard, ao chefe de polícia interino de Sergipe, Francisco Gonçalves Martins, de 3 de junho de 1872.

ser capturados somente dois escravos fugidos, escapando outros devido não haver “maior energia da parte da escolta”.[24]

João da Silva, delegado do município que apresentava em suas matas o maior número de comunidades quilombolas do Vale do Cotinguiba, não mediu meias palavras para salientar o quanto as marchas compostas por soldados da Guarda Nacional se mostravam inúteis. Todavia, como se sabe, essa não era uma opinião singular e muito menos uma realidade restrita a Guarda Nacional disposta em Sergipe. Em outros pontos do Império, essa Instituição estava sendo igualmente desqualificada. Por exemplo, no ano de 1843, autoridades do Maranhão, as quais estavam incumbidas de combater os quilombos instalados nas matas do Turiaçu-Gurupi, lastimavam a desorganização da Guarda Nacional.[25]

Mas, quais as principais razões desse suposto despreparo? Em que estavam assentadas essas críticas? Segundo Flávio Gomes, as marchas constituídas por tropas de linha eram, quase sempre, inúteis. Isto porque, estacionadas normalmente nos centros urbanos, elas se envolviam mais rotineiramente com a contenção de pequenos motins e distúrbios de ruas, de modo que, quando conduzidas para o interior das matas ou para outros ambientes mais espessos, se mostravam quase nada produtivas, devido sobretudo a indisciplina dos soldados. Obviamente, o parco conhecimento sobre o ambiente que estava sendo penetrado e inspecionado deixava a marcha desordenada e muito lenta, a ponto dos soldados alcançarem os ranchos abandonados.[26] Encontrariam, por outro lado, inúmeros vestígios de um pouso recente.

---

24 APES. SP[1]. Pacotilha: 174. Ofício do delegado de Rosário, João da Silva Maynard, ao chefe de polícia de Sergipe, Francisco Gonçalves Martins, de 9 de junho de 1872.

25 Neste sentido, ver: Gomes, 2005, p. 164.

26 Gomes, 2006, p. 95.

Na documentação arrolada para o desenvolvimento desse estudo, notam-se alguns dos elementos pontuados acima. Em uma marcha realizada no ano de 1871 contra o quilombo situado nas matas do engenho São José, os soldados seriam acusados pelo dono dessa propriedade de estarem ébrios. Entre os soldados estavam, aproximadamente, 150 soldados da Guarda Nacional.

Em outra ocasião, ainda naquele ano, a acusação sobre a postura e a indisciplina dos soldados da Guarda Nacional seriam ainda mais alarmantes:

> Com a Guarda Nacional aqui não se conta, por que sendo o fato [quilombo] tão perto da vila, e alguns destes guardas, talvez com razão lhe diga, capazes de terem coloio com eles [escravos fugidos], e os avisar, acresce mais que, no entanto em que, se chamar essa gente ao serviço, vão por ai além futurizando e acrescentando tanta coisa que, afinal chega ao conhecimentos dos pretos, por que como já disse, talvez não seja uma légua a distância daqui ao lugar, e eles incontinente vinham a saber.[27]

O "fato" aludido acima era, na verdade, um "rancho de escravos fugidos" situado no entorno das matas dos engenhos Limeira e Quindogá, ambos da vila de Divina Pastora, onde se acreditava estar residindo um "número superior a dezesseis" quilombolas. Procurou-se na ocasião, para o "bem da moralidade", arregimentar "não menos de 30 praças" para empreender o cerco contra o couto, descartando, porém, o uso de soldados da Guarda Nacional. Isto porque, se acreditava que alguns deles poderiam avisar aos fugidos, uma vez que possuíam "coloio" com os mesmos. Nesse sentido, não se deve descartar a possibilidade da indisciplina e incompetência, as quais eram comumente ressaltadas pelas autoridades, mascararem, na verdade, a

27 APES. SP[1]. Pacotilha: 178. Ofício despachado da vila de Divina Pastora, em 29 de julho de 1871.

conivência de alguns membros da Guarda Nacional com os escravos escondidos nas matas.[28]

Em setembro de 1871, o motivo apontado para o malogro de uma diligência que marchou com muitos soldados da Guarda Nacional foi a "falta de sigilo que houve na reunião da força".[29] Talvez, isso explique o porquê do pedido de apoio de alguns delegados ser direcionado em correspondências "reservadas". Na verdade, a partir do constante malogro das diligências, muitas autoridades perceberam que o segredo poderia ser "a alma do sucesso" das marchas.[30]

Entretanto, mesmo se mostrando, aparentemente, inaptos para o serviço, os delegados não possuíam outra opção; muitas diligências contra os quilombos do Vale do Cotinguiba continuaram a serem empreendidas pelos soldados da Guarda Nacional. Não se pode saber muito sobre as estratégias empregadas durante as marchas; os documentos praticamente não abordam esse dado. Nota-se que a maioria das autoridades era omissa quanto a isso. Os poucos que revelaram algo a respeito se restringiram em dizer que, assim que avistaram e alcançaram os ranchos nas matas, procuraram empreender o cerco e/ou a emboscada.

No dia 10 de março de 1872, o alferes João Batista da Rocha Banha indicou que, dias antes, ele marchou, cercou e depois percorreu "as matas dos engenhos Capim-Assu, Várzea Grande e Jurema" com o intuito de apresar escravos fugidos, uma vez que se creia que eles se "albergavam" por aquelas "paragens". Nessa ocasião, foram detectados alguns "vestígios de ranchos", razão pela qual o dito alferes optou por "deitar tocais nas cinco

28 Gomes, 2005, p. 165.

29 APES. Fundo: SP[1]. Pacotilha: 178. Ofício do delegado de Rosário, João da Silva Maynard, ao chefe de polícia de Sergipe, Manoel Maria do Amaral, de 22 de setembro de 1871.

30 Gomes, 2006, p. 95.

cancelas do engenho Capim-Assu".[31] Na verdade, o cerco que João Batista da Rocha empreendeu nas matas dos ditos engenhos não seria realizado em apenas um dia, mas sim em "três dias consecutivos de diligência".[32] Ou seja, esses ambientes acabaram sendo alcançados, cercados e percorridos um a um, realidade essa que pode ter contribuído para o malogro da diligência.

Era quase impossível se empreender um cerco completo e simultâneo contra aquelas matas, visto que a marcha em questão era composta por um número reduzido de soldados. Daí o alferes João Rocha optar, em um segundo momento, pelo uso de tocaias, as quais poderiam surpreender os escravos fugidos no momento em que eles estivessem retornando aos ranchos. Meses depois, mais especificamente em outubro de 1872, o dito alferes João Rocha voltou a comentar sobre o emprego do ataque surpresa contra os quilombolas. Em ofício dirigido ao chefe de polícia de Sergipe, ele revelou que somente se poderia "capturar alguns escravos fugidos" por meio de emboscadas, as quais, no momento, não podiam ser empreendidas devido ao reduzido número de praças que se encontravam destacados em Rosário de Catete.[33]

Essa era a opinião do próprio delegado do município. Em comunicação pretérita, ele registrou que somente por meio do "sistema de emboscada" se conseguiria acabar com o quilombo situado nas matas do engenho São José. É de supor que a emboscada – ou a tocaia – se constituísse realmente na estratégia mais prudente a ser empregada contra muitas unidades quilombolas do Cotinguiba, uma vez que era quase impossível realizar o cerco completo das matas com um número diminuto de soldados. Era

31 APES. Fundo: SP[1]. Pacotilha: 75. Ofício do Alferes João Batista da Rocha ao chefe de polícia de Sergipe, Joaquim Barbosa Lima, de 10 de março de 1872.

32 *Idem*.

33 APES. Fundo: SP[1]. Pacotilha: 373. Ofício do Alferes João Batista da Rocha ao chefe de polícia de Sergipe, Cypriano de Almeida Sebrão, de 04 de outubro de 1872.

preciso surpreender os escravos através de um ataque direto e rápido ainda no interior dos quilombos.

Embora não parecesse ser uma estratégia complexa, a sua realização demandava alguns elementos importantes como, por exemplo, disposição por parte dos soldados e sigilo antes e sobretudo durante a operação. Não era simples para os soldados deixar as cidades, seguir pelas estradas que davam aos engenhos, adentrar as matas e alcançar os ranchos sem serem vistos. Era quase impossível empreender uma marcha, por menor distância que precisasse ser percorrida, sem serem notados.

Em 21 de fevereiro de 1873, o delegado de Laranjeiras, ao requisitar do chefe de polícia o envio de 50 soldados para combater um couto de escravos fugidos instalado "nas circunvizinhanças dos engenhos Brejo e Aroeira", asseverou que para:

> [...] não fazer-se alarme do qual possa originar-se ocorrência aos ditos escravos, tomo a liberdade de lembrar a V. S. que sendo a maré do dia designado [24 de fevereiro] a meia noite mais ou menos pode a força vir embarcada e chegar sem ser pressentida pela população. Acho-me também conveniente que venha o Tenente Rocha porque esse oficial [...] é sabedor dos lugares nos quais se tem de proceder a rigorosa busca.[34]

Segundo Vitor Diniz, dito delegado de Laranjeiras, era mais conveniente que a força que ele estava solicitando chegasse embarcada e em momento específico, na calada da noite, evitando assim que a população pressentisse a sua chegada e, consequentemente, os escravos aquilombados.

34 APES. Fundo: SP[1]. Pacotilha: 298. Ofício do delegado de Laranjeiras, Vítor Diniz, ao chefe de polícia de Sergipe, Manoel José Espínola Júnior, de 21 de fevereiro de 1873.

Todavia, os quilombolas estavam preparados para driblar essa estratégia. Meses depois, na madrugada do dia 7 de maio de 1873, enquanto ainda conversavam sobre "os planos" que seriam empregados no ataque contra um couto de escravos fugidos disposto nas matas do dito engenho Brejo, de Laranjeiras, os soldados acabaram sendo "pressentidos por um dos quilombolas", o qual estava "postado como sentinela a algumas braças do quilombo" e na "estreita vereda" que conduzia ao mesmo. Segundo o tenente Jeremias Roberto de Carvalho, responsável pela operação, nesse momento ele compreendeu "que já não era possível a disciplina" da força e ordenou que a mesma "arrancasse como pudesse" em direção aos escravos fugidos, os quais "fugiam aos gritos" devido ao aviso dado pela sentinela. Após "uma hora de arriscada e vertiginosa corrida de quilombolas e soldados", somente se conseguiu lograr a captura da negra fugida Francisca, de propriedade de Manoel Curvelo de Mendonça.[35]

Não resta dúvida que a estratégia de colocar um dos membros do quilombo como sentinela avançado evitou que capturas em massa fossem realizadas. Tal estratégia, por parte daqueles fugidos, frustrou substancialmente os intentos dos delegados de Laranjeiras e Divina Pastora, os quais empreenderam aquela marcha em consórcio.

No dia 31 de março de 1872, ou seja, mais de um ano antes dessa peleja, dois sentinelas avançados já haviam livrado seus companheiros de serem atacados de surpresa por uma diligência que rumou contra "os matos dos engenhos Aroeira e Brejo". Naquela ocasião, o alferes João Batista da Rocha, que era quem comandava a diligência, ao avistar dois escravos fugidos "como sentinelas avançados", intimou-os a se entregarem. Neste momento, um dos escravos que estava de sentinela, munido de chuço, partiu em direção do dito alferes, o qual, ao ouvir o disparo de "tiros das matas", ordenou de imediato

35 APES. Fundo: SP[1]. Pacotilha: 296. Ofício do Tenente do Delegado de Laranjeiras, Jeremias Roberto de Carvalho, ao chefe de polícia de Sergipe, Manoel José Espínola Júnior, de 10 de maio de 1873.

que a força "também fizesse fogo e avançasse", pondo em "desordem e fuga os escravos resistentes". No conflito que se deu, somente saiu ferido, na coxa direita, um dos escravos sentinelas, o de nome Victorino e de propriedade do dono do engenho Palmas, que acabou sendo preso.[36]

No auto de perguntas a que foi submetido, o negro Victorino confessou que estava, em companhia do escravo José, realmente como "sentinela para avisar aos outros dos quilombos quando chegasse a tropa, a qual já tinham visto passar pela manhã". Mais adiante Victorino salientou, de modo impetuoso ao seu inquiridor, que se o seu companheiro José não tivesse saído correndo e abandonado a pistola no chão "as coisas não" acabariam daquele modo, visto que "arma de fogo não serve em mão de quem não presta".[37] Nota-se assim que Victorino não estava nada contente com a atitude adotada pelo outro sentinela diante da chegada da operação militar. Sua pistola, a qual acabou sendo abandonada no momento em que se evadia, poderia realmente impedir um avanço rápido dos soldados, uma vez que o negro capturado dispunha como arma de defesa apenas um chuço, uma espécie de lança pequena, composta por uma haste de madeira e uma ponta de ferro.

Posicionar sentinelas nas matas, sobretudo em pontos onde esses pudessem notar, com uma certa antecipação, qualquer ameaça contra os quilombos, era uma estratégia muito eficaz, na medida em que podia evitar que os quilombolas acabassem sendo surpreendidos por um ataque ainda dentro dos seus ranchos, o que diminuiria substancialmente a probabilidade de escaparem. Entretanto, ao que parece, não só os escravos que compunham os coutos se prestaram ao serviço de sentinelas avançados. No curso de uma

---

36 AGJES. Fundo: LAR/C° 1° OF. Série: Cível. Subsérie: Libelo Cível. Caixa: 248. Auto de resistência e apreensão, de 31 de abril de 1872.

37 AGJES. Fundo: LAR/C° 1° OF. Série: Cível. Subsérie: Libelo Cível. Caixa: 248. Auto de perguntas feitas ao preto de nome Victorino, de 01 de maio de 1872.

diligência, por exemplo, empreendida contra um quilombo situado nos matos do engenho Coqueiro, em Capela, deixou-se de capturar "os negros [que ali estavam] porque um cão deles", o qual "estava [disposto] distante dos ranchos", assim que notou a presença dos soldados, começou a ladrar. O latido desse animal serviu, segundo a autoridade que ordenou a arregimentação dos soldados, "de aviso para" que os quilombolas se enveredassem em fuga.[38]

Em março de 1873, um pequeno número de quilombolas que se suponha ir para Itabaiana acabou sendo avistado com "um cachorro preto", o qual estava preso a uma coleira.[39] Muito provavelmente esse cão, assim como no caso narrado acima, seria usado como vigilante dos seus pousos nas matas.

Vale salientar que, apesar da associação indicada por Clóvis Moura entre o posto de sentinela avançado e o que ele conceituou enquanto guerrilha escrava, parece ser precipitado apontar que os quilombolas do Vale do Cotinguiba a praticou de modo rotineiro. Foi o próprio Clóvis Moura quem primeiro apresentou uma relação entre o sistema de guerrilha e as estratégias e atos praticados pelos quilombolas de Sergipe. Segundo ele, os quilombolas sergipanos atraíam com destreza as diligências para o interior das matas e, em seguida, empreendiam ampla movimentação, desgastando sobremaneira o aparato repressor.[40]

Não obstante Clóvis Moura não indicar o porquê do sistema de guerrilhas se mostrar o mais "indicado para as condições da época", assim como para "a região" onde os quilombolas atuavam, o seu ideal passou a ser empregado por outros estudiosos de Sergipe, porém ainda sem a devida precisão. Severo D'acelino, por exemplo, ao discutir sobre os métodos e os

---

38 APES. Fundo: SP[1]. Pacotilha: 363. Ofício de Manoel Pereira dos Anjos, juiz municipal 1° suplente em exercício, ao chefe de polícia de Sergipe, s/ data.

39 APES. Fundo: SP[1]. Pacotilha: 393. Interrogatório feito pelo delegado de polícia de Divina Pastora ao escravo José Maruim, em 25 de março de 1873,

40 Moura, 1981, p. 88.

modos como a resistência negra se desenvolveu em Sergipe, revelou que os atos aí impetrados pretendiam sobretudo criar um elo "com os demais escravos, numa intensa comunicação para ações relâmpagos de guerrilhas e insurreições".[41] Essas atuações eram completadas com assaltos e saques aos proprietários dos engenhos.[42]

Lourival Santos, por sua vez, mesmo indicando que os quilombolas de Sergipe não procuravam um duelo direto com os soldados, salientou, em seguida, assim como Moura, o quanto a atração da diligência para o interior das matas e os movimentos rápidos empreendidos pelos primeiros podiam acarretar em um desgaste de energia constante e desesperador nos segundos.[43]

Trata-se de um modo de agir que necessita de mais explicações. Isso porque, o contato – inclusive visual – entre soldados e quilombolas no interior das matas praticamente não existia. Esses últimos, mesmo estando em número maior que os primeiros, optavam por abandonar o rancho onde estavam escondidos antes mesmo dos soldados aportarem nos seus coutos. Os quilombolas estavam ambientados com as matas, podiam percorre-la com muito mais destreza, alcançando pontos onde poderiam aguardar, em segurança, a conclusão das operações policiais.

Mesmo essa situação sendo, aparentemente, a mais comum, não se quer aqui indicar que os quilombolas do Vale do Cotinguiba não empreenderam, em determinados momentos, emboscadas, assaltos ou qualquer outro ato que possa se associar ao que Clóvis Moura e outros estudiosos denominaram enquanto *guerrilha escrava*. Tão somente se está salientando que pode ser precipitado indicar que essa era uma prática recorrente entre os quilombolas de Sergipe do século XIX, uma vez que a documentação não aborda muitos episódios de duelo entre esses e as empresas repressoras.

---

41 D'acelino, 1994, p. 04.

42 *Ibidem*.

43 Santos, 1992, p. 34.

Tão pouco revelam indícios de que era comum os escravos aguardarem na surdina os soldados para os atacarem.

Mesmo sendo sabedores dos atalhos, dos esconderijos e de outros elementos que os colocavam em melhor posição dentro das matas, e mesmo possuindo armas que apresentavam um poder de morte equivalente das que eram portadas pelos soldados, seria demasiadamente arriscado e perigoso para os quilombolas optar por qualquer duelo direto. Essa realidade podia indicar que, ao notar a presença ou diante o recebimento de uma notícia sobre incursões de soldados nos interiores das matas, o mais prudente era abandonar o rancho, se embrenhar nos matos e alcançar pontos que, naquele momento, aparentavam ser mais seguros.

Todavia, no que concerne especialmente as emboscadas praticadas pelos escravos, um depoimento, em particular, registrou não só que elas sim ocorriam, como ainda que podiam estar sendo mais direcionadas contra particulares que demonstravam empenho na promoção das suas capturas. Isto porque, não seria apenas durante aquela incursão contra o quilombo situado nos matos dos engenhos Brejo e Aroeira que João Batista da Rocha escaparia, por pouco, da mira de um escravo. Em meados do ano de 1873, enquanto seguia, montado em seu cavalo, um dos caminhos que dava na direção da vila de Rosário de Catete, o agora comandante João Rocha acabou sendo alvo de uma emboscada. Essa, de acordo com o seu registro, só não o matou porque "a providência divina impediu que a arma" do seu algoz disparasse, detonando apenas "a espoleta". Tomado ainda pelo susto, compreendeu "que eram quilombolas" que o esperavam escondidos para assassiná-lo "à traição".[44]

João Batista da Rocha era, sem sombra de dúvida, a pessoa mais requisitada pelos delegados para comandar as operações antiquilombos. Em muitas ocasiões, as autoridades se reportaram à secretaria de polícia

44 APES. Fundo: SP[1]. Pacotilha: 119. Ofício de João Batista da Rocha ao chefe de polícia de Sergipe, Manoel José Espínola Júnior, de 20 de maio de 1873.

solicitando o auxílio não apenas desse oficial, mas ainda do destacamento que se encontrava em seu comando. Era um militar muito conhecido pelas autoridades, pelo senhoreado do Cotinguiba e, por que não, pelos próprios escravos. Nesse sentido, a arapuca que quase resultou em sua morte podia ser não apenas mais um dos muitos ataques promovidos por quilombolas nas estradas do Vale do Cotinguiba, mas sim um verdadeiro acerto de contas.

João Batista da Rocha sempre se mostrava disposto para dirigir as marchas contra quilombos. O seu nome aparece, pela primeira vez, no comando de uma diligência empreendida, na madrugada de 12 de março de 1871, contra as matas do engenho Capim-Assu, onde se pôde conseguir a captura de dois escravos fugidos. No dia seguinte, outra diligência sob o seu comando cercou "as matas do engenho Floresta e Bulandeira", onde foram encontrados "quatro barracos de palha", escapando-se os escravos que neles residiam devido aos avisos que, supostamente, foram dados pelos escravos do engenho Floresta, razão pela qual o seu dono, José Bernardino Coelho e Melo, reuniu a escravaria e a "castigou severamente", porém sem conseguir "nenhuma confissão".[45]

Mesmo não conseguindo obter mais capturas, o capitão-comandante da força de Rosário, Joam Freitas, não pouparia elogios acerca dos bons "serviços" prestados pelo então "alferes Rocha".[46] Na vila de Rosário do Catete, ele capitanearia ainda um dos combates ocorridos com escravos aquilombados nas matas do engenho São José, ocasião em que um dos fugidos saiu baleado. No dia 5 de janeiro de 1872, quando da sua retirada de Rosário, o delegado João da Silva oficiou o chefe de polícia de Sergipe revelando que, durante o período em que o alferes João Batista da Rocha esteve ali "compromissado" com a impetração de "diligências relativas a destruição

45 APES. Fundo: SP[1]. Pacotilha: 373. Ofício do Capitão-Comandante da Força de Rosário, Joam Esteves de Freitas, ao chefe de polícia de Sergipe, Joaquim Barbosa Lima, de 15 de março de 1871.

46 *Ibidem.*

de quilombos", ele sempre se portara bem, "mostrando zelo e atividade no cumprimento de seus deveres".[47]

Um mês depois, João da Silva participaria o chefe de polícia revelando que enquanto o dito alferes permaneceu destacado em Rosário, acompanhado de 15 praças sob o seu comando, parecia que "os quilombos minoravam" e que, devido à saída do mesmo, eles principiavam "a assaltar viajantes". Nessa correspondência, o delegado recomendou que se reforçasse o destacamento local com o envio de "mais 12 praças e um oficial", o qual, obviamente, convinha "ser o alferes João Batista da Rocha", uma vez que ele conhecia "mais as coisas e pessoas" de Rosário do Catete, o que o permitiria alcançar "melhores resultados".[48]

Mas, como o seu clamor não foi atendido pela autoridade que ocupava, naquele momento, o comando da secretaria de polícia de Sergipe, João da Silva voltou a solicitar, desta vez ao novo chefe de polícia, o envio do "distinto" alferes Rocha, haja vista que, com sua retirada, o que era antes "tranquilidade", passara a ser "terror".[49] Todavia, mais uma vez, a sua solicitação não seria atendida, o que acabou motivando mais uma demanda:

> [...] em resposta aos meus dois [ofícios] do mesmo mês, em o qual mostra V. S. a inconveniência de minha requisição, considerando que posso fazer toda e qualquer diligência independente de auxílio das autoridades superiores e de força do governo, por que

47 APES. Fundo: SP[1]. Pacotilha: 705. Ofício do delegado de Rosário do Catete, João da Silva Maynard, ao chefe de polícia de Sergipe, Francisco Gonçalves Martins, de 05 de janeiro de 1872.

48 APES. Fundo: SP[1]. Pacotilha: 705. Ofício do delegado de Rosário do Catete, João da Silva Maynard, ao chefe de polícia de Sergipe, Francisco Gonçalves, de 02 de fevereiro de 1872.

49 APES. Fundo: SP[1]. Pacotilha: 705. Ofício do delegado de Rosário do Catete, João da Silva Maynard, ao chefe de polícia de Sergipe, Joaquim Barbosa Lima, de 18 de fevereiro de 1872.

> para substituir esta devo empregar a influência de que gozo no termo; o pequeno destacamento aqui existente, e a força de Guarda Nacional.
>
> Não pretendo contestar nem levemente a argumentação de V. S. cuja sabedoria acato, mas permita-me V. S. dizer que em diligências de semelhante ordem, e arriscada como são, ninguém a elas se presta [...], e nem se fará nunca uma que produza bons efeitos com o emprego somente da força moral, tanto mais quando tem de ser empregado contra escravos que uma vez fora do cativeiro e homiziados em coitos, a tudo avançam, lançando mão até do próprio assassinato se só por ele for possível escapar.[50]

Em que pese João da Silva indicar que não contestaria a decisão do seu superior, ele não mediu palavras para indicar o quanto a sua demanda era não apenas importante, mas ainda imperiosa. Segundo ele, nem mesmo a sua autoridade, o pequeno destacamento que dispunha e a Guarda Nacional eram capazes de conter e capturar escravos que, ao deixar o cativeiro, pareciam ser capazes de qualquer coisa – inclusive de suicidar-se – para não retornar ao mesmo.

Insistente, João da Silva sabia que somente com o emprego de um amplo destacamento se poderia dispersar e capturar as dezenas de escravos fugidos que se encontravam instalados nos arredores das matas de Rosário de Catete. Nesse sentido, cobrava a presença daquele que, aparentemente, possuía incontestável aptidão e disposição para dirigir as diligências contra os quilombos: o "distinto", "zeloso" e "compromissado" alferes João Batista da Rocha Banha.

50 APES. Fundo: SP[1]. Pacotilha: 705. Ofício do delegado de Rosário do Catete, João da Silva Maynard, ao chefe de polícia de Sergipe, Joaquim Barbosa Lima, de 24 de fevereiro de 1872.

Tratava-se, como se pode notar, de uma pessoa muito admirada entre as autoridades municipais. Isso era devido, muito provavelmente, ao seu compromisso e ao modo como atuava contra os quilombos do Vale do Cotinguiba, realidade essa que pode estar relacionada ainda com a sua rápida ascensão na carreira militar. O seu reconhecimento enquanto principal oficial de Sergipe Del Rey dedicado no combate aos quilombos do Cotinguiba acabou sendo indicado por ele mesmo em meados do ano de 1875, momento em que alcançara a patente de capitão. Segundo ele, durante os quatro anos em que permaneceu à disposição dos municípios de Rosário do Catete, Siriri, Divina Pastora e Laranjeiras, conseguiu realizar a captura de 54 escravos que se encontravam na condição de evadidos. Essas capturas, continuou ele, não renderam "gratificação" monetária alguma, mas sim despesas, uma vez que era ele mesmo quem custeava a compra da "cavalgadura" usada durante as operações e marchas, assim como o pagamento de algumas espias.[51]

Essa sua aparente prepotência não era decorrente do alcance do posto de capitão. Muito antes disso acontecer, ainda em meados do ano de 1872, ele dizia que com apenas duas dezenas de soldados podia ser responsável pela segurança nos recôncavos de Laranjeiras, Missão de Japaratuba, Rosário do Catete e Divina Pastora, exatamente os municípios mais acometidos pelos quilombolas naquele momento.[52]

Vale salientar que mesmo registrando não receber qualquer espécie de recompensa pecuniária dos proprietários dos escravos que por ele acabaram sendo capturados, essa era uma medida muito comum na região.

51 APES. Fundo: SP[1]. Pacotilha: 346. Ofício do Capitão Comandante da Companhia Municipal de Rosário do Catete, João da Silva Maynard, ao chefe de polícia de Sergipe, Vicente de Paula Cascaes Telles, de 26 de outubro de 1875.

52 APES. Fundo: SP[1]. Pacotilha: 373. Ofício do Alferes João Batista da Rocha, destacado no Quartel de Laranjeiras, ao chefe de polícia de Sergipe, Cypriano d'Almeida Sebrão, de 28 de julho de 1872.

Muitos proprietários prometiam recompensas em dinheiro para aqueles que capturassem os seus escravos. Inclusive, em não raras ocasiões, esses senhores chegaram a custear uma ou outra despesa contraída no decorrer das operações, as quais podiam se estender por mais de um dia. Quanto as despesas de maior monta, essas seriam custeadas pelo erário público.

No ano de 1868, a secretaria de polícia da província do Rio de Janeiro empregou a quantia de 60$400 com uma diligência que marchou contra o quilombo Bomba, em Iguaçú. Tempos depois, essa mesma secretaria empregou a considerável quantia de 341$111 para dizimar o quilombo da Vargem Grande. No Maranhão, no ano de 1861, a quantia usada para a "destruição de quilombos" seria ainda maior: 522$830.[53]

No caso de Sergipe Del Rey, as despesas contraídas com as operações contra os quilombos do Vale do Cotinguiba eram, aparentemente, não menos modestas. Mesmo sem poder indicar ou precisar os custos anuais despendidos com esses serviços, indícios apontam que eles pareciam ser, proporcionalmente, equivalentes ou, até mesmo, superiores aos apresentados para outras regiões escravistas do Império.

Em 05 de janeiro de 1872, o delegado João da Silva revelou ao chefe de polícia de Sergipe que não dispunha de "fundo" suficiente para arcar com o "pagamento do soldo dos praças" que ficaram destacadas em Rosário do Catete durante 16 dias, mas que já havia adiantado a eles a quantia de 147$000.[54] Cerca de um mês depois, ele corrigiu essa soma para 146$600, retificando ainda que o valor outrora citado foi adiantado devido "à falta de numerário no cofre da Exatoria".[55]

53 Gomes, 2006, p. 118; Gomes. 2005, p. 162.

54 APES. Fundo: SP[1]. Pacotilha: 705. Ofício do delegado de Rosário do Catete, João da Silva Maynard, ao chefe de polícia de Sergipe, Francisco Gonçalves Martins, de 05 de janeiro de 1872.

55 APES. Fundo: SP[1]. Pacotilha: 705. Ofício do delegado de Rosário do Catete, João da Silva Maynard, ao chefe de polícia de Sergipe, de 02 de fevereiro de 1872.

Tratava-se de uma medida arriscada, pois não existia qualquer garantia de que essas despesas seriam realmente pagas pelo erário público. Em abril de 1872, o comandante do destacamento de Rosário, Joam Esteves de Freitas, indicou contrariado que estava no "prejuízo de 5$900" devido a "algumas despesas" que ele próprio custeou com as diligências empreendidas pelos soldados Miguel dos Anjos Pereiras, Francisco Lopes de Oliveira e Manoel Pereira Gonçalves.[56]

No dia 31 de março de 1873, uma correspondência reservada do Palácio do Governo de Sergipe comunicava ao chefe de polícia que um "crédito extraordinário de duzentos mil réis (200$000)" acabou sendo aberto para custear "as despesas secretas" da secretaria de polícia, visto que a quantia pretérita de 600$00 se mostrou "insuficiente" para arcar com as diligências que vinham sendo impetradas para capturar os quilombolas que perturbavam a "tranquilidade dos proprietários da província".[57]

Em Cuba, desde o ano de 1796, o *Reglamento de Cimarrones* indicava, de modo mais preciso, não apenas quais eram os salários dos *rancheadores*, indivíduos que marchavam contra os *palenques*, mas ainda quais eram custos que deveriam ser arcados pelos proprietários diante da captura de cada escravo. Inclusive, em alguns casos, percebe-se que as contendas entre *rancheadores* e os donos de escravos que se negavam a custear as operações podia acarretar em uma menor perspectiva de ataque aos *palenques*, uma vez que os *rancheadores* podiam estender por meses a organização das marchas.[58]

56 APES. Fundo: SP[1]. Pacotilha: 373. Ofício do Capitão-Comandante da Força de Divina Pastora, Joam Esteves de Freitas, ao chefe de polícia de Sergipe, Francisco Gonçalves Martins, de 08 de abril de 1872.

57 APES. Fundo: SP[1]. Pacotilha: 77. Ofício de Manoel do Nascimento Galvão, na 3° Seção do Palácio do Governo da Província de Sergipe Del Rey, de 31 de março de 1873.

58 Neste sentido, ver: Lavinã, 2005, p. 54.

Em relação a Sergipe Del Rey, não se pode precisar se os números encontrados correspondiam apenas aos custos com os salários dos praças envolvidos diretamente nas operações contra os quilombos, ou se eles abrangiam ainda outras despesas como, por exemplo, a alimentação e a aquisição de munições e armamentos. No que concerne, mais especialmente, a alimentação dos soldados, alguns delegados saudaram a iniciativa de senhores de engenho que os convidavam para comerem e repousarem em suas propriedades enquanto não iniciavam novamente as inspeções no interior das matas. Por exemplo, o capitão José Bernardino Dias Coelho e Mello, dono do engenho Floresta, acabou sendo saudado como "um belo auxiliar" de uma diligência empreendida contra os matos circunvizinhos a sua propriedade, pois ele não só acompanhou os soldados enquanto "corria[m] o mato", como também "forneceu cavalos, comida, etc.".[59] Outro "digno de louvar" era o dono do engenho Matta, da vila de Divina Pastora, o qual acompanhou pessoalmente as inspeções realizadas nas matas da sua propriedade e, mesmo com o malogro da diligência, proporcionou "um jantar" aos soldados.[60]

O número de marchas contra os quilombos do Vale do Cotinguiba que acabaram resultando em apreensões escravas era pequeno. Em muitas ocasiões, as operações no interior das matas eram encerradas sem encontrar quaisquer vestígios de um acoitamento escravo. E mesmo quando os dados das denúncias eram mais precisos e os soldados conseguiam encontrar o ponto onde os escravos estavam escondidos, não era incomum eles deixarem as matas suportando apenas o peso do cansaço e dos mantimentos

59 APES. Fundo: SP[1]. Pacotilha: 705. Ofício do delegado de Rosário do Catete, João da Silva Maynard, ao chefe de polícia de Sergipe, Joaquim Barbosa Lima, de 15 de março de 1872.

60 APES. Fundo: SP[1]. Pacotilha: 373. Ofício do Capitão-Comandante da Força de Divina Pastora, Joam Esteves de Freitas, ao chefe de polícia de Sergipe, Francisco Gonçalves Martins, de 8 de abril de 1872.

deixados pelos quilombolas pouco antes de abandonarem o rancho. Vale reservar aqui um espaço para apresentar o modo como os soldados costumavam agir ao se depararem com os ranchos abandonados. Há indícios que apontam que a medida mais adotada era mandar incendiar a estrutura do rancho, um modo de impedir que os quilombolas retornassem a se acoitar naquele pouso.

O delegado da vila de Divina Pastora, Veríssimo Antônio de Mello, ordenou que incendiassem os ranchos encontrados nas matas do engenho Limeira pouco depois de se deparar com eles abandonados durante uma marcha realizada em meados do ano de 1871.[61] Mesmo destino seria dado aos dez ranchos encontrados durante uma operação deitada contra as matas do Lavrado, na vila de Rosário do Catete.[62] Em 27 de julho de 1872, seriam "lançados por terra" os dois ranchos situados nas matas do engenho Várzea Grande, da vila de Japaratuba, onde se pôde apreender "algumas rações e grande porção de açúcar".[63]

Quanto aos mantimentos e aos animais que, aparentemente, acabaram sendo abandonados no couto, muitos passariam para o domínio das autoridades que estavam participando diretamente das operações. No dia 7 de março de 1872, devido "à pressa" com "que abandonaram" os "ranchos", os escravos aquilombados nas mencionadas matas do Lavrado acabaram deixando "uma porção de sebo de gado, uma corda de laçar, um maço contendo cebolas, pimentas e 4 salames de sal". Todos esses produtos seriam conduzidos para o quartel de Rosário do Catete, de onde cada um receberia

61 APES. Fundo: SP[1]. Pacotilha: 178. Ofício do 2° Suplente do Delegado de Divina Pastora, Veríssimo Antônio de Mello, ao chefe de polícia de Sergipe, Alexandre Pinto Lobão, de 10 de agosto de 1871.

62 APES. Fundo: SP[1]. Pacotilha: 75. Ofício do Alferes João Batista da Rocha ao chefe de polícia de Sergipe, Joaquim Barbosa Lima, de 10 de março de 1872.

63 APES. Fundo: SP[1]. Pacotilha: 363. Ofício do Juiz Municipal de Japaratuba, Bene Lobão, ao chefe de polícia de Sergipe, de 28 de julho de 1872.

o destino "conveniente".[64] Em outubro de 1874, o delegado de Capela colocou à disposição dos donos um burro e os cinco cavalos apreendidos no quilombo instalado nas matas do engenho Alagoa Funda, de Capela.[65] Já em março de 1875, o delegado de Divina Pastora comunicou que conseguiu recuperar em um rancho apenas quatro das muitas outras sacas de açúcares roubadas da "casa de caixaria" do engenho Bette.[66]

Era de suma importância para as autoridades policiais saber a origem de cada mantimento ou produto encontrado nos ranchos. Isso podia indicar, dentre outras coisas, quem eram e onde estavam residindo as pessoas que mais mantinham contato e prestavam apoio aos quilombolas. É de supor que as sacas roubadas do engenho Bette acabassem sendo repartidas e negociadas com os escravos dos engenhos e com pequenos comerciantes da região, os quais, por sua vez, os abasteceriam não apenas com alimentos, mas ainda com armas, abrigo e sobretudo avisos sobre as operações policiais em curso ou que estavam prestes a serem empreendidas.

No Cotinguiba, um caso muito significativo e que demonstra a relação entre escravos e os comerciantes dessa região aconteceu no povoado do Cangaleixo, mais especialmente no armazém do senhor Francisco Fraga, apontado por muitos donos de engenhos de Laranjeiras como um verdadeiro depósito de alimentos e mantimentos roubados.[67] Em outras muitas

64 APES. Fundo: SP[1]. Pacotilha: 75. Ofício do Alferes João Batista da Rocha Banha ao chefe de polícia de Sergipe, Joaquim Barbosa Lima, de 10 de março de 1872.

65 APES. Fundo: SP[1]. Pacotilha: 241. Ofício do delegado e comandante de Capela, Mathias José dos Santos, ao chefe de polícia de Sergipe, Casimiro de Sena Madureira, de 1 de outubro de 1874.

66 APES. Fundo: SP[1]. Pacotilha: 345. Ofício do delegado em exercício de Divina Pastora, Veríssimo Antônio, ao chefe de polícia de Sergipe, Victor Dinis Gonçalves, de 14 de março de 1875.

67 Arquivo Geral do Judiciário do Estado de Sergipe (AGJES). Fundo: LAR/C. 1° OF. Série: Diversificada. Subsérie: Diversos. Caixa: 299.

regiões escravistas os quilombolas procuraram e encontraram apoio entre os comerciantes da redondeza.

Era de suma importância que determinados produtos pudessem ser armazenados distantes dos coutos, mas em poder de pessoas que, de um modo ou de outro, prestavam apoio aos quilombolas. Mesmo a rede de sociabilidade dos quilombolas comportando pessoas de origens sociais diversas, não restam dúvidas que eles encontram mais apoio entre os escravizados que residiam nas senzalas dos engenhos. Todavia, antes de indicar a importância e o modo como essas relações eram engendradas, optou-se por analisar aqui mais algumas estratégias adotadas pelas autoridades do Cotinguiba no combate aos redutos quilombolas.

Espias

Espia era o nome dado a pessoa contratada para indicar uma série de dados sobre os quilombolas e os seus acampamentos nas matas. Muitas autoridades que contrataram os serviços dessas pessoas esperavam que eles indicassem com precisão não apenas o ponto onde esses escravos estavam acoitados, mas ainda quantos estavam reunidos no quilombo, se estes se encontravam armados e, até mesmo, quem eram e onde residiam os indivíduos que mais mantinham contato com os quilombolas. Esses dados podiam ser de suma importância para o sucesso de uma operação militar.

Em dezembro do ano de 1871, autoridades indicaram da "inconveniência" de se enviar uma diligência para a vila de Rosário do Catete sem se obter, preteritamente, o "conhecimento do lugar" onde os escravos estariam aquilombados, uma vez que não se podia contar ainda com indivíduos que se prestassem ao serviço de "vigia".[68] Nesse sentido, pode-se perceber o

68 APES. Fundo: SP[1]. Pacotilha: 178. Ofício de João da Silva Maynard ao chefe de polícia de Sergipe, Manoel Maria do Amaral, de 15 de dezembro de 1871.

quanto os dados cedidos pelo espia podiam ser imprescindíveis não só para o resultado de uma operação militar, mas ainda para o seu preparo.

No Cotinguiba, muitos delegados contavam com os serviços de espias enquanto arregimentavam soldados para compor as diligências ou no momento em que, de fato, empreendiam as marchas contra os quilombos. Por exemplo, no dia 3 de janeiro de 1872, uma diligência comandada pelo delegado de Japaratuba, Manoel Pereira dos Anjos, seguiu diretamente ao ponto "indicado por espias" e conseguiu capturar o escravo fugido Luiz, de propriedade do capitão Filipe de Faro Leitão e Menezes, escapando, porém, o outro escravo que se encontrava na sua companhia.[69] Naquele mesmo mês e ano, o tenente Jeremias Roberto de Carvalho, destacado na vila de Capela, comunicou que empreendeu uma diligência com as informações repassadas por espias e conseguiu capturar um negro fugido, o qual foi entregue depois ao seu respectivo senhor.[70]

Não restam dúvidas que os serviços prestados por um espia podiam contribuir consideravelmente para o resultado positivo de uma marcha. No entanto, não obstante o uso de espia vislumbrar a possibilidade de se alcançar melhor resultado com a marcha, nem sempre isso era possível. Isso porque, em muitas ocasiões, os próprios espias seriam acusados de avisar aos quilombolas que eles estavam na iminência de serem atacados nos ranchos. Em março de 1872, suspeitou-se que o insucesso de uma diligência empreendida contra as matas do engenho Capim-Assu era devido ao "anúncio" dado pelo próprio espia ao "grosso do coito". Nessa ocasião, foi o comendador Sebastião Gaspar de Almeida Boto, dono do dito engenho, quem

69 APES. Fundo: SP1. Pacotilha: 705. Ofício do delegado de Japaratuba, Manoel Pereira dos Anjos, ao chefe de polícia de Sergipe, Francisco Martins, de 17 de janeiro de 1872.

70 APES. Fundo: SP1. Pacotilha: 373. Ofício do Tenente Comandante Jeremias Roberto de Carvalho, Francisco Gonçalves Martins, ao chefe de polícia de Sergipe, de 17 de janeiro de 1872.

forneceu o espia, o qual inclusive havia prometido que seriam capturados, ao menos, "cinco escravos". Segundo João da Silva, delegado responsável por essa marcha, as duas apreensões obtidas seria o modo que o espia encontrou de não atrair maiores suspeitas contra si mesmo.[71] Nota-se assim que o espia indicado pelo comendador Boto em vez de se comportar como um aliado no combate ao reduto quilombola instalado nas matas da sua propriedade, agiu, na verdade, na contramão do esperado, sendo um dos supostos responsáveis por não conseguirem um maior número de apreensões.

Em abril daquele mesmo ano, João da Silva voltou a suspeitar que espias seriam os responsáveis pelo malogro das diligências que ele vinha impetrando contra algumas matas da vila de Capela. Segundo ele, "a improficuidade" daquelas diligências se devia sobretudo a "falta de cuidados dos espias" e do "pouco interesse" dos mesmos, razão pela qual as forças alcançavam os "ranchos desocupados e frescos", dando a entender que os quilombolas haviam se retirado "recentemente".[72]

Nesse sentido, como o uso de espias podia estar diretamente associado ao resultado positivo de uma diligência, era necessária muita ponderação no momento de contratar os indivíduos que prestariam os seus serviços. Esses espias residiam em pequenos sítios ou em propriedades açucareiras maiores, situadas nos arredores das matas onde os quilombolas estariam acoitados. Inclusive, indícios apontam que não era incomum as autoridades persuadirem escravos que residiam no entorno desses coutos. O crioulo Roberto, residente nas senzalas do engenho Capim-Assu, seria incumbido

71 APES. Fundo: SP1. Pacotilha: 705. Ofício do delegado de Rosário, João Batista da Rocha Banha, ao chefe de polícia interino de Sergipe, Joaquim Barbosa de Lima, de 15 de março de 1872.

72 APES. Fundo: SP1. Pacotilha: 242. Ofício do delegado de Rosário, João da Silva Maynard, ao chefe de polícia de Sergipe, de 21 de abril de 1872.

pelo delegado de Rosário do Catete de realizar "pesquisas" que pudessem servir "ao bom êxito das diligências" que estavam em curso.[73]

Tratava-se, como era de se esperar, de um serviço arriscado. O próprio escravo Roberto declarou que os quilombolas ameaçavam "matar os espias" da região.[74] Em julho de 1872, João da Silva indicou que os escravos fugidos:

> [...] já causam susto e terror [...] por que aparecem armados e ameaçando a todas as pessoas e a parceiros que suspeitam terem servido de espia. O cidadão José Bernardino Dias Coelho e Mello, que tem muito concorrido e animado a prisão desses escravos, é um dos que se acha ameaçado em sua fazenda [...].[75]

Todas as pessoas que estavam se prestando ao serviço de espionagem ou que, de algum modo, auxiliavam as autoridades policiais durante as diligências podiam estar na mira dos quilombolas. Entre os ameaçados estava José Bernardino Dias Coelho e Mello, o mesmo que, como indicado anteriormente, ordenou que a escravaria do seu engenho fosse castigada devido aos avisos que ela prestava aos escravos fugidos.

Outro a ser ameaçado de morte pelos quilombolas foi o capitão Ramiro Gonçalves Valença, o qual se portara como "um grande auxiliar da polícia" enquanto esteve "na administração do engenho Capim-Assu", razão pela qual "caiu no ódio dos" quilombolas que se encontravam acoitados nas

73 APES. Fundo: SP1. Pacotilha: 705. Ofício do delegado de Rosário, João da Silva Maynard, ao chefe de polícia de Sergipe, Francisco Gonçalves Martins, de 31 de março de 1872.

74 APES. Fundo: SP1. Pacotilha: 75. Auto de perguntas ao escravo Roberto, de 10 de março de 1872.

75 APES. Fundo: SP1. Pacotilha: 705. Ofício do delegado de Rosário, João da Silva Maynard, ao chefe de polícia de Sergipe, Francisco Gonçalves Martins, de 01 de julho de 1872.

matas daquele engenho. Segundo o delegado de Japaratuba, Antônio Luiz Rolemberg da Cruz, era preciso agir com "muita providência" na repressão aos quilombolas, haja vista que eles diziam "abertamente" que iam se "vingar de todas as pessoas" que os perseguiam e os espiavam.[76]

Importante e perigoso, eis os predicados associados aos serviços prestados pelos espias. Muitas pessoas contratadas como espias sabiam dos riscos que corriam e, por isso mesmo, pediam preços nada modestos pelos seus serviços. Em meados de 1872, um deles exigiu pelo seu "arriscado trabalho" a "gratificação" de 60$000 para cada escravo que, por ventura, pudesse ser apreendido no "grande quilombo" instalado nas matas do engenho Limoeiro, de Santo Amaro das Brotas.[77]

Vale salientar que, ao que parece, essas despesas não seriam custeadas pelos donos dos escravos capturados, mas sim pelo erário público, a partir de receitas pretéritas repassadas para os delegados municipais. Em janeiro de 1874, o delegado suplente de Rosário, Ignácio Pascoal Santos, indicou que prometera "a gratificação de 100$000" para dois espias que supostamente iriam indicar "o lugar certo" onde os quilombolas "Mulungu, Bacurau e outros" estavam acoitados.[78]

Já na vila de Capela, a recompensa requerida por um espia seria ainda maior. É preciso abrir aqui um parêntese para que se possa melhor compreender os serviços então prestados por esse espia e o que ele estava a requerer das autoridades. Era por volta das onze da manhã do dia 9 de maio de 1877

76 APES. Fundo: SP1. Pacotilha: 119. Ofício do delegado de Japaratuba, Antônio Luis Rolemberg da Cruz, ao chefe de polícia de Sergipe, Manoel José Espínola Júnior, de 04 de março de 1873.

77 APES. Fundo: SP1. Pacotilha: 174. Ofício do delegado de Rosário, João da Silva Maynard, ao chefe de polícia de Sergipe, Francisco Gonçalves Martins, de 03 de junho de 1872.

78 APES. Fundo: SP[1]. Pacotilha: 373. Ofício do 1° suplente de delegado de Rosário, Ignácio Pascoal Santos, ao chefe de polícia interino de Sergipe, Alexandre Pinto Lobão, de 10 de janeiro de 1874.

quando os escravos Marcelino, José e Manoel deixaram as pressas o engenho Campinhos, da vila de Capela, após decapitarem o feitor.[79] Logo que soube do ocorrido, o delegado Ângelo Andrade seguiu com um pequeno destacamento até o dito engenho. Lá, após acompanhar o corpo de delito no morto, iniciou as primeiras oitivas, momento em que soube que os escravos partiram na direção das matas.[80]

Não se pode precisar se, imediatamente, o delegado deu início as primeiras incursões nas matas para apreender os mencionados escravos. Tão somente se sabe que, mais de dois meses depois, eles continuavam soltos, mesmo com algumas pessoas sabendo onde se escondiam. Segundo as denúncias, eles continuavam nas imediações da vila de Capela, "acoitados, com rancho feito nas matas e cometendo roubo". Essas novas notícias motivaram o delegado Ângelo Pereira a solicitar o envio de dez praças para se promover a capturar dos escravos.[81]

Mais de um mês depois, o juiz da comarca de Capela indicava que Marcelino, Manoel e José permaneciam ainda soltos nas matas, embora residindo em ranchos novos e prevenidos contra qualquer ameaça de cerco. Segundo ele, devido a "cautela" desses escravos, era necessário continuar "no emprego de espias gratificadas" e de outros meios que podiam "melhor assegurar" o resultado positivo "de um assalto".[82]

---

79 APES. Fundo: SP¹. Pacotilha: 08. Ofício do 1° suplente do delegado de Capela, Ângelo Pereira de Andrade, ao chefe de polícia de Sergipe, Geminiano Brasil de Oliveira Góis, de 13 de maio de 1877.

80 *Idem.*

81 APES. Fundo: SP¹. Pacotilha: 08. Ofício do 1° suplente do delegado de Capela, Ângelo Pereira de Andrade, ao chefe de polícia de Sergipe, Geminiano Brasil de Oliveira Góis, de 18 de julho de 1877.

82 APES. Fundo: SP¹. Pacotilha: 580. Ofício do Juiz de Direito da Comarca de Capela, Gonçalo Vieira Melo, ao chefe de polícia de Sergipe, de 29 de agosto de 1877.

Todavia, aparentemente, encontrar espias não era algo simples naquele momento. Isto por que, no dia 1 de setembro de 1877, o dito delegado de Capela, participou a secretaria de polícia indicando que nenhuma medida concreta estava sendo adotada para capturar os mencionados escravos pois não se estava conseguindo recrutar "pessoas para espias", mesmo oferendo a gratificação de 100$000". Segundo ele, essa resistência era por conta de alguns "morarem retirados", ou seja, distantes dos coutos, e outros por recearem não serem "embolsados", uma vez que, nesse caso em particular, ao que parece, seria o senhor dos escravos que pagaria aquela quantia.[83]

No dia 12 de setembro daquele ano, outra diligência sairia à caça dos escravos nas matas. E não obstante "o grande empenho e os bons planos" empregados durante a marcha, nenhuma captura novamente seria realizada. Para Ângelo Pereira, essa demora em apresar os escravos criminosos decorria, novamente, da ausência de pessoas que quisessem se "prestar a espias", realidade essa que estava com os dias contados, uma vez que, segundo ele, um proprietário da região, "vendo as dificuldades com que" ele lutava, se comprometeu em procurar um espia.[84]

Não demorou muito e, poucos dias após ouvir a promessa acima, o delegado Ângelo Pereira comunicou ao seu superior que os escravos José, Manoel e Marcelino, enfim, haviam sido capturados. No mesmo ofício em que comunicou essas capturas, ele salientou que a pessoa que prestou serviço como espia era de condição escrava e que não queria receber nenhuma "gratificação" pecuniária, mas sim a concessão da "sua alforria", a qual, de

83 APES. Fundo: SP[1]. Pacotilha: 08. Ofício do delegado de Capela, Ângelo Pereira de Andrade, ao chefe de polícia de Sergipe, de 01 de setembro de 1877.

84 APES. Fundo: SP1. Pacotilha: 08. Ofício do delegado de Capela, Ângelo Pereira de Andrade, ao chefe de polícia de Sergipe, de 17 de setembro de 1877.

acordo com o delegado, era muito merecida.[85] Eis o valioso e digno pedido do espia: a concessão da sua liberdade.

Gonçalo Vieira de Carvalho Mello, juiz de direito da vila de Capela, apresentou mais detalhes sobre os serviços prestados por esse espia e o modo como o mesmo se comportou durante a apreensão dos escravos. Em correspondência igualmente dirigida ao chefe de polícia de Sergipe, ele revelou o seguinte:

> Tenho a satisfação de comunicar a V. S. que foram presos esta noite e se acham recolhidos a cadeia desta vila os três escravos do tenente José Frederico, que há poucos meses assassinaram neste termo o feitor do engenho do mesmo senhor, e que andavam salteando as estradas e pontos das fazendas com o de fim roubarem, como o fizeram por muitas vezes.
>
> Esta prisão devia ser praticada nesta mesma noite pela força aqui em diligencia, segundo as medidas tomadas pelo delegado de polícia e comandante do destacamento; para o que estavam em prontidão; mas aconteceu que os criminosos, por não pernoitarem duas vezes no mesmo lugar, foram dormir em sitio mais distante e inconveniente para que o espia, que andava com eles já desconfiados, pudesse se entender em tempo com os agentes da polícia, e assim viu-se ele na contingência de recorrer a seus trabalhadores que pernoitavam a pequena distância, e um nome das mesmas autoridades convidou-os, oferecendo-lhes gratificação, para fazerem dita prisão, que efetuaram completa e sem ofensas de se aparecer se não um pequeno ferimento em um dos

85 APES. Fundo: SP1. Pacotilha: 08. Ofício do delegado de Capela, Ângelo Pereira de Andrade, ao chefe de polícia de Sergipe, Geminiano Brasil de Oliveira Góis, de 22 de setembro de 1877.

> criminosos, que tentou evadir-se. [...] Não devo concluir sem significar a V. S. que o delegado e o comandante do destacamento, se comprometeram pessoalmente a uma gratificação, que garantisse a liberdade do espia, que, sendo cativo, andava congregado com os criminosos para melhor assegurar a empresa, como aconteceu. Consta-me que o proprietário dos criminosos prometeu também pequena gratificação; entretanto que dispondo de escassos meios e principais garantidores do espia, isto mesmo comunico a V. S. a fim de ver se pelos meios de sua disposição será possível auxiliar também este emprego em par da justiça publica, tornando assim menos gravoso o sacrifício dos agentes públicos.[86]

Nota-se, por meio dos relatos acima, que o espia se valeu da sua condição para andar em companhia dos outros escravos e saber onde eram os seus pousos, uma vez que eles não se arriscavam mais pernoitar dois dias no mesmo ambiente. Todo o plano parecia estar dando certo, estando, até mesmo, os soldados prevenidos e de prontidão, apenas aguardando o comando do espia para iniciarem a marcha. No entanto, como Marcelino, José e Manoel optaram, imprevisivelmente, em dormir em um lugar mais distante, o espia não viu outra saída a não ser convidar alguns indivíduos para empreender a captura deles. Tratava-se, sob o ponto de vista das autoridades incumbidas pela diligência, de um ato digno não apenas de ser reconhecido, mas também de ser gratificado à altura. Esse seu ato comoveu ainda outras autoridades da região, os quais se comprometerem em auxiliar o escravo espia para que esse conseguisse a sua alforria, a sua liberdade. Infelizmente, não se pode atestar se o escravo espia acabou sendo atendido

86 APES. Fundo: SP[1]. Pacotilha: 580. Ofício do Juiz de Direito da Comarca de Capela, Gonçalo Vieira Melo, ao chefe de polícia de Sergipe, Geminiano Brasil de Oliveira Góis, de 22 setembro de 1877.

em seu requerimento. Era, sem dúvida, um pedido valioso, mas não impossível de ser atendido, especialmente se considerarmos que ele passou a receber o apoio de algumas autoridades policiais e senhoriais da vila de Capela. Em meados de 1859, na província do Rio de Janeiro, os subdelegados estavam autorizados a assegurar a liberdade daquele quilombola que, uma vez capturado, servisse de guia para as diligências repressoras, desde que se prestasse com a boa-fé necessária.[87]

Em Recife, no ano de 1829, autoridades chegaram a coagir alguns integrantes do Quilombo do Catucá para que eles servissem de batedores, sob a promessa de que seriam alforriados depois. Na diligência que se empreendeu em seguida, muitas apreensões e mortes ocorreram, fazendo com que a população do Catucá fosse reduzida consideravelmente.[88]

Seduzir e coagir escravos das senzalas e, até mesmos, das próprias comunidades quilombolas era uma estratégia que podia ser muito mais comum do que os documentos primários permitem entender. Não restam dúvidas que, mesmo com os riscos existentes, a possibilidade de contar com os serviços de escravos espiões podia aumentar consideravelmente as chances de uma diligência ser exitosa. Haviam sim escravos que agiam contra as comunidades dos quilombos, mas esses, ao que parece, eram poucos, ao menos quando comparado ao número de escravos que, das suas próprias senzalas, prestavam apoio aos quilombolas.

A rede: comunidades de senzalas e quilombolas

É preciso que se entenda que os escravos das senzalas e os que residiam nos quilombos eram integrantes, em não raras ocasiões, de uma mesma comunidade. Existiam inúmeros elos – para além dos quesitos cor e condição – que uniam essas pessoas. No Vale do Cotinguiba do século XIX,

87 Neste sentido, ver: Gomes, 2006, p. 98.

88 Neste sentido, ver: Carvalho, 1996, p. 421.

não era incomum senzalas serem usadas como ponto de encontro e abrigo de quilombolas. Isso era um indicativo de que o perigo podia estar muito mais perto do que as autoridades pareciam acreditar, uma vez que insistiam em direcionar suas atenções para as matas.

Nas Américas, o isolamento das comunidades de escravos fugidos parece ter sido algo não apenas incomum, como indesejado. Segundo Javier Laviña, estudioso espanhol, seria muito custoso imaginar a vida dos *palenques* cubanos sem o suporte de pessoas que residiam para além dos seus redutos. Esse contato era não apenas importante como necessário, pois era por meio dele que se podia obter mantimentos e armamentos.[89]

No Brasil, preservada as devidas particularidades, a situação era muito parecida. Foi o pesquisador Flávio Gomes quem mais dedicou atenção a essas redes de contatos e comunicação entre os escravos aquilombados e a população negra residente no entorno dos quilombos. Inclusive, coube a ele a criação do conceito de "campo negro", mencionado na introdução deste estudo. Muitos são os documentos que registraram a relação e a conexão entre as comunidades de senzalas e os escravos arranchados nas matas do Vale do Cotinguiba. Não por acaso, as comunidades assenzaladas mais acusadas de se relacionarem com os escravos fugidos eram, exatamente, aquelas dispostas mais acostadas aos seus pousos. Lembremos que a crioula Limôa, escrava residente no quilombo situado nas matas do São José, revelou que seus companheiros de rancho se relacionavam estritamente com os escravos remanescentes das senzalas dessa mesma propriedade, com os quais comerciavam alimentos e outros mantimentos.

Em outras unidades açucareiras situadas no Cotinguiba ocorriam situações equivalentes. Por exemplo, segundo Florinda, o "negro velho" fugido conhecido por Udô entretinha "muitas relações" com os escravos das senzalas do engenho Capim-Assu, onde ela residia. Na verdade, a escrava Florinda acabou sendo "convidada" a prestar um auto de perguntas porque

89 Lavinã, 2005, p. 57.

acreditavam que ela mesma se relacionava com os quilombolas instalados nas matas do Capim-Assu, contribuindo inclusive para o malogro de uma marcha que rumou contra aquele couto no dia 07 de março de 1872.

Em seu depoimento, Florinda revelou não apenas que conhecia o escravo fugido Udô, como ainda os seguintes: o crioulo Antônio, fugido do engenho Junco, de Laranjeiras, o qual ia "muitas vezes ao" Capim-Assu; Inocêncio, de propriedade do doutor Leandro; o "cabra moço" de nome Furica; o escravo apelidado de Bacurau, "pertencente a Manoel Vítor do Prado", dono do engenho Barreiro, de Divina Pastora; e o preto, alto e moço "conhecido por Perigoso". Todos esses escravos fugidos, segundo ela, estavam nas "capoeiras do Lavrado" no momento em que a força aportou no Capim-Assu e "ausentaram-se" assim que souberam que os soldados atacariam aquele rancho.[90]

Todavia, as suspeitas não pairavam apenas Florinda. Outro escravo residente no engenho Capim-Assu, de nome Felipe, seria, do mesmo modo, conduzido para prestar um depoimento. Quando questionado se conhecia alguns quilombolas, se sabia onde eram "os seus ranchos" e com quem eles se relacionavam, Felipe respondeu – provavelmente com medo de ser punido depois – "que nada" sabia e que "não" conhecia "nenhum" dos fugidos. Todavia, pouco depois, o escrivão registrou que Felipe "resolveu declarar" que conhecia os seguintes quilombolas: Bacurau; Marcolino, de propriedade do doutor Domingos Ribeiro, residente em Laranjeiras; Guilherme, escravo fugido do engenho Junco, de Laranjeiras; e a negra Carlota. Em seguida, Felipe revelou que "os escravos que correram" do "último cerco feito pelos soldados no engenho Capim-Assu" foram Evaristo e Henrique, ambos fugidos do engenho Sítio, e o crioulo Romão, fugido do engenho Boa Hora, de Maruim. Finalizando o seu auto de perguntas, não sem antes citar os nomes de mais alguns escravos fugidos que estavam por aquelas paragens,

90 APES. Fundo: SP[1]. Pacotilha: 75. Auto de inquérito a escrava Florinda, de 10 de março de 1872.

Felipe revelou ao seu inquiridor que os quilombolas visitavam o Capim-Assu "dando objetos diversos" e que "quando apareciam eram de chuços e foices", ou seja, sempre armados, e os que possuíam mais armamentos eram os acoitados nas matas do engenho Limeira, de Divina Pastora.[91]

O que se pode perceber era que ambos – Florinda e Felipe – pretenderam, *a priori*, ocultar das autoridades inquiridoras o que sabiam a respeito dos quilombolas que estavam a visitar a comunidade das senzalas do engenho Capim-Assu. Entretanto, ao que parece, a coerção ou, até mesmo, a violência empregada pelas autoridades inquiridoras durante o depoimento acabou prevalecendo, motivo pelo qual os inquiridos passaram a revelar detalhes a respeito da rede de alianças que eles estavam, muito provavelmente, inseridos. Não satisfeito com as informações obtidas, o chefe de polícia de Sergipe, Joaquim Barbosa de Lima, seguiu, no dia posterior, em direção ao mencionado engenho Limeira, onde pôde ouvir de um lavrador que ali residia que os quilombolas entretinham "relações ocultas com muitos escravos de diferentes engenhos", assim como que, "desde Laranjeiras até Rosário e Capela", e por "todas as roças" que "se conservam alternadamente", eles estariam cientes sobre as diligências que, por ventura, pudessem vir a serem impetradas. Isto porque, "os escravos de engenhos", "os espias" e "as raparigas" que eles se relacionavam em "diferentes povoados" os avisariam.[92]

Nota-se que se as autoridades do Vale do Cotinguiba empregavam espias para saber onde eram os pousos dos quilombolas, estes, por sua vez, usavam dessa mesma estratégia para obter conhecimento sobre as diligências em curso. Logo depois, uma outra diligência, essa contando com os serviços de um espia, rumou contra as matas do engenho Capim-Assu, onde se pôde realizar a captura de dois quilombolas, entre eles, o negro velho Udô,

91 APES. Fundo: SP[1]. Pacotilha: 75. Auto de perguntas ao escravo Felipe, de 10 de março de 1872.

92 APES. Fundo: SP[1]. Pacotilha: 75. Auto de perguntas feita a João Batista de Melo, de 11 de março de 1872.

mencionado aqui anteriormente. Em seu auto, Udô disse, na verdade, que se chamava Maurício. Tratava-se de um escravizado africano de setenta anos de idade, que estava fugido há cerca de quatro anos do engenho São José, do capitão Francisco Tavares. Tal como outros escravos presos e inquiridos, Udô revelou o nome de muitos dos seus companheiros de matos, sobretudo daqueles que residiam em um lugar chamado Facão, acostado ao engenho Jurema. Sabia ainda da existência "de outro coito" nos matos do engenho Bom Jardim, não podendo ao certo, porém, identificar quais eram os negros que ali residiam, pois, segundo ele, não ia muito "para ali", uma vez que não fazia "comércio algum" por aquelas paragens.[93]

Qual espécie de comércio o velho africano Udô realizava? Infelizmente, no seu auto de perguntas não consta esse dado. É de supor que o seu "comércio" se constituísse, entre outras coisas, em escambiar alimentos com os escravos das senzalas, algo que, como se poderá perceber mais adiante, parecia ser muito comum no engenho Campi-Assu.

Esses depoimentos descortinaram um pouco da complexa rede de alianças que circundavam algumas comunidades de escravos fugidos do Cotinguiba. Tão logo recebiam o aviso de uma operação policial em curso, os quilombolas se esvaiam pelas matas a procura de novos ou antigos pousos, onde poderiam aguardar protegidos e ocultos a conclusão das perseguições. Nesse momento, como mencionado, eles detinham uma vantagem substancial, visto que conheciam, muito mais do que os soldados deslocados das cidades, os caminhos e os pontos mais seguros dentro da vegetação espessa do Cotinguiba. Encontrariam nas matas uma cumplicidade natural.

Todavia, não se deve encarar esse deslocamento ou o despovoamento de um reduto como o desaparecimento do quilombo. Isso porque, em não raras ocasiões, o que se podia notar era que a dispersão dos escravos promovia a multiplicação de coutos quilombolas. Novos ranchos apareciam em

93 APES. Fundo: SP[1]. Pacotilha: 705. Auto de perguntas ao escravo Maurício por alcunha Udô, março de 1872.

pontos não muito distantes do ambiente onde se promoveria o ataque. Essa característica importante dos quilombos de Sergipe Del Rey do século XIX será melhor desenvolvida no capítulo a seguir, a partir da análise das experiências da comunidade escrava residente no quilombo situado nas matas do engenho São José.

CAPÍTULO 4

A COMUNIDADE QUILOMBOLA VOLANTE DO SÃO JOSÉ

No início da década de 1870, o quilombo situado nas matas do engenho São José, na vila de Rosário do Catete, atraiu parcela substancial das operações policiais empreendidas pela secretaria de polícia de Sergipe. Tais medidas demostravam a preocupação das autoridades não apenas com o aumento do número de escravos fugidos que se encontrava acoitado por aquelas paragens, mas ainda com as muitas denúncias que apontavam serem eles os responsáveis por "aterrar a população e cometer roubos e ameaças" contra as pessoas mais desavisadas que acabavam passando pela redondeza.[1]

João da Silva Maynard seria uma das autoridades que mais se envolveria no combate ao dito quilombo. Sendo delegado de Rosário do Catete, coube a ele coordenar, articular, delegar e comandar muitas das diligências que para as matas do engenho São José marcharam, inclusive aquela que se supõe ser a maior empresa policial empreendida contra os quilombos de Sergipe Del Rey do século XIX.

Tal empresa seria realizada em atendimento a uma requisição do próprio chefe de polícia, datada do ano de 1871. Todavia, o ataque não deveria se concentrar nos arredores do São José, mas se estender ainda por outras matas de Rosário de Catete, até mesmo da Missão da Japaratuba e de Capela. Tratava-se de uma operação audaciosa, sobretudo diante da

---

1 APES. Fundo SP[1]. Pacotilha 301. Ofício do delegado de polícia da vila do Rosário, João da Silva Mainard, ao chefe de polícia interino de Sergipe, Alexandre Pinto Lobão, em 16 de agosto de 1871.

distância que precisaria ser percorrida pelos soldados, motivo pelo qual se recomendou uma associação entre as delegacias municipais.

No dia 13 de setembro de 1871, cumprindo com o que acabou sendo previamente acordado, deram início a essa operação. O delegado de Japaratuba se dirigiu, acompanhado do destacamento que estava em seu comando e de 150 praças da Guarda Nacional, em direção ao engenho Ladeira, de Rosário do Catete. Nessa mesma direção marcharam o tenente Jeremias Roberto de Carvalho e mais 90 soldados arregimentados pela delegacia de Capela.[2]

O engenho Ladeira era um ponto estratégico, pois estava disposto a apenas algumas léguas de distância das matas do engenho São José, por onde seriam iniciadas as inspeções. Enquanto eles seguiam para esse engenho, o delegado João da Silva Maynard e o destacamento que estava no seu comando deveriam marchar na direção das matas do engenho Jurema, ainda em Rosário do Catete, onde se acreditava existir outro couto quilombola. Em suma, o plano era promover ataques concomitantes a acampamentos situados em pontos distintos, porém ambos situados nas imediações da vila de Rosário.

Entretanto, assim que o comando da operação iniciou a discussão das estratégias a serem empregadas no decorrer dos ataques, "algumas pessoas" apareceram no engenho Ladeira e indicaram que aquele cerco estava "perdido", uma vez que "os negros já estavam avisados" e que, muito provavelmente, não estariam mais nas matas, mas sim nó "engenho e senzalas do senhor Tavares", dono do São José.[3]

Embora avisos como esses pudessem ser, em parte, sempre esperados, visto que era impossível marchar imperceptível com um número tão

2 APES. Fundo: SP[1]. Pacotilha: 301. Ofício de Manoel Pereira dos Anjos ao chefe de polícia de Sergipe, Manoel Dias do Amaral, de 05 de outubro de 1871.

3 APES. Fundo: SP[1]. Pacotilha: 301. Ofício de Manoel Pereira dos Anjos ao chefe de polícia de Sergipe, Manoel Dias do Amaral, de 05 de outubro de 1871.

significativo de soldados, eles não poderiam ser ignorados, sobretudo por que indicavam que o novo alvo da diligência deveria ser as senzalas do São José, e não mais as suas matas. Nesse sentido, como o dito Francisco Tavares de Sá era proprietário de dois engenhos com o mesmo nome, os comandantes da operação optaram, prudentemente, por dividir os soldados de modo a criar duas linhas de ataque; uma comandada pelo delegado de Japaratuba e a outra comandada por Jeremias Carvalho, de Capela.[4]

Era madrugada de 14 de setembro quando os soldados reiniciaram as marchas. Jeremias Carvalho dirigiria o ataque no "engenho novo", enquanto que o delegado Manoel Dias seguiria para o São José mais antigo. Pouco antes de amanhecer, o cerco contra o São José "novo" estava concluso. Entretanto, como durante o cerco os soldados não encontraram sinais algum de escravos fugidos, o tenente Jeremias achou conveniente aguardar o dia clarear para dar continuidade às inspeções, desta vez, nas matas daquele engenho, onde não demoraram a se deparar com "ranchos já velhos", sob os quais atearam fogo. Seguindo com a caçada, os soldados atravessaram a estrada e, ainda em terrenos do mesmo engenho, localizaram na cabeceira de um roçado de mandioca "dois ranchos novos" e muitos outros sinais que indicavam um pouso recente; couro de boi, gamelas, salgadeiras, cordas de piaçava, enxadas, assim como manjedouras e lugares de amarrar cavalos.[5]

Já no outro São José, os soldados que para lá seguiram acabaram, mais uma vez, sendo divididos. Enquanto Manoel Dias se dirigiu para cercar as suas senzalas, Manoel Pereira dos Anjos optou por se postar, em companhia de um destacamento de soldados montados, na entrada de acesso ao engenho. Todavia, antes que se empreendesse essa medida, o senhor Francisco Tavares de Sá notou a movimentação dos soldados e se dirigiu, impetuosamente, ao comandante do cerco impedindo que esse realizasse qualquer inspeção em suas senzalas. Tomou essa medida porque, de acordo com ele,

---

4 *Idem.*

5 *Idem.*

os escravos fugidos não estariam nas senzalas, mas sim nas matas do seu engenho. Indicou ainda que esses escravos estariam munidos de armas, preparados para contra-atacar e que, muito provavelmente, nem mesmo o chefe de polícia ou o presidente da província e mais mil soldados seriam capazes de prendê-los, quanto menos aquela escolta que se encontrava a cercar sua propriedade naquele momento, a qual seria composta apenas por bêbados. Já ele, o próprio Tavares, "quando quisesse", se valendo apenas do apoio da sua escravaria, prenderia os quilombolas sem qualquer maior empenho.[6]

Nota-se que o dono do engenho São José não só se opôs ao que estava na iminência de acontecer, ou seja, ao cerco das suas senzalas, como ainda desafiou a capacidade das autoridades presentes em capturar os escravos fugidos que se encontravam acoitados nas matas da sua propriedade. Não obstante a oposição do senhor Tavares, as senzalas do São José acabaram sendo cercadas e inspecionadas. Nelas, seriam encontrados dezesseis escravos, os quais não foram identificados, imediatamente, pela força policial como estando na condição de fugidos. Seguiu-se, então, prontamente para as matas daquele engenho, onde se depararam com um rancho abandonado a cerca de "cento e cinquenta braças do oitão das senzalas" do São José e, logo mais adiante, com muitos outros ranchos, os quais, mais uma vez, continham elementos que indicavam um pouso recente como, por exemplo, couro de boi ainda fresco e porção de gordura extraída de uma carne que fora assada há pouco tempo.[7]

Era um indício de que os escravos poderiam estar por perto. Optaram por seguir com a operação, porém dividindo, mais uma vez, os soldados. Uma parte seguiu para um ponto nas imediações do engenho

6 APES. Fundo: SP[1]. Pacotilha: 301. Ofício de Manoel Pereira dos Anjos ao chefe de polícia de Sergipe, Manoel Dias do Amaral, de 05 de outubro de 1871.

7 APES. Fundo: SP[1]. Pacotilha: 301. Ofício do delegado de Japaratuba, Manoel Dias de Almeida, ao chefe de polícia de Sergipe, Manoel Maria do Amaral, de 05 de outubro de 1871.

Pati, enquanto a outra parte seguiu em direção ao engenho Palmas, uma vez que novas notícias indicavam que em ambos poderiam existir quilombos. Todavia, nada seria encontrado. Em seguida, os soldados se reagruparam no engenho Palmas e retornaram ao engenho Ladeira, ponto de partida da marcha. Logo que chegaram, procuraram descansar e se servir, partindo depois para apurar uma denúncia de que em uma gruta entre os engenhos Cabral e Canavieira existia um pouso de escravos fugidos. Novamente, nenhum vestígio seria encontrado.[8]

Também nada seria encontrado pelo delegado João da Silva no ataque que ele capitaneou contra as matas do engenho Jurema.[9] Ou seja, a diligência acordada entre as delegacias de Japaratuba, Capela e Rosário chegou ao seu remate sem apresar nenhum quilombola. Tal realidade, podia demonstrar, assim como aventou o senhor Tavares, que o combate e o apresamento dos quilombolas residentes naquelas matas demandaria muito mais do que um elevado número de soldados.

Todos os comandantes responsáveis por essa operação apontaram como um dos principais motivos para o seu malogro a suposta ausência de sigilo no momento de arregimentar os soldados. Nesse sentido, o delegado Manoel Dias indicou ao chefe de polícia que o mais prudente seria manter um destacamento permanente em Japaratuba, de modo que esse pudesse iniciar a marcha logo após o recebimento da denúncia.[10]

O processo de arregimentação de soldados para compor uma marcha era demorado. Em muitas ocasiões, entre a data do recebimento da

---

8 APES. Fundo: SP[1]. Pacotilha: 301. Ofício de Manoel Pereira dos Anjos ao chefe de polícia de Sergipe, Manoel Dias do Amaral, de 05 de outubro de 1871.

9 APES. Fundo: SP[1]. Pacotilha: 178. Ofício do delegado de Rosário, João da Silva Maynard, ao chefe de polícia de Sergipe, Manoel Maria do Amaral, de 22 de setembro de 1871.

10 APES. Fundo: SP[1]. Pacotilha: 301. Ofício do delegado de Japaratuba, Manoel Dias de Almeida, ao chefe de polícia de Sergipe, Manoel Maria do Amaral, de 05 de outubro de 1871.

denúncia e a data do ataque ao quilombo se passavam meses. Havia realmente a expectativa de que os ataques poderiam ser mais rápidos caso as delegacias estivessem dotadas com um maior número de soldados.

Todavia, como mencionado, o aumento do destacamento era uma medida importante, mas nem sempre decisiva para o êxito de uma diligência. Tornava-se imprescindível ainda adotar outras medidas como, por exemplo, minar a rede de apoio prestada aos quilombolas. Muito embora as denúncias apontassem que os escravos das senzalas eram os que mais se comunicavam com os quilombolas, alguns episódios deixavam antever que essa rede de apoio podia ser muito mais ampla do que as autoridades podiam imaginar, atingindo ainda outros indivíduos. Nos dias que se seguiram a marcha narrada acima, suspeitou-se que não apenas os escravos, mas ainda o próprio dono do engenho São José poderia estar prestando apoio aos quilombolas acoitados em suas matas.

Inclusive, algumas autoridades passaram a repudiar a postura adotada por esse senhor durante as operações em sua propriedade. Segundo o delegado de Japaratuba, Manoel Maria do Amaral, novas denúncias deram conta de que entre os escravos encontrados nas senzalas do engenho São José naquela ocasião, estariam quilombolas "guardados" e "sob a proteção" do senhor Francisco Tavares de Sá. Vale salientar que, pouco depois das suas senzalas serem abertas e inspecionadas, o dono do São José não apenas disse que os escravos ali encontrados eram da sua propriedade como ainda procurou impedir que o delegado os interrogassem, dizendo "que eles nada responderiam". Segundo Manoel Maria do Amaral, enquanto se preparavam para iniciar as inspeções nas senzalas do São José, Francisco Tavares ordenou que um dos seus escravos, o de nome Elias, seguisse "montado a cavalo" e com "toda pressa" em direção ao "pasto de fora" do engenho, um indício de que poderia ter partido desse senhor o aviso e a recomendação para que os quilombolas se retirassem das matas da sua propriedade.[11]

Tais suspeitas eram sérias. Elas indicavam que o dono do engenho São José podia ser não só omisso e conivente, mas ainda coiteiro dos escravos que residiam naquele que era considerado, então, o maior reduto quilombola do Vale do Cotinguiba. Não restavam dúvidas de que as autoridades precisam dedicar mais atenção ao que estava se passando no São José, e não apenas em suas matas.

Em outubro de 1871, ou seja, pouco menos de um mês após aquele desastroso ataque, nota-se um empenho do Palácio do Governo de Sergipe, então sob a direção do Barão de Propriá, no sentido de arregimentar e disponibilizar uma nova força para marchar em direção as matas do São José.[12]

Embora não se possa encontrar ainda notícias de que nova empresa acabou sendo realizada contra as matas do engenho São José no decorrer daquele mês, um "mandado de busca e prisão de escravos fugidos", datado de 06 de novembro de 1871, revelou que as atividades contra os quilombos de Rosário do Catete não cessaram. Nesse mandado, recomendou-se que os soldados percorressem:

> As estradas e matas deste termo, desde o Povoado do Rancho até os engenhos de Santa Bárbara e Serra Negra, onde consta que frequentemente são encontrados escravos fugidos nas diligencias de roubares gados e cavalos dos proprietários e mais moradores viajantes que transitam nas ditas estradas, acoitando-se pelos matos durante o dia. Que

11 APES. Fundo: SP[1]. Pacotilha: 301. Ofício do delegado de Japaratuba, Manoel Dias de Almeida, ao chefe de polícia de Sergipe, Manoel Maria do Amaral, de 05 de outubro de 1871.

12 APES. Fundo: SP[1]. Pacotilha: 301. Ofício do Barão de Propriá ao chefe de polícia interino de Sergipe, de 11 de outubro de 1871.

> como de encontrar os referidos escravos fugidos os prenda e conduza a minha presença [...]. Devendo seguir aqueles que fugirem do cerco ou reconto, ainda mesmo que ultrapassem os raios deste termo para outros, até que seja, alcançados e presos [...].[13]

Todos os ambientes mencionados acima estavam situados muito próximos ao engenho São José. Querendo acabar com os ataques promovidos por aquelas paragens, João da Silva recomendou que os soldados empreendessem uma ampla perseguição aos quilombolas, autorizando-os, até mesmo, irem além da vila de Rosário do Catete.

Os ataques contra as matas do São José não cessariam. Com os soldados adentrando as matas dessa propriedade com mais regularidades, muitos quilombolas passaram a procurar aposentos mais seguros, porém não muito distantes daquele ponto. Entre esses estava a quilombola Limôa, que, por estar adoentada, precisou abandonar os novos aposentos.

Limôa residiu durante, aproximadamente, cinco meses em um dos ranchos situados nas matas do São José. Em novembro de 1871, devido a uma séria indisposição, ela optou por se entregar no engenho Poções. Foi a partir da sua "rendição" que João da Silva, dito delegado de Rosário do Catete, conseguiu obter mais dados sobre o quilombo do São José.

No dia 09 de novembro de 1871, Limôa prestou depoimento na câmara municipal de Rosário do Catete, ocasião em que revelou ser não apenas moradora de um dos ranchos situados nas matas do São José, mas ainda ser amasia do quilombola José Leocádio, com o qual esteve até declarar "que não podia mais continuar [a] viver" naquela "vida sem remédios". Foi, inclusive, esse escravo que, segundo ela, "de boa vontade", a acompanhou até as proximidades do engenho Poções, onde, como dito, a mesma se entregou.[14]

---

13 APES. Fundo: SP[1]. Pacotilha: 176. Mandado de busca e prisão de escravos fugidos, vila do Rosário, 06 de novembro de 1871.

14 APES. Fundo: SP[1]. Pacotilha: 176. Auto de perguntas feitas à escrava Limôa, em 9 de novembro de 1871.

No quadro a seguir constam os nomes dos escravizados mencionados em seu depoimento. Esses seriam, de acordo com ela, os quilombolas que residiam em um dos ranchos do São José:

Quadro 1. Indicação dos nomes, da nacionalidade, dos proprietários e/ ou dos engenhos e dos termos onde residiam os quilombolas acoitados em um dos ranchos localizados nas matas do engenho São José, em Rosário do Catete – 1872

Nº	Nome	Nacionalidade	Proprietário	Engenho	Termo
1	José Leocádio	Crioulo	Batalha	n.d.	n.d.
2	Venceslau	Africano	n.d.	Bom Jardim	Rosário
3	Bacurau	Crioulo	n.d.	n.d.	n.d.
4	Inocêncio	Crioulo	n.d.	Serra Negra	Rosário
5	Filho	Crioulo	n.d.	Serra Negra	Rosário
6	João Mulungu	Crioulo	n.d.	Mulungu	Laranjeiras
7	Antônio	Crioulo	Ten. Cel. Horta	Junco	Laranjeiras
8	Guilherme	Crioulo	"diz ter sido de Antônio de Araújo"	n.d.	Laranjeiras
9	Marcolino	Crioulo	Dr. Domingos	n.d.	Laranjeiras
10	João	Africano	Cap. Isaac	n.d.	Japaratuba
11	Luiz	Crioulo	Thomas d'Aquino	n.d.	Rosário
12	Jacinto	Crioulo	n.d.	Poções	Rosário
13	Barnabé	Crioulo	n.d.	Oitocentas	n.d.
14	Sinphorosa	Crioula	n.d.	Serra Negra	n.d.
15	Arcanja	Crioula	n.d.	Serra Negra	n.d.
16	Vicência	Crioula	n.d.	n.d.	n.d.
17	Francisca	Crioula Moça	n.d.	n.d.	n.d.
18	Thomazia	Crioula	n.d.	Santa Barbara	n.d.
19	Luiza	Crioula	n.d.	Jurema	n.d.

Fonte: APES. Fundo: SP[1]. Pacotilha: 176. Auto de perguntas feitas à escrava Limôa em 9 de novembro de 1871.

Nota: n.d. = não declarado

Nota-se que os primeiros nomes a serem mencionados no depoimento de Limôa eram, exatamente, dos escravos que a acompanhou após ela deixar o quilombo do São José. Segundo ela, esses dezenove escravos, os quais estavam sendo comandados pelo quilombola João Mulungu, compunham a população do rancho disposto no Tabocal, muito embora ela e seu companheiro José Leocádio se conservassem mais em um "rancho nos matos do engenho Bom Sucesso", de onde seguiam para o "grande rancho de São José".[15]

Quando João da Silva a perguntou se os escravos continuavam ainda arranchados por aquelas paragens, Limôa respondeu que eles residiam ora naquelas matas ora nas matas do engenho Limeira, em Divina Pastora; onde, inclusive, muitos deles se encontravam no momento em que o engenho São José acabou sendo cercado pelos soldados de Japaratuba e Capela, uma alusão a operação realizada no dia 14 de setembro de 1871.

Segundo Limôa, os poucos quilombolas que se conservavam no Tabocal saíram em retirada assim que souberam que uma diligência estava marchando naquela direção à "procura dos escravos fugidos"; informação esta que foi dada pelo escravo Agostinho, residente no próprio engenho São José. Nessa ocasião, ela optou em se ocultar com seu companheiro em um pequeno rancho situado "ao pé da cerca do pasto do dito engenho São José", enquanto que os escravos Bacurau, Filho, Inocêncio e Thomazia optaram por se esconder nas "matas do engenho Capim-Assu".[16]

Essa declaração demostra o quanto o quilombo do São José estava conectado a outras unidades quilombolas do Vale do Cotinguiba, as quais podiam ser alcançadas de acordo com as perseguições então impetradas pela secretaria de polícia. Tratava-se de um quilombo composto por uma população volante, que, uma vez atacada, não demoraria em se separar e,

---

15 APES. Fundo: SP[1]. Pacotilha: 176. Auto de perguntas feitas à escrava Limôa, em 9 de novembro de 1871.

16 *Idem*.

pouco depois, se reunir em outros ambientes. Tal declaração seria ainda importante por apontar, ao menos de modo mais contundente, a existência de uma rede de comunicação entre os escravos assenzalados e os quilombolas arranchados nas matas do São José; aliança essa, diga-se de passagem, que era investigada desde, pelo menos, o mês de agosto do ano de 1871, ocasião em que o delegado de Divina Pastora participou ao chefe de polícia a desconfiança de que um escravo, pertencente ao senhor Francisco Tavares, estaria de "coloio com os fugidos", chegando inclusive a mercadejar com eles animais de montaria oriundos de furtos.[17]

Talvez, o que as autoridades da secretaria de polícia não suspeitassem era que essas alianças iam muito mais além do comércio de animais e da concessão de avisos sobre assaltos e diligências. Isso porque, Limôa sinalizou que seus antigos companheiros de rancho não só se relacionavam "com os escravos do São José" como ainda recebiam desses últimos porções de mandioca, com as quais produziam farinha para o consumo no quilombo. Já a comunidade assenzalada do São José, por sua vez, recebia porções de carnes de gado que eram furtados dos engenhos circunvizinhos e, posteriormente, abatidos no couto.

Obter mais autonomia sobre as suas dietas alimentares era de suma importância, e não apenas para os que se encontravam na condição de evadidos, uma vez que deveria ser muito restritiva a alimentação nas senzalas. Não restam dúvidas, desse modo, que a rede de apoio negra então existente no São José nutria não só os quilombolas, mas ainda os escravos residentes nessa propriedade.[18]

17 APES. Fundo: SP[1]. Pacotilha: 178. Ofício do delegado de Divina Pastora, Veríssimo Antônio de Mello, ao chefe de polícia de Sergipe, Alexandre Pinto Lobão, de 22 de agosto de 1871.

18 Neste sentido, ver: Coutinho, 1988. Ver também: Amantino, 2007, p. 1377-1399.

João da Silva seguiria questionando a crioula Limôa. Era preciso obter o maior número de dados possíveis sobre os escravos que residiam naquele couto. No papel de inquiridor, procurou saber ainda se entre os aquilombados estavam os autores do crime praticado contra uma mulher residente no engenho Bom Sucesso, obtendo, como resposta, o nome de Leocádio como sendo o suposto agressor.[19]

Limôa, após ser inquirida pelo dito delegado, não seria conduzida de imediato ao poder do seu senhor. Muito embora padecesse de uma moléstia, ela permaneceu mais alguns dias à disposição do delegado João da Silva, pois ele acreditava obter ainda dela mais "importantes revelações".[20]

Entretanto, não se pode precisar se isso chegou, realmente, a acontecer. Isso porque, no dia 17 de fevereiro de 1872, uma correspondência de autoria do delegado de Laranjeiras comunicou ao chefe de polícia da província de Sergipe Del Rey a morte da crioula Limôa; segundo ele, devido a "moléstias adquiridas no tempo em que andou fugida".[21]

Limôa partiu, mas deixou um depoimento muito revelador para o delegado de Rosário do Catete. Mediante ele, se atestou não apenas os motivos que contribuíram para o malogro das diligências deitadas contra as matas do São José, mas ainda em que ambientes deveriam se concentrar os novos ataques.

---

19 APES. Fundo: SP¹. Pacotilha: 176. Auto de perguntas feitas à escrava Limôa, em 9 de novembro de 1871.

20 APES. Fundo: SP¹. Pacotilha: 176. Ofício do delegado de Rosário, João da Silva, ao chefe de polícia de Sergipe, Manoel Maria do Amaral, de 9 de novembro de 1871.

21 APES. Fundo: SP¹. Pacotilha: 705. Ofício do delegado de Laranjeiras ao chefe de polícia de Sergipe, Joaquim Barbosa Lima, de 17 de fevereiro de 1872.

Figura 3. Indicação dos pontos inspecionados pela diligência empreendida contra os quilombos do Vale do Cotinguiba, em 14 de setembro de 1871

Fonte: Carta corográfica para a divisão das comarcas, termos e municípios da província de Sergipe Del Rey, produzida pelo engenheiro João Bloem, no ano de 1844 (versão recortada e editada).

Na imagem acima pode-se melhor perceber de onde os soldados partiram e quais os pontos que acabaram sendo inspecionados no decorrer dessa diligência. Também pode-se observar onde estavam situados os outros ambientes inspecionado naquela mesma ocasião: as matas dos engenhos Jurema, Pati e Palmas e a caverna disposta nas imediações dos engenhos Canavieira e Cabral. Finalmente, podemos ainda notar onde estavam situadas as matas do Capim-Assu, para onde partiu parte dos quilombolas após saberem que estavam prestes a serem atacados. Enquanto os soldados marchavam na direção das matas do São José, parte dos quilombolas migrou e se acoitou em um outro quilombo, disposto na vila de Divina Pastora.

Valendo-se do que disse Limôa em seu depoimento, pode-se indicar que a maioria dos escravos que residia com ela no rancho do São José escapou de propriedades do Vale do Cotinguiba, muitos delas situadas na própria vila de Rosário do Catete. Por exemplo, do engenho Serra Negra escaparam os escravos Inocêncio, Filho, Arcanjo e a negra Simphorosa, enquanto que dos engenhos Bom Jardim, Santa Bárbara, Oitocentas e Jurema escaparam, respectivamente, os escravos Venceslau, Thomazia, Barnabé e Luísa. Todas essas propriedades estavam dispostas não muito distantes do engenho São José, o que pode indicar que a decisão de se acoitar em determinados quilombos poderia estar associada à proximidade desses em relação as propriedades de onde escaparam.

Figura 4. Casa grande do engenho Pati, da vila de Rosário.

Fonte: Silva, 2000, p. 59.

Figura 5. Engenho Santa Bárbara, de onde escapou a escrava Thomazia.

Fonte: Silva, 2000, p. 60.

Figura 6. Engenho Oitocentas. No plano de fundo, posicionada mais ao centro da imagem, nota-se a existência de algumas senzalas no estilo pavilhão. Era, muito provavelmente, em uma delas que residia o escravo Barnabé antes de escapar

Fonte: Silva, 2000, p. 60.

Não se deve acreditar que os escravos desconsideravam os riscos de se acoitarem próximos das propriedades dos seus senhores. Talvez, apenas esses riscos não conseguiam suplantar a expectativa que eles nutriam de manterem contatos mais assíduos com os seus entes e com os antigos parceiros das senzalas.

No dia 12 de novembro de 1871, ou seja, apenas alguns dias depois do depoimento de Limôa, o delegado João da Silva ordenou um novo ataque contra as matas do São José. Enquanto marchavam na direção dessa propriedade, os soldados acabaram sendo surpreendidos por um pequeno número de quilombolas armados e montados ao pé da cancela de acesso ao mencionado engenho. Na contenda iniciada a partir desse encontro, somente saiu atingido um dos escravos, o qual, mesmo assim, conseguiu escapar após adentrar nas matas.[22] Segundo uma das autoridades que acompanhou os soldados nessa diligência, os escravos em questão "saíram dos lados das senzalas do engenho S. José".[23]

Mediante o malogro de mais uma marcha, João da Silva passou a pedir mais apoio da secretaria de polícia de modo que pudessem ser empreendidas "diligências reiteradas". Segundo ele, somente com ataques mais regulares era que se poderia eliminar aquele couto, sobretudo se adotassem o "sistema de emboscada".[24]

Surpreender os escravos por meio de emboscadas não era algo simples, sobretudo porque esses se mostravam quase sempre cientes das operações policiais em curso. Nesse sentido, antes de se empregar o "sistema de emboscada"

---

22 APES. Fundo: SP[1]. Pacotilha: 176. Ofício do delegado de Rosário, João da Silva, ao chefe de polícia de Sergipe, Manoel Maria do Amaral, de 12 de novembro de 1871.

23 APES. Fundo: SP[1]. Pacotilha: 176. Ofício do oficial de justiça de Rosário, José Pereira da Cruz, datado de 12 de novembro de 1871.

24 APES. Fundo: SP[1]. Pacotilha: 176. Ofício do delegado de Rosário, João da Silva, ao chefe de polícia de Sergipe, Manoel Maria do Amaral, de 12 de novembro de 1871.

suscitado por João da Silva era prudente que, em primeiro lugar, se procurasse romper a comunicação entre os quilombolas e os escravos remanescentes das senzalas. Tal rede de contato impedia, substancialmente, a adoção de qualquer medida mais austera contra os quilombos do Cotinguiba, como, inclusive, noticiou o *Jornal do Aracaju*, em 03 de abril de 1872:

> A experiência tem mostrado o grau de relação que entretém os quilombolas com os escravos dos engenhos: acham aqueles apoio e proteção: trocam estes farinha e agasalho pela partilha nos roubos dos primeiros e em caso de perigo invadem as senzalas.
>
> Desde que os proprietários situados nos lugares mais percorridos pelos quilombolas exercerem assídua fiscalização na sua escravatura, cortando quando for possível a comunicação protetora que tanto tem embaraçado as diligências, os quilombolas, entregues aos seus próprios recursos, não oporão resistência e estratégia e serão capturados.[25]

Na ótica da secretaria de polícia de Sergipe, as primeiras medidas contra a perpetuação dos quilombos deveriam ser adotadas não pelo poder público, mas sim no âmbito doméstico e mediante as obrigações senhoriais de impedir qualquer relação e contato entre os escravos das suas propriedades e os quilombolas.

Havia o ideal que, a partir do rompimento dessa comunicação, os quilombolas não mais poderiam opor qualquer resistência aos ataques regulares dos soldados e, assim, acabariam sendo capturados ou se dispersariam, se entregando depois nas propriedades dos seus senhores. Tudo indica que a secretaria de polícia de Sergipe estava procurando, dentro das possibilidades, cumprir com o que era da sua competência. Isso porque, quando se

25 "Quilombolas". *Jornal do Aracaju*, nº 257, de 3 de abril de 1872, p. 2.

atenta para a data da maioria das correspondências policiais que noticiavam as atividades repressoras empreendidas contra os quilombos no decorrer da década de 1870, pode-se perceber que o ano de 1872 se destacou como o de maior número de operações policiais contra as matas do Vale do Cotinguiba.

Entre as autoridades que mais se envolveram com essas marchas, destacava-se, mais uma vez, a pessoa do delegado de Rosário do Catete, João da Silva Maynard. Em muitas correspondências da sua autoria, percebe-se que ele não queria apenas indicar as medidas que estavam sendo adotadas contra a perpetuação dos quilombos de Rosário do Catete, mas ainda de outras regiões do Vale do Cotinguiba. Na verdade, João da Silva parecia ser a autoridade mais preocupada com os quilombos que empestavam o Vale naquele momento. Ele parecia ser o principal elo de comunicação entre as demandas e os reclames dos delegados do Cotinguiba e a secretaria de polícia de Sergipe, ao menos quando o assunto era a insegurança diante da perpetuação e o aumento das comunidades quilombolas.

Talvez, o quadro a seguir indique o porquê de João da Silva Maynard se envolver de sobremaneira no combate aos redutos quilombolas. No decorrer do ano de 1872, computou-se que, no mínimo, a secretaria de polícia de Sergipe empreendeu 26 operações contra os quilombos do Vale do Cotinguiba. Desse montante, dez rumaram na direção das matas de Rosário do Catete, cinco para Divina Pastora e três para Laranjeiras. Já as vilas de Japaratuba, Capela e Santo Amaro e a Freguesia do Pé do Banco (atual Santa Rosa de Lima), atraíram, cada uma, duas operações policiais. É de supor que essa maior participação de João da Silva decorresse mais especialmente da sua preocupação em atacar os quilombos nas matas de Rosário de Catete.

Quadro 2. Diligências empreendidas pela secretaria de polícia de Sergipe Del Rey (1872)

ata da iligência	Resultado da Diligência	Local da Diligência/ Apreensão	Município	Nome do Escravo	Proprietário / Propriedade
3/01	1 Captura	Sítio Camarões	Japaratuba	Luiz	Cap. Filipe de Faro Leitão e Menezes
d.	1 Captura	n.d.	Capela	José Maruim	Francisco Antônio do Anequim
2/01	Malogrou	n.d.	Rosário	-	-
7/03	Malogrou	Capim-Assu, Várzea Grande e Jurema	Rosário	-	-
2/03	1 Captura	Na feira	Rosário	José	Augusto, morador de Maruim
/03	2 Capturas	Capim-Assu	Rosário	n.d.	Francisco Tavares e Aureliano de Lemos
4/03	Malogrou	Floresta	Rosário	-	-
5/03	Malogrou	Peri-Peri	Rosário	-	-
9/03	Malogrou	Sítios Baracho e Falcão	Entre Rosário e Pé do Banco	-	-
1/03	3 Capturas	Engenhos Capim-Assu e Gruta entre o Oitocentos e o Patê	Rosário	Evaristo, Romão e Germana	n.d.
d.	1 Captura	n.d.	Divina Pastora	n.d.	n.d.
d.	Malogrou	Povoado do Rancho	Rosário	-	-
d.	Malogrou	Engenho São José Novo	Rosário	-	-
/04	Malogrou	Engenho Mata	Divina Pastora	-	-

06/04	Malogrou	Engenho Piedade	Divina Pastora	-	-
15/04	Malogrou	Engenho Lagoa Grande	Pé do Banco	-	-
n.d.	Malogrou	Engenhos Miranda, Lagoa Funda e Sunfuruarana. Ilha Grande (Eng. Santa Ana)	Capela	-	-
n.d.	2 Capturas	Engenho Coité	Rosário	Leocádio (José Boi) e Vicente	Eng. Prata (N. Sra. Das Dores) e José Guilherme d[e] Araújo Nabuco
n.d.	1 Captura	n.d.	Rosário	Severiano	José de Menezes (Eng. Santa Cruz, de Capela)
n.d.	2 Capturas	Estrada de Rosário para Maruim.	-	Constantino e Basílio	Engenho Tapujo e Junco, ambos de Capela.
n.d.	2 Capturas	Engenho Limoeiro	Santo Amaro	Honorato e Archangela	José Bernardino Dias Coelho e Me[...] (Eng. Floresta) e Leandro Ribeiro d[e] Siqueira Maciel
n.d.	3 Capturas	n.d.	Santo Amaro	n.d.	n.d.
26/07	Malogrou	Engenhos São Paulo e Freme	Laranjeiras	-	-
n.d.	Malogrou	Engenhos Várzea-Grande	Japaratuba	-	-
n.d.	n.d.	Engenhos Campo Grande, Aroeira e São Luiz.	Laranjeiras	-	-

2/12	Malogrou	Engenhos Aroeira, Campo Grande, Poções e Cambão.	Laranjeiras	-	-
1/12	2 Capturas	Engenho Lagoa Grande	Rosário	n.d.	Engenhos Sítio (Rosário) e Cambão (Laranjeiras)
3/12	Malogrou	Engenho Limeira	Divina Pastora	-	-
7/12	2 capturas	Salobro e Bomfim	-	-	-

Fonte: APES. Fundo: SP[1]. Pacotilha: 373. Ofício do tenente comandante do destacamento da vila de Japaratuba, Jeremias Roberto de Carvalho, ao chefe de polícia interino de Sergipe, de 05 de janeiro de 1872; APES. Fundo: SP[1]. Pacotilha: 174. Ofício de delegado de polícia de Laranjeiras, Manoel Pinto Lobão, ao chefe de polícia de Sergipe, Francisco Martins, de 17 de janeiro de 1872; APES. Fundo: SP[1]. Pacotilha: 705. Ofício do delegado de Rosário, João da Silva Mainard, ao chefe de polícia de Sergipe, de 02 de fevereiro de 1872; APES. Fundo: SP[1]. Pacotilha: 75. Ofício do alferes João Batista da Rocha ao chefe de polícia de Sergipe, Joaquim Barbosa Lima, de 10 de março de 1872; APES. Fundo: SP[1]. Pacotilha: Ofício do delegado de polícia de Rosário, João Silva Mainard, ao chefe de polícia de Sergipe, Joaquim Barbosa Lima, de 12 de março de 1872; APES. Fundo: SP[1]. Pacotilha: 705. Ofício do delegado de polícia de Rosário, João da Silva Mainard, ao chefe de polícia interino de Sergipe, Joaquim Barbosa Lima, de 15 de março de 1872; APES. Fundo: SP[1]. Pacotilha: 705. Ofício do delegado de polícia de Rosário, João da Silva Mainard, ao chefe de polícia interino de Sergipe, de 15 de março de 1872; APES. Fundo: SP[1]. Pacotilha: 705. Ofício do delegado de polícia de Rosário, João da Silva Mainard, ao chefe de polícia de Sergipe, João Barbosa Lima, de 17 de março de 1872; APES. Fundo: SP[1]. Pacotilha: 705. Ofício do delegado de polícia de Rosário, João da Silva Mainard, ao chefe de polícia de Sergipe, de 23 de março de 1872; APES. Fundo: SP[1]. Pacotilha: 705. Ofício do delegado de polícia de Rosário, João da Silva Mainard, ao chefe de polícia de Sergipe, de 26 de março de 1872; APES. Fundo: SP[1]. Pacotilha: 178. Ofício da delegacia de Rosário, de 06 de abril de 1872; APES. Fundo: SP[1]. Pacotilha:

373. Ofício do capitão comandante da força de Divina Pastora, Joam Esteves de Freitas, ao chefe de polícia de Sergipe, Francisco Gonçalves Martins, de 08 de abril de 1872; APES. Fundo: SP[1]. Pacotilha: 242. Ofício dirigido ao presidente da província de Sergipe, datado de 19 de abril de 1872; APES. Fundo: SP[1]. Ofício do delegado de polícia de Rosário, João da Silva Mainard, ao chefe de polícia interino de Sergipe, Francisco Gonçalves Martins, de 21 de abril de 1872; APES. Fundo: SP[1]. Pacotilha: 178. Ofício do delegado de Rosário, João da Silva Mainard, ao chefe de polícia de Sergipe, de 27 de abril de 1872; APES. Fundo: SP[1]. Pacotilha: 174. Ofício do delegado de Rosário, João da Silva Mainard, ao chefe de polícia de Sergipe, Francisco Gonçalves Martins, de 09 de junho de 1872; APES. Fundo: SP[1]. Pacotilha: 178. Ofício do delegado de polícia de Santo Amaro. Vicente Ferreira, ao chefe de polícia interino de Sergipe, Cypriano de Almeida Sebrão, de 24 de julho de 1872; APES. Fundo: SP[1]. Pacotilha: 373. Ofício do alferes João Batista da Rocha ao chefe de polícia de Sergipe, Cypriano d'Almeida Sebrão, de 28 de julho de 1872; APES. Fundo: SP[1]. Pacotilha: 363. Ofício do juiz municipal de Japaratuba ao chefe de polícia de Sergipe, de 28 de julho de 1872; APES. Fundo: SP[1]. Pacotilha: 375. Ofício do subdelegado de polícia de Laranjeiras, Hermenegildo José, ao chefe de polícia de Sergipe, Manoel José Espínola, de 10 de dezembro de 1872; APES. Fundo: SP[1]. Pacotilha: 375. Ofício do subdelegado de polícia de Laranjeiras, Hermenegildo José, ao chefe de polícia de Sergipe, Manoel José Espínola, de 13 de dezembro de 1872; APES. Fundo: SP[1]. Pacotilha: 178. Ofício do delegado de polícia de Rosário, João da Silva Mainard, ao chefe de polícia de Sergipe, Manoel José Espínola, de 22 de dezembro de 1872; APES. Fundo: SP[1]. Pacotilha: 375. Ofício do subdelegado de Laranjeiras, Hermenegildo José de Oliveira, ao chefe de polícia de Sergipe, de 26 de dezembro de 1872; APES. Fundo: SP[1]. Pacotilha: 76. Ofício de n°237 da 3°Seção do Palácio do Governo de Sergipe ao chefe de polícia de Sergipe, Cypriano de Almeida Sebrão, de 31 de dezembro de 1872.

Legenda: n.d. = não declarado.

No quadro acima, percebe-se que, não obstante a vila de Rosário do Catete atrair a maioria das operações policiais realizadas ao longo do ano de 1872, somente uma acabou sendo direcionada mais especialmente contra as matas do engenho São José. Talvez, um indicativo de que as marchas narradas a pouco, mesmo não conseguindo realizar qualquer captura de escravos, contribuíram para promover uma dispersão da comunidade residente nas matas do São José.

Tudo indica que os constantes ataques – especialmente os ocorridos entre setembro e novembro de 1871 – contra as matas do São José demostraram que o pouso por aquelas paragens não parecia ser mais seguro como antes, motivando o despovoamento dos ranchos. Todavia, o abandono desses ranchos não representaria, necessariamente, a derrocada do quilombo do São José. Isso porque, diante dos constantes ataques, os quilombolas se dividiram, migraram, criaram ou se inseriram em outras comunidades, multiplicando assim o número de quilombos existentes na região do Cotinguiba.[26]

Levantando um novo acampamento ou optando por migrarem para outros dispostos um pouco mais distantes, a verdade era que a perseguição contra os quilombolas que residiam outrora no São José não acabaria. Joaquim Bento de Oliveira Júnior, que ocupou a presidência da província de Sergipe entre os meses de junho e setembro de 1872, indicou o quanto a regularidade das diligências podia resultar na desmobilização dos coutos, mas não na derrocada da problemática dos quilombos. Segundo ele,

> perseguidos, como tem sido nos quilombos, adoptaram o plano de espalharem-se, continuando, porém, nos furtos de animais, para o que chegam a invadir os pastos dos engenhos.
>
> Embora as diligencias sejam hoje mais difíceis, é necessário não afrouxar a perseguição, e continuar-se a bate-los, empregando-se para este fim toda a força disponível [Sic.].[27]

O "plano" de dispersão parecia ser realmente a medida mais prudente a ser adotada naquele momento, especialmente devido a constância dos ataques promovidos por aquelas paragens. No quadro exibido anteriormente, notou-se que aquelas diligências seriam responsáveis pela captura

26 Neste sentido, ver: Gomes, 2005.

27 Relatório com que o Presidente Dr. Joaquim Bento de Oliveira Júnior passou a administração da Província de Sergipe para o 1° Vice-Presidente Cypriano D'Almeida Sebrão, no dia 5 de setembro de 1872, p. 10.

de 23 escravos fugidos; número até elevado, quando se considera que cerca de 50% delas malogrou. Muitas dessas apreensões – 47% – ocorreram nas matas da vila de Rosário do Catete, inclusive onde, segundo a crioula Limôa, passaram a se esconder parte dos quilombolas que deixaram o São José como, por exemplo, as matas do engenho Capim-Assu.

Tais capturas permitem compreender melhor não apenas algumas estratégias empregadas pelos quilombolas nas matas, mas ainda sobre a estrutura então presente no quilombo do São José, uma vez que, entre os capturados, estariam alguns escravos que residiam nesse couto. Em abril de 1872, durante uma marcha contra as matas do engenho Coité, de Rosário do Catete, João da Silva pôde capturar dois escravos fugidos. Um deles era o crioulo José Leocádio, o mesmo que, como abordado anteriormente, seria indicado como amásio da escrava Limôa. No dia 28 de abril, esse quilombola – mais "conhecido no mato" como "José Boi" e considerado como um dos principais "cabeças do quilombo" – seria conduzido até a residência do dito delegado de Rosário de Catete, onde respondeu a um auto de perguntas.[28]

José Boi – ou Leocádio – revelou que era de propriedade de um senhor de nome Batalha, residente no engenho Prata, na freguesia de Pacatuba, de onde escapou por não mais querer servir ao seu senhor. Essa sua escapada ocorreu por volta de quatro ou cinco anos atrás. Teria ele seguido imediatamente para as matas do engenho São José, onde residiu com outros dez ou onze quilombolas. Tempo depois, ele se mudaria para um quilombo situado nas matas do engenho Bom Sucesso, partindo em seguida para as matas do engenho Poções. Todavia, os diversos ataques empreendidos contra os quilombos dispostos em Rosário do Catete contribuíram para que ele passasse a não ter "lugar certo de estada".[29]

---

28 APES. Fundo: SP[1]. Pacotilha: 178. Ofício do delegado de Rosário, João da Silva Maynard, ao chefe de polícia de Sergipe, de 27 de abril de 1872.

29 APES. Fundo: SP[1]. Pacotilha: 178. Auto de perguntas feito ao escravo Leocadio, conhecido por José Boi, em 28 de abril de 1872.

Não restam dúvidas que a constância de operações contra o quilombo onde José Boi passou a residir nos dias imediatos a sua escapada motivou a sua mudança para outros dois quilombos. Todavia, como as perseguições não cessaram, ele se viu obrigado a andar sem pouso certo, o que acabou contribuindo para que ele acabasse sendo capturado nas matas do engenho Coité. Enquanto esteve na condição de quilombola, José Boi revelou andar sempre armado de faca, foice e de uma pequena carabina, mais comumente conhecida como clavinote, a qual ele disse portar desde o momento em que deixou a casa do seu senhor.[30]

Talvez recordando que esse escravo era suspeito de ser o autor de um ataque cometido contra uma mulher residente no engenho Bom Sucesso, João da Silva o inquiriu sobre a sua participação em crimes. Em resposta, José Boi revelou que apenas participara do assalto a uma "mulher de nome Cândida", da qual roubou "vinte e cinco mil réis e um cordão de ouro". Tal roubo, ocorrido no caminho do povoado do Rancho, foi realizado, segundo ele, em parceria com Venceslau; outro morador do quilombo do São José.[31] Vale salientar que no auto de perguntas da crioula Limôa, o nome de José Leocádio aparece como, realmente, sendo o autor desse crime. Todavia, de acordo com ela, os próprios escravos do Bom Sucesso, os quais "não gostavam" da dita Cândida, sinalizaram a ocasião em que ela passaria pelo povoado do Rancho.[32]

Findando o auto, João da Silva achou prudente não conservar José Boi no quartel de Rosário do Catete, uma vez que o mesmo não oferecia a "mínima segurança", e recomendou a sua condução até a capital da província. Era de suma importância que a autoridade inquiridora pudesse não apenas obter o maior número possível de dados sobre os quilombos, mas

30 *Idem.*

31 *Idem.*

32 APES. Fundo: SP[1]. Pacotilha: 176. Auto de perguntas feitas à escrava Limôa, em 9 de novembro de 1871.

ainda que pudesse elucidar a autoria dos crimes que diziam serem perpetrados pelos quilombolas.

Mediante esses dados, as autoridades deveriam adotar duas medidas em relação ao escravo capturado: se esse não estivesse participado – direta ou indiretamente – de qualquer crime, a autoridade responsável deveria convocar o seu senhor para que esse pudesse reaver a sua propriedade; existindo suspeitas da sua participação em um crime, a autoridade deveria conservar o escravo preso até que o inquérito estivesse concluído. Em outras palavras, mesmo existindo a possibilidade do escravo não ser pronunciado pelo Ministério Público, ele deveria ser mantido preso e a disposição das autoridades competentes.

Vale salientar que, na primeira situação, esperava-se que o senhor arcasse com os custos despendidos com a alimentação do seu escravo durante o período em que esse permaneceu preso. Todavia, nem sempre os ritos mencionados acima eram devidamente seguidos. Interesses, os quais serão melhor apresentados em outro momento desse estudo, podiam desviar sobretudo as autoridades senhoriais dos seus compromissos.

Novas notícias e dados sobre o quilombo do São José e o modo como os seus moradores agiam seriam obtidas após a apreensão do escravo crioulo Domingos. Fugido da propriedade do Barão de Japaratuba, ele acabou sendo inquirido no dia 14 de dezembro de 1871, pouco depois de ser atingido nas "cadeiras" pelo disparo de uma arma que estava em poder de um pessoa com quem ele se desentendeu.[33]

Mesmo declarando que o seu nome era Domingos, a autoridade inquiridora atestou, pouco depois, que esse "nome era falso" e que "o seu verdadeiro nome era Antão".[34] Teria ele andado, *a priori*, "sem destino algum"

33 APES. Fundo: SP[1]. Pacotilha: 178. Interrogatório feito a Domingos, escravo do Barão do Japaratuba, em 14 de dezembro de 1871.

34 APES. Fundo: SP[1]. Pacotilha: 178. Ofício do delegado de polícia 1° suplente em exercício, Antônio Pereira Resende, ao chefe de polícia de Sergipe, Manoel Maria do Amaral, de 6 de dezembro de 1871.

até se deparar com o escravo Januário, o qual o convidou para ir até "as matas de São José".[35] Em seu depoimento, o escravo indicou que existia "mais de um rancho" naquelas matas, residindo ele e outros setes escravos em um que era "governado por Agostinho";[36] razão por que nem o seu nome e nem o de Januário aparecem no depoimento dado por Limôa.

No quilombo do São José, a sua estada seria rápida, aproximadamente uma semana. Saiu, contudo, ao que parece, contra a sua vontade, pois os demais membros da comunidade suspeitaram que ele "não era um escravo fugido", mas sim um "espia". Teria, até mesmo, sido impedido de ir "aos outros ranchos", motivo pelo qual, de acordo com ele, não obteve "maior relação" com os demais membros da comunidade do São José.[37]

Logo que soube que "os outros não o queriam em sua companhia" e que era para ele se retirar do quilombo do São José, Antão indicou que seguiu em direção "às capoeiras do engenho Bette", da vila de Divina Pastora, onde ouviu que existia outro quilombo.[38]

Neste sentido, percebe-se o quanto a inserção de um novo escravo devia ser ponderada, especialmente diante da constatação de que parte deles estava a agir como espiões. É de supor que essas suspeições impediram ainda que Domingos soubesse os reais nomes e de onde escaparam os escravos que residiram com ele em um dos ranchos do São José. Segundo ele, durante o período em que permaneceu no rancho, os quilombolas ocultaram os seus nomes, substituindo-os por expressões como "mano, compadre, etc.".[39]

Tratava-se de um dado importante. Em estudo sobre os mocambos de Sergipe, Maria Nely Santos indicou que os quilombolas não usavam "o

35 APES. Fundo: SP[1]. Pacotilha: 178. Interrogatório feito a Domingos, escravo do Barão do Japaratuba, em 14 de dezembro de 1871.

36 *Idem.*

37 *Idem.*

38 *Idem.*

39 *Idem.*

nome de batismo". Segundo ela, "a adoção de apelidos" era "norma costumeira e obrigatória".[40] Não obstante os apelidos aparecem em alguns registros policiais, a adoção e o uso deles não parecia ser um quesito obrigatório.

Vale salientar, que o uso de expressões como "mano" e "compadre" entre os escravos residentes em um mesmo rancho pode ser analisado dentro de outra perspectiva. Talvez, o uso dessas expressões seria um modo encontrado por essas populações negras para robustecer a parceria, o compromisso, a irmandade e a identidade entre eles. Haviam, para além da cor e da condição escrava, muito mais coisas em comuns entre esses quilombolas.

Segundo o delegado de Capela, Antônio Pereira Resende, o escravo Antão se mostrou ser dotado de "maus instintos". Teria ele, até mesmo, relação com a morte de dois escravos que residiam no engenho Várzea Nova.[41] Quando se cruza os dados contidos no depoimento desse escravo com os dados registrados em outros documentos primários, pode-se presumir como era a estrutura espacial e administrativa do quilombo do São José.

Ele era composto, aparentemente, por quatro ranchos, os quais se encontravam dispersos pelas matas da propriedade. Nos arredores de cada um dos ranchos, os quais eram erguidos com materiais encontrados na própria natureza, podiam ser encontrados cochos que eram usados para alimentar e atar os animais de montaria. Esses animais davam aos quilombolas maior poder de mobilidade. Em poucos instantes, ranchos situados em outros ambientes e, até mesmo, em outros municípios do Vale do Cotinguiba podiam ser acessados como, por exemplo, os dispostos nas matas do engenho Limeira, na vila de Divina Pastora.

Mesmo cada rancho do São José sendo dirigido por um "chefe", um "líder" ou um "governador", as ações dos escravos que integravam esse

40 Santos, 1997, p. 114.

41 APES. Fundo: SP[1]. Pacotilha: 178. Ofício do delegado de polícia 1° suplente em exercício, Antônio Pereira Resende, ao chefe de polícia de Sergipe, Manoel Maria do Amaral, de 6 de dezembro de 1871.

quilombo pareciam gozar de autonomia. Havia, no entanto, o cuidado para que o comportamento de um não pudesse colocar os demais membros da comunidade em risco.

Em suma, essas são as principais características que se pode – até o presente momento – obter a respeito do quilombo do São José. No início da década de 1870, esse quilombo atraiu a atenção das autoridades do Vale do Cotinguiba devido sobretudo a ampla rede de apoio que o circundava. Essa rede seria indicada como a principal responsável pelo desastre das muitas operações policiais deitadas contra as matas daquela propriedade. Todavia, o modo regular como os ataques eram empreendidos, mostrou para os quilombolas que não era mais possível permanecer naquele ambiente. Enquanto alguns optaram por erguerem novos ranchos em matas mais distantes, outros procuraram se inserir em comunidades existentes, como se pode notar no diagrama a seguir.

Figura 7. Escravos residentes nos quilombos dispostos nas matas dos engenhos São José, Jurema, Bom Jardim e Capim-Assu.

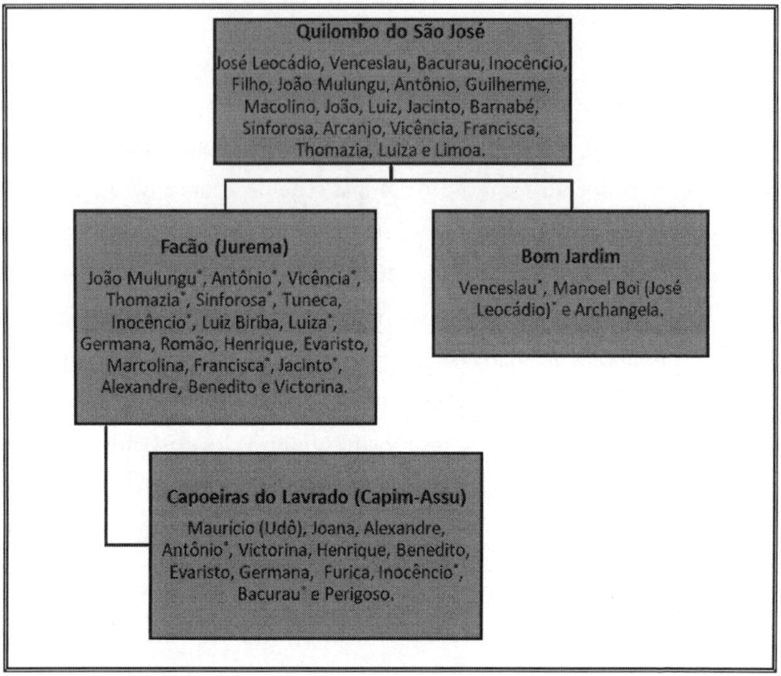

Fontes: APES. Fundo: SP[1]. Pacotilha: 176. Autos de perguntas feitas a escrava Limôa, em 9 de novembro de 1871; APES. SP[1]. Pacotilha: 75. Auto de perguntas aos escravos Roberto, Florinda e Felipe, em 10 de março de 1872.
Nota: *= escravos que outrora residiam no quilombo do São José.

Nota-se que a despovoamento do ponto onde estava o quilombo do São José originou, ao menos, mais duas outras comunidades: a disposta nas matas do engenho Bom Jardim e a situada em um lugar denominado Facão, próximo ao engenho Jurema. Essa, por sua vez, daria origem a comunidade instalada nas Capoeiras do Lavrado, mais precisamente nas matas do engenho Capim-Assu. Todas elas situadas nas imediações da vila de Rosário de Catete.

José Leocádio e Venceslau deixaram as matas do São José e migraram para as matas do engenho Bom Jardim. João Mulungu, Antônio, Vicência, Thomazia, Sinforosa, Inocêncio, Luísa, Francisca e Jacinto optaram por permanecer nas matas do Facão (engenho Jurema), onde receberam ainda a companhia de outros dez escravos fugidos. Já o quilombola Bacurau seguiu em direção as matas do engenho Capim-Assu, onde passou, aparentemente, a conviver com dois antigos companheiros de rancho e outros escravos fugidos; entre eles, o africano Udô, apresentado aqui anteriormente. Em setembro de 1873, durante a oitiva do quilombola José Maruim, pôde-se constatar que dois dos escravos indicados no diagrama acima estavam mortos: Jacinto e Antônio. Enquanto que outros dois, Inocêncio e Vicência, estavam a residir nos matos do engenho Brejo.[42]

Mesmo se mudando, se dispersando e passando a residirem em coutos distintos, não se pode dizer que esses escravizados não integravam uma mesma comunidade quilombola; a que outrora residia no São José. Isso por que, o deslocamento e a dispersão devem ser vistos como medidas estratégicas e, naquele momento, necessárias, até mesmo para a sobrevivência deles enquanto comunidade quilombola. Eis por que algumas autoridades policiais do século XIX, diante da constrangedora missão de debelar os quilombos, se reportarem ao mito da Hidra de Lerna. Não era, realmente, incomum os quilombos do Brasil se dividirem e se multiplicarem após serem atacados.[43] Em um dos seus estudos, Flávio Gomes e Maria Helena P. T. Machado indicaram o quanto os deslocamentos das comunidades quilombolas eram importantes, na medida que podiam impedir, entre outras coisas, que capturas em massa ocorressem.[44]

---

42 APES. Fundo: SP[1]. Pacotilha: 393. Ofício do tenente João Batista da Rocha ao chefe de polícia de Sergipe, Manoel Espínola Júnior, de 05 de setembro de 1873.

43 Neste sentido, ver: Gomes, 2005, p. 163.

44 Neste sentido, ver: Gomes & Machado, 2014, p. 69-96.

Todavia, constrangedoras ou não, as operações não podiam cessar. No decorrer daquele ano, muitas outras marchas seriam deitadas contra as matas de Rosário de Catete. Na madrugada de 12 de março de 1872, 24 soldados comandados por João Batista da Rocha Banha marcharam em direção ao Capim-Assu e, auxiliados por um espia, conseguiram capturar a escrava fugida Joana; a qual, como se pode perceber na diagramação anterior, residia em um dos ranchos da capoeira do Lavrado.

Logo depois de ser presa e conduzida a prisão, Joana prestou depoimento. No seu auto, ela indicou ser natural da África, amasia do mencionado Udô e que estava evadida do engenho Mato Grosso a, aproximadamente, dois meses. Indicou ainda que, ao escapar, seguiu, *a priori*, para o "coito do Facão", onde permaneceu durante apenas uma semana, descendo, em seguida, para "as matas do Capim-Assu", onde residiu até ser capturada. No que concerne às relações entretidas pelos quilombolas, ela revelou que um indivíduo que morava no "Tabuleiros", próximo "ao sítio do Facão", entretinha "comunicação e amizade" com uma "parceira" sua chamada Marcolina "e mais outros escravos". Tanto que, "em dias chuvosos", esse senhor os convidavam para irem lá "dormir abrigados".[45]

Talvez, a cada inquirição, a cada escravo ouvido, as autoridades passaram a alimentar a sensação de que o desafio maior não era, necessariamente, combater a reunião de quilombolas nas matas, mas sim minar a rede de solidariedade que os abraçavam e, como visto acima, os mantinham inclusive aquecidos e seguros. No dia 10 de agosto de 1872, o *Jornal do Aracaju* emitiu uma nota sobre os incômodos que esses contatos estavam causando às operações militares, vejamos:

> Vão de novo aparecendo em alguns pontos os escravos fugidos. O rigor do inverno [os faz] procurar

45 APES. Fundo: SP[1]. Pacotilha: 705. Auto de perguntas a escrava Joana, 13 de março de 1872.

> as proximidades dos povoados e a proteção dos parceiros dos engenhos, proteção que por muitas vezes tem burlado as diligências da polícia. [...] A Administração não se tem descuidado de garantir, quando lhe permite a pouca força de que dispões, a ordem púbica e segurança individual. É de crer que os proprietários, os mais ameaçados com a nova atitude que vão tomando os quilombolas, se esforcem para manter severa vigilância em ordem a prevenir o perigoso conluio que ora se dá para frutas os planos da autoridade.[46]

Intitulada "Quilombo", a nota acima procurou denunciar o que denominou enquanto "perigoso conluio". Nesse sentido, cobrou sobretudo dos donos de propriedades rurais, os quais eram "os mais ameaçados", uma postura mais atenta em relação as suas escravarias, visto que o "rigor do inverno" estava aproximando ainda mais os escravos fugidos dos "parceiros" dos engenhos. Não era uma medida simples de ser adotada, ainda mais quando se contrasta a amplitude da rede de sociabilidade que permeava os quilombos com a estrutura precária de vigilância então presente em muitas unidades açucareiras do Vale do Cotinguiba. No inverno ou no verão, no frio ou no calor, os quilombolas continuariam a se relacionar com as comunidades das senzalas. É de supor que parte da escravaria residente nas senzalas não concordasse e se sentisse, até mesmo, incomodada com a presença de quilombolas no interior da propriedade ou com o contato assíduo que esses mantinham com outros escravos dos engenhos. Essa ida e vinda de quilombolas pela região motivava uma maior presença de soldados e cercos nos arredores dos engenhos, o que, por sua vez, podia promover privações e constrangimentos não apenas aos escravos que se encontravam naquela

46 "Quilombos". *Jornal do Aracaju*, nº 298, 10 de agosto de 1872, p. 2.

condição, mas a qualquer outro que estivesse, ocasionalmente, passando por aquelas paragens.

Foi dito aqui que no engenho Floresta diversos escravos acabaram sendo castigados devido ao aviso que, supostamente, um deles deu aos quilombolas. Também se indicou aqui que o uso de escravos como espias podia aumentar a possibilidade de uma operação policial contra as matas capturar quilombolas. Lembremos, por último, que um quilombola acabou sendo atingido nas nádegas por um disparo realizado, muito provavelmente, por um escravo com o qual ele se desentendeu dias antes. Esses casos são indicativos que, muito mais do que a documentação primária permite perceber, as implicações decorrentes da presença de quilombos em uma determinada região podiam promover e acirrar disputas e contendas entre os próprios escravos.

No dia 21 de março de 1872, o quilombola de nome Romão, então residente no quilombo das "matas do Lavrado", se dirigiu em direção às senzalas do engenho Capim-Assu, mais precisamente para a senzala "pertencente ao escravo Roberto". Ia ali pegar, de acordo com ele, "ração de farinha", pois era do seu costume "pedir e receber farinha" das mãos do dito Roberto, o qual, na oportunidade, receberia "em troca de carne de ovelha". Tratava-se, ao que parece, de uma situação mercantil muito comum para ambos, da qual, até mesmo, Romão indicou realizar "muitas vezes".

Todavia, esse encontro não seria como os anteriores. Logo que entrou na senzala do escravo Roberto, o quilombola Romão acabou sendo preso "pelos escravos do Capim-Assu", os quais, em seguida, o entregaram a um destacamento policial que, aparentemente, estava ciente do que estava preste a acontecer.[47] Vale salientar que, poucos dias antes, uma autoridade policial da região indicou que o escravo Roberto era um dos aliados no combate aos quilombos, prestando-se, até mesmo, ao serviço de espia.

---

47 APES. Fundo: SP[1]. Pacotilha: 705. Auto de perguntas ao escravo Romão, de 22 de março de 1872.

Na diagramação apresentada algumas páginas atrás, pode-se notar que o nome do quilombola Romão aparece como um dos escravos que residiam nas matas do Facão. Todavia, no seu depoimento, ele indicou que estaria acoitado nas "matas do Lavrado", onde residiam outros nove quilombolas. É de supor que ele integrasse aquela parte da população mais itinerante dos quilombos, que se deslocava com maior regularidade entre os muitos ranchos dispostos nas matas do Vale do Cotinguiba. Vale salientar que a sua captura seria o primeiro passo para que outros dois quilombolas pudessem ser capturados. Isso por que, pouco depois de ser entregue ao destacamento, Romão seria obrigado a indicar e guiar os soldados até o ambiente onde os seus parceiros estariam escondidos. Lá, seriam capturados os quilombolas Evaristo e Germana.[48]

Todos acabaram sendo conduzidos até a casa de morada do delegado João Silva, onde prestaram depoimento sobre o que sabiam a respeito dos quilombos. Tanto Romão como Evaristo, ao responder sobre as relações e as comunicações impetradas pelos seus companheiros, revelaram que um agricultor do Capim-Assu, de nome Vítor, era quem os abasteciam de farinha. O responsável por esse importante comércio dentro do Capim-Assu seria o quilombola de nome Alexandre, o qual, como se pode observa na diagramação apresentada, residia com eles dois nas Capoeiras do Lavrado.[49] Já a quilombola Germana disse que, "por diversas vezes", o rancho em que eles residiam era visitado por "escravos montados e armados", não podendo, porém, ela saber quem eram por ser "noviça nos matos".[50]

---

48 APES. Fundo: SP[1]. Pacotilha: 373. Ofício do Capitão-Comandante da Força de Rosário, Joam Esteves, ao chefe de polícia de Sergipe, de 23 de março de 1872.

49 APES. Fundo: SP[1]. Pacotilha: 705. Auto de perguntas ao escravo Romão, de 22 de março de 1872; APES. Fundo: SP[1]. Pacotilha: 705. Auto de perguntas ao escravo Evaristo, de 22 de março de 1872.

50 APES. Fundo: SP[1]. Pacotilha: 705. Auto de perguntas a escrava Germana, de 22 de março de 1872.

Mesmo um dos agricultores do Capim-Assu sendo acusado de se relacionar com os quilombolas, não restam dúvidas que alguns escravos desse engenho contribuíram, direta e indiretamente, para que as capturas mencionadas acima pudessem ser realizadas. Não se sabe o que motivou parte dos escravos dessa propriedade a agir dessa maneira.

Não se pode romancear a relação entre quilombolas e os escravos das senzalas. Nem mesmo entre os primeiros e qualquer outro indivíduo que prestou, durante determinado período, apoio aos núcleos quilombolas. Interesses – identitários, particulares, comunitários, pecuniários, etc. – podiam aproximar essas pessoas e, do mesmo modo, os distanciar. Haviam riscos, e esses não eram poucos. É preciso que se compreenda que a participação de escravos na captura de quilombolas poderia ser muito maior do que a documentação primária, produzida por vaidosas autoridades, permitem perceber.

No que concerne ao agricultor suspeito de nome Vítor, no dia 31 de março daquele ano, João da Silva participou o seu superior dizendo que "as acusações" que pesavam contra ele eram "infundadas e sem procedência", contrariando o que estava dito no depoimentos dos quilombolas.[51]

Em outro momento desse estudo, discutiu-se o quanto a possibilidade de complementar a dieta por meio do escambo devia ser importante não apenas para os quilombolas, mas ainda para os escravos das senzalas. Tendo mais acesso aos roçados, aos instrumentos de produção e as demais instalações das propriedades, os escravos dos engenhos abasteciam os quilombos com porções de mandioca e farinha, recebendo dos integrantes desses redutos parte das carnes dos animais roubados dos pastos.

Capturado em abril de 1872, o escravo Vicente revelou que, enquanto permaneceu na condição de fugido, recebeu, "em troca de carne", farinha dos escravos residentes no engenho Coite, enquanto que um escravo do

51 APES. Fundo: SP[1]. Pacotilha: 705. Ofício do delegado de Rosário, João da Silva Maynard, ao chefe de polícia de Sergipe, Francisco Gonçalves Martins, de 31 de março de 1872.

engenho Bom Sucesso o "fornecia farinha e sal".[52] Já Francisco, capturado meses depois, indicou que eram dois escravos residentes no engenho Lagoa Grande que os "sustentava de carne e farinha no mato".[53] Tais permutas eram de suma importância para a manutenção dos quilombos e a sobrevivência dos quilombolas instalados nas matas do Vale do Cotinguiba, uma vez que a constância dos ataques os impediam de produzir os seus próprios alimentos nos arredores dos ranchos. Em Cuba, devido à debilidade produtiva das áreas onde estavam situados os *cimarrones*, eles se viram obrigados a mercadejar os produtos que mais necessitavam, entre eles, a carne.[54]

No Vale do Cotinguiba, essa economia mercante de alimentos mantinha-os nutridos e os impediam, quiçá, de contrair doenças que atacavam mais comumente aqueles que estavam na condição de escravos.[55] Os quilombolas, parte dos escravos que pertenciam as comunidades das senzalas e alguns outros indivíduos que residiam nos engenhos ou no entorno dos quilombos se aproveitaram desses negócios. No que concerne aos dois primeiros, essa rede de comércio permitia que eles obtivessem autonomia em um quesito muito importante da vida de qualquer indivíduo: a alimentação. Mais especialmente em relação aos quilombolas, o escambo de produtos possibilitou que eles permanecessem em constante mobilidade, acoitando-se em pontos diversos das matas do Cotinguiba, sem precisar plantar ou produzir. No decorrer desse estudo se poderá perceber que a interrupção de algumas experiências nos quilombos estava plenamente associada a suspensão dos contatos com pessoas com as quais os quilombolas estavam acostumados a comerciar.

52 APES. Fundo: SP[1]. Pacotilha: 178. Auto de perguntas feito ao escravo Vicente, de 28 de abril de 1872.

53 APES. Fundo: SP[1]. Pacotilha: 178. Auto de perguntas feito ao escravo Francisco, de 22 de dezembro de 1872.

54 Lavinã, 2005, p. 52

55 Neste sentido, ver: Amantino, 2007, p. 1377-1399.

É de supor, no entanto, que a economia desenvolvida a partir dos quilombos era muito mais ampla e diversa do que a documentação primária sugere. Em meados de 1872, por exemplo, por meio do depoimento da escrava Victorina, descobriu-se que dois indivíduos, Jô e José Grande, não apenas preveniam os quilombolas acerca das "diligências policiais" em curso, como ainda os abasteciam de "pólvora" e "armas".[56] Vale salientar que essa escrava Victorina aparece na diagramação apresentada anteriormente como uma das quilombolas residentes nas capoeiras do Lavrado.

Tanto Jô como José Grande acabaram negando, dias depois, e como era de se esperar, que se relacionavam com os quilombolas. Inclusive, o Jô alegou que era um inimigo "rancoroso dos quilombolas". Todavia, essa sua declaração não convenceu muito o delegado de Divina Pastora, uma vez que ele indicou que continuaria a observar se o dito Jô não estaria mentindo, uma vez que suspeitava que ele se relacionava sim com os quilombolas.[57]

Não era incomum os quilombolas serem avistados portando armas de fogo, de ponta ou outros instrumentos mortais. Muito possivelmente, a maioria desses armamentos era oriundo de roubos ou obtido por meio da rede de comércio clandestina das quais os quilombolas eram agentes importantes. Em abril de 1873, o subdelegado do Pé do Banco denunciou "a corrupção" e a perigosa relação existente entre "muitos homens forros com os escravos fugidos", motivo por que, segundo ele, era "difícil" empreender "as prisões" dos últimos.[58]

---

56 APES. Fundo: SP[1]. Pacotilha: 242. Ofício do delegado de Divina Pastora, José Vieira Dantas de Almeida, ao chefe de polícia de Sergipe, Francisco Gonçalves Martins, de 28 de junho de 1872.

57 APES. Fundo: SP[1]. Pacotilha: 242. Ofício do delegado de Divina Pastora, José Vieira Dantas de Almeida, ao chefe de polícia de Sergipe, Francisco Gonçalves Martins, de 28 de junho de 1872.

58 APES. Fundo: SP[1]. Pacotilha: 375. Ofício do subdelegado do Pé do Banco, Manoel Nunes Barroso, ao chefe de polícia de Sergipe, Manoel Joaquim Espínola Júnior, de 15 de abril de 1873.

Mais do que apontar o poder de deslocamento dos quilombolas que estavam, *a priori*, instalados nas matas do engenho São José e de como esse parecia ser um quesito importante para a manutenção e perpetuação daquela comunidade negra, se procurou indicar aqui como a mobilidade podia estar associada ainda aos interesses que nutriam a rede de sociabilidade e de comércio operada por esses escravos. Tratava-se, em suma, de uma rede extensa, diversa, por isso repleta de emaranhados e riscos, mas que se mostrava, em diversas oportunidades, ser muito útil e necessária, especialmente por possibilitar mais autonomia sobre determinados aspectos das vidas das populações escravas do Vale do Cotinguiba, estivessem elas na condição de quilombolas ou não.

CAPÍTULO 5
JOÃO MULUNGU

O Mulungu, uma planta nativa da Mata Atlântica com propriedades medicinais capaz de curar sintomas de ansiedade, era o nome de um engenho situado no município de Laranjeiras, pertencente ao senhor João Pinheiro de Mendonça, o qual era ainda proprietário daquele que seria apontado, na segunda metade do século XIX, como o mais perigoso quilombola da província de Sergipe Del Rey; o crioulo João Mulungu.

Muito embora o seu nascimento se desse no Piedade, engenho situado na vila de Itabaiana, a relação desse escravo com o Mulungu era precoce, uma vez que ele aportou nessa propriedade ainda criança. Não se sabe, ao certo, quando isso ocorreu e nem mesmo os motivos dessa sua mudança de domínio. Tão somente se pode indicar que ela seria muito dramática para o pequeno João.

Todavia, João Mulungu não seria o único a suportar essa mudança. Isso por que, mesmo sem poder precisar a data em que ele aportou no Mulungu, pode-se presumir que isso ocorreu em meados da década de 1860, momento em que a província de Sergipe ainda estava sentindo os danos provocados por duas epidemias de *cólera morbos*. Segundo a pesquisadora Maria da Glória Almeida, o contraste entre a redução da produção nos engenhos e a necessidade de cumprir com os compromissos assumidos preteritamente, induziu muitos senhores das regiões agreste e sertão de Sergipe a negociar seus escravos com arrematadores residentes no Vale do

Cotinguiba, onde o cultivo da cana de açúcar se mostrava ainda em evidência, apesar dos abalos causados pelas mencionadas epidemias.[1]

É de supor que isso possa explicar a mudança de parte dos escravos do Piedade para as propriedades açucareiras do Vale do Cotinguiba, entre os quais estaria João e a sua mãe, a crioula Maria, a qual passou a residir no engenho Quindongá, em Divina Pastora.

No que concerne ao engenho Mulungu, ele estava situado dentro de um dos mais importantes cinturões agrícolas da região, mais precisamente nas imediações dos engenhos Comandaroba, Faleiro, Campo Negro e Jacu. Não era, no entanto, uma propriedade de enormes proporções, o que não o distinguia da maioria das propriedades açucareiras ainda ativas no Vale do Cotinguiba.

Mesmo sem poder precisar a idade que João Mulungu possuía ao escapar dessa propriedade, dúvidas não restam de que, na ocasião, ele era ainda um escravo moço, alçando entre 17 e 22 anos de idade. Tratava-se de um indivíduo saudável, de alto valor no mercado escravista e, por isso, uma mão-de-obra indispensável para o seu senhor.

No início da década de 1870, muitas operações empreendidas pela secretaria de polícia de Sergipe procuraram, de modo mais particular, exterminar os quilombos onde diziam estar João Mulungu acoitado. Não obstante o seu nome ser o mais enaltecido pelas autoridades da época, o que se pode perceber era que se João Mulungu merecia, em muitos aspectos, destaques, isso era devido, necessariamente, ao apoio que ele encontrou em muitas outras pessoas, estivessem elas nas condições de escravos ou não. Nesse sentido, mesmo esse capítulo dedicando-se, mais particularmente, a analisar e apresentar as experiências de vida desse escravo pelos quilombos do Vale do Cotinguiba, sabe-se que elas não divergiam muito das vivências experimentadas por outros personagens quilombolas mencionados no

1 Almeida, 1965-1978, p. 31.

decorrer desse estudo. Afinal, viver nos quilombos era mais do que viver em comunidade, era viver em proveito da sua existência.

O "mais audaz, o chefe dos escravos fugidos"

Vale salientar, antes de qualquer coisa, que não se pretende aqui desenvolver um estudo biográfico sobre João Mulungu. Isso não pode ser empreendido, sobretudo devido à ausência de documentos que permitam narrar – ao menos com maior precisão - outras etapas da vida desse escravo para além daquela em que ele se encontrava na condição de quilombola.

João Mulungu deixou a propriedade do seu senhor em um momento em que o número de denúncias sobre a aparição de pequenos núcleos quilombolas pelas matas dos engenhos do Cotinguiba estava aumentando exponencialmente. Mesmo ele escapando em meados da década de 1860, os primeiros documentos produzidos pelas autoridades que mencionam o nome de João Mulungu datam da década seguinte. No ano de 1871, ele estaria residindo em "um rancho de escravos fugidos" situado nas imediações dos engenhos Limeira e Quindongá, ambos situados na vila de Divina Pastora.

Na denúncia que atestou a existência desse couto, o nome de João Mulungu aparece em destaque. Segundo a autoridade responsável pela denúncia, João Mulungu estaria a comandar, naquela ocasião, aproximadamente duas dezenas de quilombolas, sendo esses os principais responsáveis pelo aumento do número de delitos e roubos de animais pela região. Também, de acordo com o denunciante, esses quilombolas, em consórcio com os escravos residentes nas propriedades situadas no entorno, estariam se aproveitando da ausência de policiamento noturno para comprarem mantimentos e circularem pelas principais ruas de Divina Pastora.[2]

2 APES. Fundo: SP[1]. Pacotilha: 178. Ofício, de pessoa não identificada, datado 29 de julho de 1871, redigido na vila de Divina Pastora.

Tal como se apontou por meio de diversos episódios analisados nesse estudo, essas relações entre quilombolas e escravos das senzalas eram denunciadas como sendo muito danosas para a manutenção da ordem pública e privada em Sergipe Del Rey, mais especialmente nos municípios do Vale do Cotinguiba, onde estava concentrada a maior parcela da população escrava. Todavia, de acordo com o denunciante, a rede de contato estabelecida por esses quilombolas podia ser ainda maior, especialmente por que se acreditava que membros da Guarda-Nacional poderiam estar prestando avisos aos quilombolas do Limeira; motivo pelo qual não seria – em mais uma ocasião – recomendado o emprego dos soldados dessa corporação em um ataque.[3]

Naquele ano de 1871, os quilombolas que João Mulungu estaria a comandar costumavam se dividir mais entre os ranchos dispostos nas matas do engenho Limeira, em Divina Pastora, e os dispostos nas matas do engenho São José, em Rosário do Catete. Mesmo estando situadas em municípios distintos e mais distantes, a proteção e o apoio prestado pelos escravos residentes nesses engenhos e, até mesmo, a omissão dos seus donos, indicavam que essas matas eram, dentro do possível, seguras.

Não por acaso, os donos dessas duas propriedades passariam a ser acusados e denunciados pelas autoridades e por outros proprietários da região de acoitarem quilombolas. No decorrer do ano de 1871 e sobretudo nos anos seguintes, as matas dos engenhos São José e Limeira estariam na mira de diversas operações encabeçadas pela secretaria de polícia de Sergipe. Impossibilitados de permanecerem nesses coutos, parte dos quilombolas procurou se esconder nas matas do engenho Capim-Assu.

No início do ano de 1872, diante da notícia de que João Mulungu e outros quilombolas permaneciam acoitados nas imediações da vila de Rosário do Catete, o delegado João da Silva passou a promover uma série

3 APES. Fundo: SP[1]. Pacotilha: 178. Ofício de autoria desconhecida, escrito da Vila de Divina Pastora, em 29 de julho de 1871.

de operações contra as matas da região. Muitos dos seus parceiros seriam capturados, mas João Mulungu não.

Ele seguiria se escondendo em outros quilombos, em outros ranchos dispostos pelo Vale do Cotinguiba. Logo as autoridades perceberiam que capturar esse escravo demandaria muito mais do que operações contra as matas; era imprescindível ainda a adoção de medidas que pudessem, quando não impedir, obstaculizar o contato e o relacionamento não apenas de João Mulungu com os escravos das senzalas residentes próximas aos seus coutos, mas ainda entre esses, os outros quilombolas que permaneciam nos matos e os muitos outros indivíduos que os prestavam apoio e avisos.

Tratava-se de uma medida ousada e, de certo modo, impossível de ser empreendida, não somente por conta da pequena e precária estrutura de policiamento disposta no Vale do Cotinguiba, mas ainda devido o ponto onde os quilombolas se acoitavam ser rodeado de propriedades açucareiras e de pequenos sítios, onde residiam muitos escravizados.

Estando plenamente cientes do quanto essa missão estava sendo espinhosa e constrangedora, muitas autoridades envolvidas diretamente nas operações contra os quilombos procuraram, a partir de então, saber mais sobre o modo como João Mulungu e os seus parceiros agiam, onde mais se escondiam e quem eram e onde estariam essas pessoas que mais os apoiavam. Tratavam-se de questões importantes de serem elucidadas, especialmente por que elas poderiam direcionar os novos rumos das operações.

Muitos desses questionamentos acabaram sendo respondidos pelos próprios parceiros de João Mulungu, pouco depois deles serem capturados. Não se pode pensar que eram espécies de delações premiadas, mas sim delações obtidas por meio de muita coerção e coação. Foi o novo delegado de Rosário do Catete, o senhor João Batista da Rocha Banha, quem mais se mostrou preocupado em obter dados sobre os paradeiros, os relacionamentos e as ações praticadas por João Mulungu durante as suas andanças.

No dia 3 de janeiro de 1873, ele ouviu a preta Ana Rita, escrava apontada de ser amasia do crioulo João Mulungu. No seu depoimento, Ana Rita indicou que, mesmo não residindo nos matos, era sim "verdade" que ela entretinha "relações ilícitas" – como registrou o escrivão – com o mencionado quilombola. Indicou ainda que o encontrou, em uma oportunidade, por volta de "sete horas da noite", no "lugar denominado Monte Santo" e outras muitas vezes "no pasto do engenho Limeira", propriedade do comandante superior João Maria de Araújo Nabuco.[4]

Esse dado corrobora com o que acabou sendo indicado acima; as matas do engenho Limeira era sim um ponto de morada de João Mulungu e dos seus parceiros. No que concerne a esse quilombo, Ana Rita revelou que residiam ali "muitos rapazes", em número suficiente para "moer um engenho". Tais quilombolas "passavam [o] dia de domingo" em um ambiente denominado Mangueira, situado nas imediações das matas do próprio engenho Limeira e, ao anoitecer, costumavam partir "para as senzalas" e para outras instalações da propriedade.[5]

Lembrando, ao que parece, das denúncias ou das suspeitas que indicavam que o dono do engenho Limeira não parecia se opor a reunião de quilombolas em suas matas, o delegado João Batista da Rocha não perdeu a oportunidade de questionar a escrava sobre essa questão. Em resposta, Ana Rita revelou que, em uma ocasião, ela mesmo chegou a "perguntar aos escravos fugidos" sobre isso, os quais disseram que o dono "não se importava". Sobre a sua relação com João Mulungu, Ana Rita revelou que ele não costumava ir até o engenho Tábua, onde ela então residia. Indicou ainda que, sempre que o encontrou, ele aparecia com presentes diversos e que, até

4 APES. Fundo: SP[1]. Pacotilha: 373. Auto de perguntas feita a escrava Ana Rita do engenho Tábua, em 03 de janeiro de 1873.

5 APES. Fundo: SP[1]. Pacotilha: 373. Auto de perguntas feita a escrava Ana Rita do engenho Tábua, em 03 de janeiro de 1873.

mesmo, em uma ocasião, recebeu das mãos do próprio João Mulungu uma quantia equivalente a cinco mil réis.[6]

Mesmo supondo que parte dos dados revelados por essa escrava não chegaram a surpreender inteiramente o senhor João Batista, o seu depoimento serviria para apurar questões e suspeitas que pareciam ainda imprecisas e obscuras como, por exemplo, o apoio prestado pelos escravos do engenho Limeira e a omissão do dono dessa propriedade em relação aos coutos quilombolas instalados em suas matas.

Indubitavelmente, o insucesso das operações deitadas contra as matas do Limeira desde o ano de 1871 estava diretamente relacionado as redes de contatos e apoio prestados pelos escravos daquele engenho. Entretanto, ao que parece, mesmo essa constatação sendo importante, saber dela não indicava que qualquer outra operação contra os ranchos do Limeira, onde possivelmente estaria acoitado o quilombola João Mulungu, surtiria resultados mais positivos. Era preciso saber mais sobre a rede de apoio desse escravo. Logo depois de ouvir Ana Rita, João Batista da Rocha Banha intimou a escrava Vicência para prestar um depoimento. Não se sabe como o delegado chegou até o nome dessa escravizada, mas, como se poderá notar a seguir, ela indicaria ser mais uma amasia do crioulo João Mulungu.

Foi, muito provavelmente, Ana Rita quem indicou a respeito da existência de Vicência e da sua relação com o escravo João Mulungu. Elas eram, aparentemente, rivais. Inclusive, em uma oportunidade, Vicência chegou a discutir e a se queixar dos presentes que Ana Rita estaria a receber de João Mulungu.

Vale salientar que o nome da escrava Vicência apareceu em outras oportunidades nesse estudo. Em meados do ano de 1871, estaria ela residindo em um dos ranchos situados nas matas do engenho São José, em Rosário do Catete. Um ano depois, ela, seu amasio João Mulungu e outros escravos que antes residiam no quilombo do São José estariam residindo nas matas disposta nas imediações do engenho Jurema.

---

6 *Idem.*

Mesmo Vicência indicando em seu depoimento que não mais se encontrava na condição de evadida, ela poderia saber muito sobre o *modus operandi* dos quilombos e dos quilombolas do Cotinguiba, mais especialmente da comunidade comandada por João Mulungu.[7] Sobre o seu amasio, Vicência revelou que ele costumava a presentear com roupas. Todas as vestes recebidas se encontravam, de acordo com ela, dentro de uma caixa de madeira em sua senzala, e eram do período em que ela andava com os quilombolas; com exceção de uma roupa de cetim que estava escondida "debaixo da sua cama", a qual indicou ser de propriedade do quilombola Maximiano, o qual a "dera para guardar dias antes do Natal".[8]

No seu depoimento, mencionou-se novamente o ambiente denominado Mangueira. Tratava-se de um ponto dentro do pasto do Limeira, mas "não existiam ranchos" erguidos. Ficava perto de uma nascente, usada pelos escravos como "casa de banho". Lá, de acordo com ela, costumava sempre se encontrar com os quilombolas "Antônio, João Mulungu, Marcolino, Jacinto, Joaquim, Venceslau, Feliz, Mathias, Inocêncio", assim como as pretas Conceição e Ignez, além das escravizadas "Belmira, Francisca e Carlota".[9]

Muitos dos escravizados mencionados acima apareceram aqui nesse estudo como residentes em outros pousos quilombolas, o que corrobora o ideal de que os quilombos do Vale do Cotinguiba da segunda metade do século XIX eram compostos por comunidades negras volantes, pouco estáveis. Na iminência de serem surpreendidos nas matas, esses quilombolas não demoravam em se dispersar para outras matas, outros pontos, onde podiam aguardar mais seguro o cessar das empresas policiais. Era uma dispersão aparentemente momentânea, mas que podia ser motivada ainda por outras causas.

---

7 APES. Fundo: SP[1]. Pacotilha: 373. Auto de perguntas feiras a escrava Vicência do proprietário do engenho Bete, em 04 de janeiro de 1873.

8 *Idem.*

9 *Idem.*

Sobre as alianças impetradas por esses quilombolas, Vicência revelou que era sim verdade que eles recebiam apoio de uma "mulher forra" denominada Maria, apontada como amasia do quilombola Mathias. Não negou a existência de uma rede de solidariedade entre eles e os escravizados do Limeira, restringindo-se apenas a dizer que os quilombolas costumavam dormir nos matos, acostados a uma cerca da propriedade.[10] Indicou ainda que um senhor denominado Batalha, morador no distrito da vila de Rosário do Catete, andava sempre acompanhado do quilombola Venceslau. Segundo ela, esse senhor, o qual recebia os quilombolas diariamente em seus aposentos, oportunidade em que recebiam alimentos e "munições para as armas", era o principal responsável por observar e os avisar sobre o movimento das operações policiais que estavam em curso.[11]

Tais revelações demostraram mais algumas nuances da ampla rede de contato e de apoio que acobertava os quilombolas do Vale do Cotinguiba, mais especialmente os escravos que residiam e eram comandados por João Mulungu. Inclusive, o escravo Venceslau, mencionado acima, era apontado não apenas como um dos mais antigos e principais parceiros de João Mulungu, como ainda um outro dirigente dos quilombolas. Em meados de 1872, eles seriam denunciados como os escravos responsáveis por comandar os quilombolas instalados nas matas do Limeira.[12]

Maria, mulher apontada como amasia do quilombola Mathias, seria, pouco depois, intimada para prestar um depoimento para o delegado João Batista da Rocha Banha. Em depoimento, Maria revelou que, no dia

10 *Idem.*

11 APES. Fundo: SP[1]. Pacotilha: 373. Auto de perguntas feiras a escrava Vicência do proprietário do engenho Bete, em 04 de janeiro de 1873.

12 APES. Fundo: SP[1]. Pacotilha: 178. Auto de perguntas feita ao escravo Francisco, em 22 de dezembro de 1872.
APES. Fundo: SP[1]. Pacotilha: 298. Auto de perguntas feitas a escrava Isabel, em 07 de janeiro de 1873.

de Natal, ela e a escrava Ana Rita se dirigiram até o engenho Dingui, onde se encontraram com os seus mencionados amasios e outros quilombolas. Lá, de acordo com ela,"divertiu-se toda [a] noite".[13]

É preciso dedicar um pequeno espaço para discutir esse dado do seu depoimento. Na província de Sergipe Del Rey, como apontado em capítulo anterior, os dias que antecediam e, mais precisamente, a noite de Natal preocupavam sobremaneira as autoridades policiais do Cotinguiba. Não era incomum eles se reportarem, no início do mês de dezembro, aos seus superiores pedindo o envio de mais soldados. Segundo eles, era prudente que, nesse período, se aumentasse os destacamentos dispostos nos municípios, pois a possibilidade de ocorrerem distúrbios era muito maior.

Tratava-se de um momento onde os escravos costumavam circular mais nas ruas e nas estradas. No interior das propriedades açucareiras, não muito distante da casa de morada dos seus senhores, os escravos recepcionariam e se divertiriam com os seus entes e com os parceiros oriundos de outros engenhos, até mesmo com aqueles que se encontravam escondidos nas matas.

Encerradas as oitivas e depurados os dados, o delegado João Batista da Rocha Banha passou a estudar, muito provavelmente, a possibilidade de deitar mais uma diligência contra as matas do Limeira, sobretudo ao ponto onde estava situada a dita Mangueira, onde os quilombolas estariam a se reunir. Todavia, como no curso das suas pesquisas se constatou que o Limeira era apenas mais um dos pousos usados por João Mulungu e seus parceiros, era preciso saber, primeiro, o paradeiro atual deles.

Novas notícias sobre João Mulungu seriam obtidas após a captura da quilombola Isabel. No depoimento prestado a João Batista da Rocha Banha, Isabel indicou que, assim que deixou a casa do seu senhor, se dirigiu em direção a Várzea da Penha, seguindo depois "em direção ao Conto", disposto

13 APES. Fundo: SP[1]. Pacotilha: 373. Auto de perguntas feita a Maria, em 04 de janeiro de 1873.

"nas imediações do engenho Limeira".[14] Lá estavam acoitados os escravos Antônio, João Mulungu, Maximiano, Guilherme, Marcolino, Joaquim, Feliz, Venceslau, Mathias, Inocêncio, José, Belmira, Francisca e Carlota, assim como uma mulher forra chamada Conceição. Esses escravos, de acordo com ela, assim que passaram a ser "perseguidos pela tropa", migraram para as "matas do engenho Bette", onde, mais uma vez, acabaram sendo alvo de perseguições, razão pela qual optaram em "levantar acampamento" e "andarem volantes pelo mundo".[15] Isabel revelou ainda que uma porção considerável de "roupa de senhora" – incluindo camisas, saias, anáguas e cintas – era uma "dádiva" que ela recebera de João Mulungu. É de supor, desse modo, que Isabel se constituísse em mais uma amasia desse quilombola, visto que ele costumava mimar suas namoradas com roupas.

Mesmo a rotina de investidas contra as matas do Limeira permitindo o despovoamento dos ranchos que ali existiam, o certo era que o novo paradeiro de João Mulungu e dos seus parceiros continuava sendo desconhecido. Impossibilitado – momentaneamente – de operar mais uma marcha contra esses quilombolas, o delegado João Batista da Rocha optou por compartilhar com o seu superior os principais problemas com os quais ele estava se deparando ao combater os quilombos. Segundo ele,

> incumbido por V. Exa. da delegacia deste Termo com o fim especial de dar caça aos quilombolas que infestam, tenho a honra de levar ao conhecimento de V. Exa. circunstanciadamente os grandes tropeços que tenho encontrado nesta tão difícil quão espinhosa tarefa. Os quilombolas em grande número trazem constantemente os proprietários em sobressalto, e raros são aqueles que não se queixam

14 APES. Fundo: SP[1]. Pacotilha: 298. Auto de perguntas feitas a escrava Isabel, em 07 de janeiro de 1873.

15 *Idem.*

> de furtos cometidos em suas propriedades. Estes quilombolas acham-se acoitados nos matos do Engenho Limeira com pleno conhecimento e pelo menos consentimento do respectivo proprietário Coronel João Maria de Araújo Nabuco, o qual frustra grande parte das diligencias que faço.[16]

Nota-se que a escolha de João Batista da Rocha como delegado estava substancialmente relacionada a necessidade de se empreender caçadas contra os quilombolas que empestavam sobretudo as matas de Rosário do Catete e Divina Pastora. Talvez, o que esse comprometido militar não contasse era que, no decorrer das marchas, ele seria obrigado a driblar a cumplicidade entre o coronel João Maria de Araújo Nabuco, dono do engenho Limeira, e os quilombolas. Mas esse não era ainda o "maior obstáculo". Isso por que, de acordo com ele, o juiz municipal de Divina Pastora estaria obstaculizando "a realização dos planos policiais contra os quilombolas". Segundo o delegado, na ocasião em que comandou:

> uma importante diligência no Engenho Limeira e que as praças ainda não estavam aqui para não haver suspeitas, o único homem que soube do segredo foi o senhor doutor Juiz Municipal e quando lá cheguei os quilombolas tinham a pouco tempo mudado de coito, e como o doutor Juiz Municipal tem demonstrado por atos irrecusáveis que qualquer ato que diga respeito a família do Coronel João Maria de Araújo Nabuco são como se fossem feitas a sua própria pessoa, sou obrigado a crer que o mesmo Doutor foi a causa da frustração da diligência. Quando a poucos dias tive de fazer uma nova diligência e que por finalidade encontrei alguns quilombolas tenho um deles

16 APES. Fundo: SP[1]. Pacotilha: 298. Ofício do delegado de Divina Pastora, alferes João Batista da Rocha, ao chefe de polícia de Sergipe, de 10 de janeiro de 1873.

> resistido armado a voz de prisão, o soldado cumpriu o dever e atirou sobre ele, tiro que matou-o.[17]

Entretanto, como essa operação policial mirou mais os "matos anexos ao engenho Limeira", ela acabou desagradando o juiz do município, razão pela qual ele vinha declarando "publicamente" que ia processar não apenas o soldado que disparou a arma, como ainda o mencionado delegado, então responsável pela operação.

João Batista da Rocha apontou ainda mais um acontecimento de modo a demonstrar a veracidade das suas denúncias e a "má vontade" daquela autoridade em combater os principais coutos quilombolas de Divina Pastora. Segundo ele, assim que um senhor identificado como major Felix Cardoso soube que:

> [..] um dos [seus] escravos recebia em sua casa alguns quilombolas, foi pessoalmente corrê-la no dia 1 de janeiro do corrente ano, e lá encontrou um preto suspeito, ao qual deu ordem que se retirasse de sua fazenda, mas ele resistindo o mesmo senhor Major deu-lhe ordem de prisão em meu nome e imediatamente oficiou-me participando o fato e pedindo para conduzir o preso. O senhor doutor Juiz Municipal tomou o ofício que vinha para mim abriu-o mandou buscar o preso, e logo que este chegou o pôs imediatamente em liberdade.[18]

Sabe-se que essas disputas de poder entre autoridades policiais e do Poder Judiciário que atuavam em um mesmo município era algo muito corriqueiro, sobretudo após a promulgação da lei n. 2033 de 20 de setembro de

---

17 APES. Fundo: SP[1]. Pacotilha: 298. Ofício do delegado de Divina Pastora, alferes João Batista da Rocha, ao chefe de polícia de Sergipe, de 10 de janeiro de 1873.

18 *Idem.*

1871; popularmente conhecida como a Lei da Reforma Judiciária. Não se pode precisar de que modo essas denúncias acabaram sendo recepcionadas pelo superior de João Batista da Rocha Banha. Tão somente pode-se atestar que, poucos depois da sua denúncia, uma outra correspondência indicou que as atividades desenvolvidas pela delegacia de Divina Pastora passavam agora a ser de responsabilidade do suplente Veríssimo Antônio de Mello, visto que João Batista estava sendo "resignado" para a capital Aracaju.[19] Em mais alguns dias, o tenente Jeremias Roberto de Carvalho assumiria o comando da delegacia de Divina Pastora.[20] Talvez, essas novas nomeações sugiram que João Batista saiu como perdedor naquela disputa, ao menos momentaneamente.

Todavia, a saída de João Batista da Rocha Banha daquela delegacia não era um indicativo de que ele não mais iria se dedicar as marchas contra os quilombos. Ele continuou empreendo marchas e dirigindo novas operações, porém a partir de outros municípios. Inclusive, ele comandaria a marcha que seria responsável pela "captura do célebre quilombola" Venceslau, o mesmo apontado como um dos mais antigos parceiros de João Mulungu.[21] Quanto a este último, uma nova denúncia, datada de 08 de abril de 1873, dava conta de que ele acabava de ser visto dentro do sítio Jaqueira, no Pé do Banco.

Segundo o denunciante, João Mulungu estaria usando uma camisa branca, "uma calça brim" amarela "com listras dos lados", um "chapéu do Chile na cabeça", além de portar no ombro um "chaço de corda enfiada em

19 APES. Fundo: SP¹. Pacotilha: 298. Ofício do 2° suplente de delegado de Divina Pastora, Veríssimo Antônio de Melo, ao chefe de polícia de Sergipe, de 18 de janeiro de 1873.

20 APES. Fundo: SP¹. Pacotilha: 77. Ofício do secretário do Governo de Sergipe, Manoel Barbosa Álvares Ferreira, durante a 3° sessão do dia 25 de janeiro de 1873.

21 APES. Fundo: SP¹. Pacotilha: 298. Ofício do delegado de Rosário, João da Silva Mainard, ao chefe de polícia de Sergipe, Manoel José Espínola Júnior, de 22 de março de 1873.

um cacete".[22] Tais indumentárias não impediram que a pessoa de Porfírio Zacharias dos Santos o reconhecesse e denunciasse o seu paradeiro ao subdelegado do Pé do Banho, o senhor Manoel Nunes Barroso. No mesmo dia, o destacamento estacionado no Pé do Banco seguiu, acompanhado de dez praças da Guarda Nacional, em direção a "Várzea da Piranha", onde João Mulungu acabou sendo visto. Todavia, quando ali aportaram, esse quilombola e seus parceiros não mais se encontravam no ponto indicado na denúncia, razão pela qual o comandante da operação, Manoel de Jesus Biriba, optou por deixar nove soldados dentro de uma casa, pois vislumbrava que eles pudessem estar ainda por aquelas paragens.[23] Enquanto parte do destacamento permaneceria escondido, Manoel seguia acompanhado do soldado Clementino José das Costas em direção ao sítio Fava, de propriedade de João de Batista de Carvalho. Logo que aportaram nesse sítio, eles puderam notar que um cavalo de cor russo, igual ao descrito na denúncia e que apontava estar sendo montado por João Mulungu, se encontrava atado no oitão da casa. Manoel Biriba reprimiu o proprietário do sítio, pediu que ele entregasse o animal e que o acompanhasse até a presença do subdelegado.[24]

No primeiro momento, o senhor João ainda resistiu, mas, após ser apresentado ao mandado, avisou que iria entrar na sua residência para "mudar a roupa". Logo em seguida, Manoel Biriba resolveu adentrar o interior da casa, ocasião em que pôde observar que saía sorrateiramente "pela porta do quintal" um "negro de altura regular", "gordo", vestido de calça brim amarela "com listras dos lados" e com um "chapéu do Chile na cabeça". Manoel

22 APES. Fundo: SP[1]. Pacotilha: 375. Ofício do subdelegado do Pé do Banco, Manoel Nunes Barroso, ao chefe de polícia de Ser, de 09 de abril de 1873.

23 *Idem*.

24 APES. Fundo: SP[1]. Pacotilha: 375. Ofício do subdelegado do Pé do Banco, Manoel Nunes Barroso, ao chefe de polícia de Ser, de 09 de abril de 1873.

Biriba ainda correu até o quintal, porém "o negro já corria longe". Segundo ele, não restava qualquer dúvida de "que era João Mulungu".[25]

Não podendo capturar mais esse escravo, Manoel Biriba ordenou a prisão do seu suposto coiteiro. Tanto João Batista, como o autor da denúncia e o soldado Clementino José prestaram depoimento sobre o ocorrido no dia 09 de abril de abril de 1873. O primeiro a ser ouvido seria o autor da denúncia, o qual asseverou que avistou o mencionado quilombola durante sua ida ao sítio Jaqueira. Indicou ainda que, "desde o verão do ano passado", sabia quem era "o quilombola João Mulungu", por tê-lo "visto nas senzalas do engenho Capim-Assu". Segundo ele, "uma escrava do mesmo engenho" que o revelou quem era João Mulungu, indicando ainda que um outro parceiro seu, de nome Bacurau, se achava montado "em uma das cancelas do pasto" da propriedade.[26]

Tal como apontado anteriormente, as matas do engenho Capim-Assu, situado em Rosário do Catete, eram mesmo usadas como pouso de João Mulungu e outros quilombos desde meados do ano de 1872. Inclusive, denúncias indicavam que alguns escravizados que residiam nesse engenho estariam comerciando com os quilombolas, motivo esse que podia explicar a presença de Mulungu e Bacurau no interior dessa propriedade.

Foi somente o depoimento de Clementino José da Costa, segundo a depor, que indicou mais sobre o ocorrido no sítio Fava e as causas que, provavelmente, impediram o apresamento do quilombola. Segundo ele, o cerco ao sítio Fava não acabou sendo previamente realizado porque eles não suspeitavam que ali dentro estivesse o procurado João Mulungu, o qual, continuou ele, recebeu do dono dessa propriedade um sinal para escapar.[27]

João Batista, no seu depoimento, negou que acoitara e que dera qualquer sinal para que o escravo escapar. Segundo ele, assim que entrou em sua casa, ouviu alguma pessoa entoar as palavras "pressa" e "pega", porém

25 *Idem.*

26 APES. Fundo: SP[1]. Pacotilha: 375. Auto de perguntas feitas a Porfírio Zacharias dos Santos, de 09 de abril de 1873.

27 APES. Fundo: SP[1]. Pacotilha: 375. Auto de perguntas feitas a Clementino José da Costa, de 09 de abril de 1873.

não sabia atribuir o motivo disso. Também indicou que, pouco antes disso acontecer, recebeu em sua residência "um preto de estatura regular" e muito gordo, o qual estava procurando uma montaria que ele encontrara abandonado nos arrabaldes da Várzea da Piranha dias antes.[28]

Em outras palavras, o que João Batista queria dizer era que não sabia que o preto que esteve em sua casa era o procurado João Mulungu. Tão pouco que ele estaria acoitando esse quilombola.[29]

João Mulungu escapou, mas continuaria a ser procurado pela região. No seu encalço seguia sobretudo João Batista da Rocha Banha, o qual estaria agora a comandar o destacamento disposto em Rosário do Catete.[30] Todavia, diante das suspeitas de que o "grupo dirigido por João Mulungu" se mudara para as margens do rio Vaza-Barris, o próprio presidente da província de Sergipe ordenou que João Batista da Rocha deixasse esse destacamento e se encarregasse da "captura dos [ditos] quilombolas em Itaporanga".[31]

Não obstante a possibilidade de João Batista passar a empreender marchas em Itaporanga, não existia ainda nenhum dado mais concreto que pudesse indicar que João Mulungu e seus parceiros estariam acoitados por aquelas paragens. Tratava-se apenas de uma suposição, mas – como se pode perceber – essa não podia ser descartada. Inclusive, de acordo com o delegado de Itaporanga, mesmo empreendendo algumas pesquisas, nada pôde saber a respeito da presença de "quilombolas dirigidos pelo escravo de nome João Mulungu" por aquelas imediações.[32]

---

28 APES. Fundo: SP[1]. Pacotilha: 375. Auto de perguntas feitas a João Batista de Carvalho, de 09 de abril de 1873.

29 APES. Fundo: SP[1]. Pacotilha: 375. Ofício do subdelegado do Pé do Banco, Manoel Nunes Barroso, ao chefe de polícia de Sergipe, de 09 de abril de 1873.

30 APES. Fundo: SP[1]. Pacotilha: 77. Ofício de Manoel do Nascimento Galvão ao chefe de polícia de Sergipe, de 17 de julho de 1873.

31 *Idem*.

32 APES. Fundo: SP[1]. Pacotilha: 298. Ofício do delegado de Itaporanga, José de Melo, ao chefe de polícia de Sergipe, Manoel José Espínola Júnior, de 03 de setembro de 1873.

Mesmo demostrando empenho e colocando à disposição dos delegados municipais aquele que seria o mais preparado para apreender o quilombola João e os seus parceiros, o certo era que a secretaria de polícia de Sergipe não sabia onde eles estavam acoitados. Em agosto daquele ano, João Batista da Rocha Banha apontou outros dois supostos pousos desses quilombolas:

> Quanto a viagem que fizeram aqueles escravos para Itabaiana é verdade [...], porém chegando lá os ditos escravos não acharam cômodo e regressaram logo para os matos do engenho Areia Branca, termo de Divina Pastora, e dali resolveram-se a fazerem residência na margem do rio Vasa-Barris, no lugar denominado Aldeias, conforme tudo declarou-me o último quilombola por mim preso em Divina Pastora [...].[33]

Mesmo os autos de perguntas procedidos em escravos recém-capturados sendo instrumentos importantes para saber onde os quilombos estavam situados, o poder de mobilidade e de deslocamento das comunidades quilombolas impediam que elas pudessem ser atacadas e capturadas em massa. No que concerne a ida de João Mulungu e dos outros quilombolas para a região agreste de Sergipe, onde estaria situado o município de Itabaiana, essa parecia ser uma estratégia adotada para escapar das operações que estavam sendo empreendidas no Vale do Cotinguiba. Todavia, como apontado no registro acima, eles não demorariam muito em Itabaiana e, pouco depois, estariam acoitados – mais uma vez – nas matas de Divina Pastora, migrando depois para Itaporanga.

No quadro a seguir constam os principais ambientes por onde João Mulungu se acoitou entre os anos de 1871 e 1875, ao menos aqueles que podem ser notados a partir dos registros policiais contidos no Arquivo Público do Estado de Sergipe.

33 APES. Fundo: SP[1]. Pacotilha: 393. Ofício do tenente João Batista da Rocha Banha, ao chefe de polícia de Sergipe, dr. Manoel José Espínola Júnior, de 07 de agosto de 1873.

Quadro 3. Locais indicados como esconderijos do quilombola João Mulungu entre os anos de 1871-1875.

Data	Local	Município
Julho/1871	Imediações dos engenhos Limeira e Quindongá	Divina Pastora
Novembro/1871	São José	Rosário do Catete
Novembro/1871	Limeira	Divina Pastora
Março/1872	Capim-Assu	Rosário do Catete
Março/1872	Facão, acostado ao engenho Jurema.	Rosário do Catete
Março/1872	Matas do engenho Salobro	Rosário do Catete
Dezembro/1872	Matas do engenho Lagoa-Grande	Rosário do Catete
Dezembro/1872	Limeira	Divina Pastora
Janeiro/1873	Limeira	Divina Pastora
Janeiro/1873	Engenho Bette	Rosário do Catete
Abril/1873	(Sítio Fava) Várzea da Piranha	Freguesia do Pé do Banco
Julho/1873	Engenho Itaperoá	Itaporanga
Agosto/1873	-	Itabaiana
Agosto/1873	Engenho Areia Branca	Divina Pastora
Agosto/1873	Aldeias (Nas margens do rio Vaza Barris)	
Janeiro/1874	Engenho vizinho a vila de Rosário de Catete	n.d.
Janeiro/1875	n.d.	Japaratuba

Fonte: APES. Fundo: SP[1]. Pacotilha: 178. Ofício oriundo da vila de Divina Pastora, de 29 de julho de 1871; APES. Fundo: SP[1]. Pacotilha: 176. Auto de perguntas feitas a escrava Limôa, em 09 de novembro de 1871; APES. Fundo: SP[1]. Pacotilha: 705. Autuação do auto de perguntas procedido nos escravos quilombolas Maurício e Joana, em 03 de março de 1872; APES. Fundo: SP[1]. Pacotilha: 705.

Auto de perguntas aos escravos quilombolas Romão e Evaristo, em 22 de março de 1872; APES. Fundo: SP[1]. Pacotilha: 178. Auto de perguntas feitas ao escravo Francisco, em 22 de dezembro de 1872; APES. Fundo: SP[1]. Pacotilha: 373. Auto de perguntas feita a escrava Ana Rita, em 03 de janeiro de 1873; APES. Fundo: SP[1]. Pacotilha: 298. Auto de perguntas feitas pelo delegado de polícia a escrava Isabel, em 07 de janeiro de 1873; APES. Fundo: SP[1]. Pacotilha: 375. Ofício do subdelegado de polícia do Pé do Banco ao chefe de polícia de Sergipe, Manoel Joaquim Espínola, de 09 de abril de 1873; APES. Fundo: SP[1]. Pacotilha: 77. Ofício do Palácio do Governo da Província de Sergipe, de 17 de julho de 1873; APES. Fundo: SP[1]. Pacotilha: 393. Ofício do tenente João Batista da Rocha Banha, ao chefe de polícia de Sergipe, dr. Manoel José Espínola Júnior, de 07 de agosto de 1873.APES. Fundo: SP[1]. Pacotilha: 373. Ofício do 1° suplente do delegado de Rosário, Ignácio Pascoal Santos, ao chefe de polícia interino de Sergipe, Alexandre Pinto Lobão, de 10 de janeiro de 1874; APES. Fundo: SP[1]. Pacotilha: 346. Ofício do delegado de polícia de Japaratuba ao chefe de polícia de Sergipe, de 16 de janeiro de 1875.

Nota: n.d. = não declarado.

Vale salientar que entre os ambientes registrados, somente o sítio Fava seria um ponto onde João Mulungu estaria apenas de passagem, e não necessariamente um pouso seu. No que concerne a indicação das datas no quadro acima, elas registram muito mais o momento em que se obteve a notícia sobre a estadia ou a passagem desse quilombola nos ambientes mencionados, do que, necessariamente, o momento em que ele estaria ali residindo. Já quanto ao quadro registrar indicações de pousos distintos em datas equivalentes, isso apenas corrobora o ideal de que João Mulungu estava a integrar e comandar uma comunidade quilombola volante.

Entre os municípios mencionados, Rosário do Catete e Divina Pastora se destacavam por serem o de maior estadia de João Mulungu. Tão somente as matas do engenho Limeira aparecem indicadas no quadro acima cinco vezes, o que denota que estas eram sim, como aventou o então delegado João Batista da Rocha Banha, o principal pouso de João Mulungu e seus companheiros.

Lembremos que o coronel João Maria de Araújo Nabuco, dono do engenho Limeira, era suspeito de ser complacente com os quilombolas acoitados nas matas da sua propriedade, a ponto inclusive de não impedir que os escravos das suas senzalas se relacionassem com os primeiros. Lembremos ainda que uma importante autoridade do Poder Judiciário alocada em Divina Pastora estaria, supostamente, criando não apenas obstáculos para que diligências pudessem ser ali realizadas como ainda contribuiu diretamente para o malogro de uma delas.

É de supor que o apoio dos escravos das senzalas e a omissão ou a complacência desses dois indivíduos indicassem o quanto as matas do Limeira era, dentro do possível, o ambiente mais propício para se erigirem os ranchos, motivo ainda por que João Mulungu e seus companheiros, aparentemente, sempre retornavam para aquelas matas assim que minoravam as inspeções militares. Mas, não eram apenas as matas do Limeira que se mostravam ser ideais para se esconder. Isso porque, quando do auto de inquirição do escravo fugido Maximiano, realizado em meados de 1875, ele indicou que João Mulungu, durante as suas andanças, costumava sempre dormir "na roça da casa" de um senhor denominado Lacerda, morador na Missão de Japaratuba, onde ele ainda depositava seu "armamento", assim como "na senzala da sua mãe" no engenho Quindongá e "na de uma irmã", no engenho Piedade.

Mais importante do que contar com redes de apoio era poder incluir nelas os seus entes. No caso de João Mulungu, ele contava não apenas com o apoio da sua mãe, mas ainda com o da sua irmã. Trata-se de mais um indicativo de que a evasão do cativeiro poderia aproximar entes que a escravidão, em algum momento, separou. No que diz respeito, mais precisamente, as matas imediatas ao engenho Quindongá, onde estaria residindo a mãe desse quilombola, ele apareceu no quadro acima como um dos primeiros pousos de João Mulungu, ainda em meados do ano de 1871. Isso denota que a opção e a possibilidade de se acoitar em um ou em outro rancho quilombola não estava apenas relacionada aos direcionamentos das operações policiais.

Tinham outras questões e outros interesses que podiam aproximar os escravos de um ou de outro quilombo, de uma ou de outra mata. É preciso que se compreenda que nem sempre a evasão do cativeiro se constituía em um rompimento do contato com os seus entes ou com os parceiros que permaneciam nas propriedades. Muito pelo contrário!

No início do ano de 1874, novas notícias indicavam que João Mulungu e seus parceiros estariam acoitados – outra vez – nas imediações de Rosário do Catete. Segundo o delegado Ignácio Pascoal Santos, ele mesmo encarregou

> dois espias, mediante a gratificação de 100$000 para ambos, a darem em lugar os quilombolas = Murungú [Mulungu], Bacurau e outros. Estava marcado a noite do dia 3 do corrente para o comparecimento deles, mas a pedido dos mesmos foi repassada a função para a noite do dia 5, visto como tinham de assistir a outro convite. Para efetuar esta diligencia preciso que V. S. mande 40 praças e ordem para ser junto o destacamento de Maruim.

Os dois espias contratados indicaram que os escravos estariam acoitados em matas situadas um pouco além das imediações de Rosário do Catete, motivo por que seria recomendada a coparticipação do destacamento de Maruim nessa marcha. Se essa marcha ocorreu, ela não seria responsável pela captura de João Mulungu. Isso por que, pouco mais de um mês depois, uma nova denúncia anônima indicou que João Mulungu e outros quilombolas estariam a se acoitar novamente pelas matas do Limeira. Tal denúncia, escrita como carta e endereçada ao presidente da província e ao comando da secretaria de polícia, seria publicada no periódico *A Liberdade*, em sua edição datada de 16 de fevereiro de 1874. Nela consta que:

> o município de Divina Pastora se acha na posse do salteador João Murungú. E nem se presuma há exageração neste dizer, e senão que sejam ouvidos os habitantes deste Município e em especial os desta vila.
>
> O quilombola João Murungú acaba de estabelecer sua residência com a terrível quadrilha no seu antigo aposento do Eng. Limeira, após a diligência que em pessoa dirigiu o Snr. Dr. Chefe de Polícia para os lados do Rosário do Catete.
>
> Não tardou em manifestar-se pelos roubos de roupas nas fontes de lavar, pelos furtos de cavalos e bois nos pastos dos engenhos, carneiros, perus e mais criações nos quintais de casas desta vila, e pelas frequentes fugidas dos escravos que são seus seduzidos e escandalosamente engrossam a quadrilha.
>
> O terror, o desanimo, a falta de garantia e de segurança estão na consciência de todos.
>
> Buscam todos um apoio e ninguém o encontra senão nos próprios recursos, os quais, como é de fácil compreender, não podem satisfazer e dar tranquilidade a população culto e muito laboriosa deste Município, assas rico e pela uberdade dos seus terrenos e digno de melhor sorte.
>
> É tal a condição anômala do Município nestes últimos tempos, que parece trazer a reprodução doutras era em que a <<Justiça se fazia pelo bacamarte>> [Sic.].[34]

"O Paciente", pseudônimo usado pela pessoa que assinou a carta/denúncia, elencou ainda alguns acontecimentos que podiam ilustrar a "condição anômala" por qual estava passando Divina Pastora; entre esses, a

34 *A Liberdade*. Ano 1, nº 42, Aracaju, 16 de fevereiro de 1874.

"insubordinação" dos escravos do senhor Antônio Luiz de Loreiro Maciel, dono do engenho Bette, os quais estavam abandonando "os carros e outros serviços da moagem" para se inserirem "na quadrilha que lhes fica[va] contigua".[35]

Segundo o Paciente, esse estado de insegurança era devido sobretudo ao modo "relaxado" com que o juiz municipal de Divina Pastora, Dr. José Jesuino José Gomes, ocupava o seu cargo, visto que sempre agia a "favor dos criminosos" e "pela impunidade dos crimes". Tentando provar o que estava sendo dito, o Paciente seguiu narrando diversos atos que não pareciam condizer com a postura de um magistrado. Mais precisamente em relação aos quilombos, o Paciente mencionou os reclames de João Batista da Rocha Banha a respeito dos "avisos" que supostamente "partiam para o quilombo da Limeira" antes mesmo das marchas serem iniciadas. Tão somente quando passou a realizar essas marchas "por si", sem comunicar previamente o magistrado sobre o que estava prestes a acontecer, que elas passaram a ser melhor sucedidas; essa ausência de comunicação prévia seria a causa do rancor nutrido pelo Dr. José Jesuino contra a pessoa de João Batista da Rocha Banha.[36]

Logo depois, arrematando a sua carta/denúncia, o Paciente registrou que poderia retornar com outras revelações caso não adotassem medidas mais contundentes contra a reprodução de crimes em Divina Pastora, não sem antes indicar ainda que:

> Tudo isto desejaríamos não crer, nem sentir, porem a segurança que não temos, a garantia que nos falta, ameados como se acham todos deste recôncavo pela ostentosa presença do salteador João Murungú e sua quadrilha, somos compelidos a bradar bem alto e pela imprensa, rogando mesmo a S. Exc. os Snrs. Presidente e Chefe de Polícia que se compadeçam

35 *Idem.*

36 *Idem*

> deste Município em tempo e antes que algum crime atroz leve pranto e o luto as famílias inteiras.
>
> Queira de coração o Sr. Juiz Municipal, Dr. Jesuíno José Gomes, compenetrar-se dos seus sagrados deveres e todas as dificuldades desapareceram, João Murungú será preso e sua quadrilha desaparecerá, [...].[37]

Mulungu, e não "Murungú" como reproduzido no decorrer da denúncia, era apontado como o "chefe bandido", o autor de muitos crimes que estavam sendo perpetrados naquele município. Vale salientar que no momento em que o João Batista da Rocha Banha denunciou a suposta associação entre o senhor José Jesuino e os escravos aquilombados nas matas do Limeira, ainda no início do ano de 1873, a secretaria de polícia de Sergipe estava sendo dirigida pelo senhor José Espínola Júnior, enquanto que o cargo de presidente de Sergipe se encontrava vago, sendo então a província administrada pelo vice-presidente Cypriano D'Almeida Sebrão. Já quando o Paciente publicou a carta/denúncia acima, esses cargos estavam sendo ocupados, respectivamente, pelos senhores Alexandre Pinto Lobão e Antônio dos Passos Miranda. Nesse sentido, não obstante um ou outro aspecto retratado na denúncia ser do conhecimento de antigas autoridades, a perpetuação dos crimes indicava que os novos dirigentes precisavam saber sobre o que estava se passando em Divina Pastora.

Todas essas denúncias seriam replicadas, poucos dias depois, em uma edição do periódico *Crença*. Não se pôde ainda constatar, *ipis litteris*, o que acabou sendo dito nessa ocasião. Tão somente se sabe que essa contestação motivou o Paciente a publicar uma nova correspondência no *A Liberdade*, dessa vez para esclarecer melhor os motivos que o conduziram a publicar a carta/denúncia pretérita. Segundo ele, pretendia não apenas "provocar a

---

37 *A Liberdade*, ano 1, nº 42, Aracaju, 16 de fevereiro de 1874.

explicação" a respeito dos muitos rumores que pairavam as condutas do magistrado, mas ainda atrair a "atenção [das autoridades] para os quilombolas" que estavam a empestar as matas da região.[38]

Nos dois meses seguintes, os periódicos da região reproduziriam outras cartas denúncias de autoria do Paciente, as quais seriam sempre replicadas pelo Dr. Jesuíno e por seus aliados. Na medida em que essas acusações iam sendo publicadas, a população passou a entender melhor como o magistrado podia estar prestando apoio aos quilombolas. Inclusive, o Paciente questionava – de modo irônico – o público se era ou não "o Sr. Dr. Jesuíno o protetor da quadrilha de quilombolas comandada por João Murungú?".[39]

Tratava-se de um questionamento que ele mesmo procuraria responder, sempre de modo contundente. Também questionaria se era mentira, como deixava entender as réplicas do magistrado, que João Mulungu nunca se escondera nas imediações do engenho Limeira:

> e o que prova a vinda de vários chefes de polícia a esse engenho, as buscas feitas pelo Capitão Esteves e pelo Capitão Rocha, os cercos dirigidos pelo Sr. Barão do Aracaju, como delegado, e pelas autoridades de Laranjeiras combinadas com as do Rosário, todos contestes em depor que no engenho Limeira tem os quilombolas a sede suas operações?
>
> Mas o Sr. Jesuíno reflete que se assim fora já os particulares ai teriam ido extinguir a quadrilha. Triste cortada!
>
> Quais os particulares que dispõe de meios para prender homens armados e dispostos sempre a expor a vida quando as autoridades com toda a sua força não o tem conseguido?[40]

38 *A Liberdade*, ano 1, nº 44, Aracaju, 28 de fevereiro de 1874

39 *A Liberdade*, ano 1, n. 46, 24 de março de 1874, p. 3.

40 *A Liberdade*, ano 1, n. 46, 24 de março de 1874, p. 3

Tais autoridades poderiam não apenas provar que o Limeira era sim um dos principais aposentos do quilombola João Mulungu, mas ainda indicar o quanto era constrangedor qualquer ataque direcionado contra as suas matas. Não obstante o peso dessas denúncias, o Dr. Jesuíno permaneceria no cargo ao menos até o dia 04 de fevereiro de 1875, ocasião em que ele entrou de licença, por um mês, para cuidar da sua saúde. O seu cargo passaria então a ser ocupado pelo bacharel Manoel Cardoso Vieira de Mello.

No que concerne a João Mulungu, como essas desavenças e esses desentendimentos ocorridos no mundo senhorial comumente eram percebidos pelos escravos, estivessem na condição de evadidos ou não, dificilmente ele não soube sobre o que estava sendo veiculado a seu respeito por meio da imprensa. Talvez, a consciência de que o momento não era o mais apropriado para estar em Divina Pastora motivou a sua mudança para a vila de Japaratuba, onde ele seria, meses depois, avistado novamente em companhia do quilombola Bacurau.

É de supor que essa sua mudança para Japaratuba era mais uma medida premeditada. Isso porque, não devemos esquecer que nessa vila residia um senhor de nome Lacerda, pessoa suspeita de ceder o seu roçado como cômodo, durante a noite, para João Mulungu. Nesse sentido, diante da impossibilidade de se pernoitar mais nas imediações do Limeira, o mais prudente parecia ser recorrer ao apoio de outros antigos parceiros.

Todavia, como vimos em muitas ocasiões, essas alianças e os constantes deslocamentos não impediam que os quilombolas continuassem sendo alvo de caçadas e ataques. No dia 16 de janeiro de 1875, assim que soube da presença dos ditos escravos em Japaratuba, o delegado Manoel Ferreira Passos de Faro escreveu para o chefe de polícia dizendo:

> Constando-me achar-se homiziado neste termo, os criminosos, escravos, de nome João Mulungu e Bacurau, que eles alguma noite tomam chegada

> nesta vila, depois que se recolhem as patrulhas tendo o tenente comandante da companhia de municipais deste termo, bastante vontade de capturar os referidos criminosos por meio de emboscadas, pois de outra forma nada podemos fazer, porque eles andam muito prevenidos; porém sendo a força aqui existente para o fim desejado insuficiente; Cumpre-me solicitar de V. S. a presença das duas praças da Guarda Municipal deste termo, que se acham em diligência na vila de N. S. das Dores, desde 28 de novembro do ano por findo [Sic].[41]

Fica evidente o quanto o delegado, mesmo ansioso pelo logro da captura dos escravos, salientou a necessidade de muita cautela no momento de empreender a marcha, sobretudo porque os mesmos se encontravam sempre prevenidos. Ele concluiria essa sua participação indicando a inconveniência de "requisitar a força do município vizinho", uma vez que era importante manter em "segredo" a diligência em questão e devido aos escravos deterem, ao seu favor, "protetores de aviso".

Mesmo João Mulungu escapando de diversas operações policiais e mesmo ele podendo contar com uma enorme e diversa rede de alianças, o que se depreende era que o cerco contra ele e os seus parceiros estava sendo cerrado. Isso porque, eles não mais conseguiam se acoitar em um mesmo ambiente por muitos dias sem serem incomodados ou atacados pelos soldados. Imaginando que os constantes deslocamentos eram importantes na perpetuação dos quilombos e na própria manutenção da condição de quilombola, eles não deixavam de ser ainda muito desgastantes. Todas as matas indicadas como pouso dos quilombolas eram de dimensões pequenas, situação essa que demandava muito cuidado durante qualquer deslocamento,

41 APES. Fundo: SP[1]. Pacotilha: 346. Ofício do delegado de polícia de Japaratuba, ao chefe de polícia de Sergipe, datado de 16 de janeiro de 1875.

por menor que ele pudesse ser. Nem mesmo os animais de montaria usados por alguns quilombolas podiam minorar o cansaço diante dos constantes deslocamentos por ambientes densos, alagadiços e repletos de obstáculos naturais. Importantes, necessárias, mas sempre desgastantes. É desse modo que se deve entender a itinerância e o poder de mobilidade dessas comunidades quilombolas.

Em meados da década de 1870, o nome de João Mulungu e dos seus principais parceiros ecoavam pelo Vale do Cotinguiba, o que elevava não apenas o medo contra eles, mas ainda o anseio deles serem capturados. Fernando Manoel Barbosa, dono do engenho Sumbinho, situado no município de Siriri, deixou antever como esse medo parecia ser enorme naquele momento. Segundo ele, na noite de 01 de agosto de 1874, acabou sendo despertado por algumas pessoas que estavam a invadir a sua propriedade. Naquele reboliço, a "ideia que veio a [sua] mente" era a de que ele e seus entes se encontravam cercados "pelo chefe bandido João Murungú" e pela "sua quadrilha de ladrões", razão pela qual creia ser "muito grave" a sua situação. No entanto, após alguns minutos, ele notou, "com certo grau de menor receio", que quem estava a empreender aquela perturbação era o alferes Francisco Correia Dantas Cardoso, o qual estava indo cumprir um mandado de prisão contra dois escravos do senhor Manoel José Alves.[42]

Temido e procurado como nunca, João Mulungu continuava a se aquilombar pelas matas do Cotinguiba. No dia 26 de janeiro de 1875, em mais uma oitiva procedida contra um escravo recém capturado, o subdelegado da cidade de Laranjeiras não perdeu a oportunidade de questionar se o depoente sabia onde estava o escravo "fugido há anos" de nome João Mulungu, assim como o de nome Laureano, de propriedade do tenente

42 *A Liberdade*, ano 1, nº 53, Aracaju, 27 de agosto de 1874, p.4.

coronel Antônio de Siqueira Horta, do engenho Junco. Em resposta, o escravo indicou que não os conhecia e que "nunca ouviu falar em seus nomes".[43]

Laureano, assim como Maximiano – esse conhecido nos matos como Bacurau –, eram parceiros antigos de João Mulungu e, por isso, alvos certos das diligências encabeçadas pela secretaria de polícia de Sergipe Del Rey. No que concerne a Maximiano, a sua captura seria realizada em Laranjeiras, aproximadamente seis meses depois dele ser visto com João Mulungu nas imediações da vila de Japaratuba. Tratava-se, certamente, de uma das mais importantes apreensões de quilombolas realizadas até aquele momento.

Isto porque, por acompanhar João Mulungu em diversos quilombos espalhados pelo Vale do Cotinguiba, Bacurau era certamente sabedor da rotina e dos atos praticados pelo seu parceiro. Em depoimento, Bacurau indicou ser escravo de uma senhora residente em Japaratuba, de quem escapara seis anos antes. Indicou ainda que, no decorrer desse período, viveu de "furtar bois, cabras, ovelhas e galinhas de diversos pastos". Inclusive, revelou que, acompanhado de João Mulungu, roubou animais de montaria e quatro bois, sendo esses últimos vendidos pelo preço de "vinte mil réis cada um" a um senhor denominado Nano, "genro do finado João Teixeira".[44]

Logo depois de prestar depoimento, Bacurau acabou sendo conduzido até o quartel da vila de Capela. No dia 11 de julho de 1875, ele deixou o dito quartel e seguiu escoltado em direção a capital Aracaju, de onde seria "vendido para o sul do Império".[45] Tal procedimento contrariava as normas

43 APES. Fundo: SP[1]. Pacotilha: 375. Auto de perguntas eito ao escravo de nome Anastácio.

44 APES, SP[1], pacotilha 346, Auto de perguntas feitas a Maximiano, escravo de José Nobre da Cunha, 29 jun. 1875.

45 APES. Fundo: SP[1]. Pacotilha: 346. Ofício do delegado em exercício de Capela, Mathias José dos Santos, ao chefe de polícia de Sergipe, Vicente de Paula Cascaes Telles, de 1º de julho de 1875; APES. Fundo: SP[1]. Pacotilha: 346. Ofício do comandante do quartel de Capela, Mathias José dos Santos, ao chefe de polícia de Sergipe, Vicente de Paula Cascaes Telles, de 11 de julho de 1875

existentes, uma vez que Bacurau não poderia deixar a província de Sergipe sem que antes pudesse ser pronunciado, processado e punido pelos crimes que ele mesmo admitiu ser o autor. Todavia, muito mais importante do que provar a sua participação e a de João Mulungu em crimes, o depoimento de Bacurau permitiu notar a existência de um mercado clandestino e rentável dirigido por esses quilombolas.

Segundo Flávio Gomes, "o interesse em destruir alguns quilombos/mocambos poderia estar relacionado não só ao fato de existirem escravos fugidos, mas também porque havia cooperações socioeconômicas em torno deles".[46] Isso pode explicar – em parte – o porquê dos quilombolas mencionados acima serem apontados como os principais alvos das operações contra os quilombos do Cotinguiba.

Todavia, muito provavelmente a captura de parte dos seus parceiros estava deixando João Mulungu mais suscetível de ser apreendido; cada escravo capturado poderia representar o rompimento de um ou mais elos da rede de contato e apoio que permitiam a perpetuação do couto e da sua própria condição de quilombola. Nesse sentido, pode-se considerar, por exemplo, que a captura do quilombola Bacurau, um dos mais antigos parceiros de João Mulungu, resultara no rompimento de parte das alianças que permitiram eles driblarem, por diversas oportunidades, as marchas policias. Há anos eles dividiam os mesmos aposentos nas matas. No ano de 1871, ambos estariam a residir nas matas do São José e, desde então, se acoitaram em muitos outros ranchos, até mesmo nos situados nas matas do Limeira. Tudo isso indica que a captura do escravo Bacurau abalou muito João Mulungu, não obstante outros parceiros permanecerem com ele pelas matas.

Nos seus encalços seguia João Batista da Rocha Banha que, no dia 13 de janeiro de 1876, comunicou ao chefe de polícia de Sergipe, Vicente de Paula Cascaes Telles, sobre as novas razias cometidas por Mulungu e outros quilombolas, vejamos:

46 Gomes, 2006, p. 59.

> Comunico a V. Sa. que no dia 11 do corrente, pelas 10 horas da noite, foram atacado neste Termo, os cidadãos Luiz Maynart e Joviano de tal, pelos quilombolas que se acham circulando neste Termo, e logo que veio ao meu conhecimento segui imediatamente a socorrê-los, não encontrei mais os quilombolas, visto ser de grande distância desta vila, tendo ali encontrado grande roubo feito por eles em objetos e muitas criações daquele senhor, dos quais levaram um carneiro pela corda que o dito carneiro foi que serviu de guia tomando-se o rastro pelo caminho.[47]

Segundo ele, constatou-se que o "regente desses malfeitos" era João Mulungu e o seu "imediato", o quilombola Manoel Jurema, os quais estariam, até mesmo, ensaiando um ato ainda maior:

> Hoje chegou ao meu conhecimento que aquele malfeitor está preparando-se com muitos quilombolas para invadirem esta vila, prometendo vir até o quartel com os seus companheiros atacarem a força e já tem prevenido 2 quilombolas com 15 escravos para esse fim [...].[48]

Não obstante a maioria das notícias sobre sedições e sublevações de escravos não passar de rumor, as autoridades precisavam se manter sempre precavidas, ainda mais em uma região como o Vale do Cotinguiba. No dia seguinte, o capitão João Batista da Rocha Banha enviou outra

47 APES. Fundo: AG[1]. Pacotilha: 04, 13 de janeiro de 1876, documento 05. Apud: SANTOS, Jucilene Pereira dos. Delitos de escravos em Divina Pastora (1860-1888). Monografia da Universidade Federal de Sergipe, 1998, p. 55

48 APES. Fundo: AG[1]. Pacotilha: 04, 13 de janeiro de 1876, documento 05. Apud: SANTOS, Jucilene Pereira dos. Delitos de escravos em Divina Pastora (1860-1888). Monografia da Universidade Federal de Sergipe, 1998, p. 55.

correspondência para o senhor Vicente de Paula, desta vez para prantear as agressões que João Mulungu e outros quilombolas realizaram em um morador de Divina Pastora. Segundo ele, os quilombos situados entre "as matas da Cotinguiba e Japaratuba" podiam ser:

> abatidos com um pequeno esforço da Polícia; para que me ofereço abatê-los e extingui-los em poucos meses.
>
> Com alguma experiência que adquiri na captura de cinquenta e três desses piratas posso informar a V. Sa. com os pequenos planos que der, que é facílimo a captura daquele chefe e seus companheiros. Tenho muito prazer em prestar este pequeno serviço a minha província e a V. Sa. que tanto tem se esforçado para a moralidade dela.[49]

João Batista era um dos militares mais dedicados a causa contra os quilombos do Cotinguiba. Notícias dão conta de que ele estava a marchar pelas matas dessa região desde o ano de 1868, pouco depois de retornar da Guerra do Paraguai. Todavia, essa sua dedicação atraiu não apenas condecorações e aplausos das autoridades senhoriais e policiais, mas ainda a reprovação do magistrado de Divina Pastora, motivo por que ele deixou de atuar contra as matas desse município.

No entanto, diante a notícia de que João Mulungu estaria a se acoitar outra vez em Divina Pastora, João Batista não demorou a pedir permissão para operar mais uma marcha contra esse quilombola. Segundo ele, nenhuma outra autoridade era mais interessada em capturar João Mulungu do que ele próprio. Não demorou muito para que João Batista recebesse permissão para ir até Divina Pastora, como se nota na correspondência abaixo:

49 *Idem*.

> Infelizmente é verdade que os quilombolas apresentam-se ultimamente no Terno de Divina Pastora e lugares circunvizinhos, de um modo [ilegível] aterrador. Eles, porém, não lograrão roubar por mais tempo das autoridades e dos cidadãos a quem ousam acometer. Assim, espero das providências que já tomei de acordo com V. E..
>
> O Capitão João Batista da Rocha Banha seguiu com algumas praças para bater aqueles malfeitores, e é de crer que ele consiga bons resultados com o auxílio de outros meios que lhe serão proporcionados, segundo as providências que tomei, asseverando ser esse oficial muito dedicado e muito [*ilegível*] para diligências de tal natureza.[50]

Tudo parecia seguir agora como esperado. Inclusive, o senhor Manoel Cardoso Vieira, que estava substituindo o Dr. José Jesuíno no cargo de magistrado de Divina Pastora, se colocou à disposição para acompanhar João Batista na caçada. Era o dia 14 de janeiro de 1876 quando o capitão João Batista seguiu, acompanhado de dez praças, na direção de Divina Pastora. Lá, eles seriam recepcionados por mais oitos praças, pelo mencionado magistrado Manoel Cardoso e pelo alferes Marcolino de Souza Franco. Na noite do dia seguinte, deu-se início a marcha. Todos seguiram, *a priori*, na "direção [d]as matas do engenho Maria Telles", do termo de Maruim, mas não se pôde encontrar nesse lugar qualquer sinal de ranchos quilombolas.[51]

50 APES. Fundo: SP[1]. Pacotilha: 636. Ofício direcionado ao comando da secretaria de polícia de Sergipe, datado de 17 de janeiro de 1876.

51 APES, Câmara Municipal: correspondências expedidas e recebidas, atos, pareceres, ofícios e atas (CM[3]), pacotilha 39, Ofício do capitão comandante da diligência João Batista Rocha Banha ao chefe de polícia de Sergipe, dr. Vicente de Paula Cascaes Telles, 21 jan. 1876, p. 2.

Optou-se então por seguir, no dia seguinte, até o riacho Maniçoba, onde os soldados puderam acampar e descansar um pouco. Era noite desse dia quando o comando da operação deixou alguns soldados atocaiados e seguiu, acompanhado de outras quatro praças, novamente na direção da vila de Divina Pastora, dessa vez para apurar uma denúncia que indicou estar próximo das matas do sítio Limoeiro o "chefe dos quilombolas e seus companheiros". Todavia, mais uma vez, nada pôde ser encontrado.[52]

No dia 17 de janeiro de 1876, segundo dia consecutivo de marcha, após reunir mais uma vez os soldados, optou-se por rumar para "as matas dos engenhos Jurema e Capim-Assu", esses situados na vila de Rosário do Catete.[53] Vale salientar que as matas desses dois engenhos aparecem no quadro exposto aqui anteriormente como pousos do crioulo Mulungu. Inclusive, no que concerne mais especialmente ao Capim-Assu, em meados do ano de 1872, como apontado aqui anteriormente, se cogitou que um morador desse engenho estaria abastecendo alguns quilombolas com alimentos.

É de supor que isso possa explicar o modo como mais de 20 escravos recepcionaram os soldados que estavam sendo comandados pelo capitão João Batista assim que esses alcançaram a cancela do engenho Capim-Assu. Todavia, não obstante a resistência e as agressões impetradas por eles, os quais, "armados de faca, enxada e facões", pareciam se mostrar "indignados pela perseguição" que estava sendo empreendida naquele instante contra os "seus parceiros", os soldados conseguiram os repelir "a ponta de baionetas", não sem sair dois membros da marcha feridos nas mãos.[54]

Transposta a resistência desses escravizados, deu-se início a inspeção das matas do Capim Assu. Mas como nada pôde ser encontrado, os soldados marcharam em direção às "matas do povoado de N. S. do Carmo", onde, à noite, preservaram-se atocaiados, porém sem qualquer sucesso. Era

52 *Idem.*

53 *Idem.*

54 *Idem.*

o dia 18 de janeiro de 1876 quando o comando resolveu regressar com os soldados, mais uma vez, para o ponto de partida da marcha: a vila de Divina Pastora. Enquanto retornavam, mais precisamente ao chegar no engenho Periperi, eles se depararam com o destacamento de Maruim inspecionando as suas matas e resolveram prestar auxílio. Todavia, como nada puderam encontrar, seguiram na direção de Divina Pastora.[55]

Nesse mesmo dia, seria capturada "nos matos do engenho Maria Telles" a escrava Angélica, de propriedade do senhor João Gonçalves, dono do engenho Flor da Roda, de Laranjeiras, a qual seria apontada como mais uma "amásia do célebre João Mulungu".[56] Tudo indica que eles estariam a procurar por um novo aposento quando ela acabou sendo capturada. João Mulungu escapou, mas continuaria a ser perseguido.

Enquanto retornavam para Divina Pastora, mais precisamente nas imediações do engenho Vassouras, os soldados se depararam com um escravo de nome Seberino, do engenho Flor da Roda, o qual portava uma carta-denúncia que indicava se encontrar "nas senzalas" dessa propriedade o "chefe dos quilombolas João Mulungu. Era madrugada do dia dezenove quando os soldados alcançaram o engenho Velho Tanque de Moura, onde se reencontrariam com o dito Seberino. Todavia, como esse não se encontrava na ocasião, os membros da marcha acabaram aguardando-o escondidos "no centro de um grande bananeiral". Tempo depois, o soldado José Francisco da Rocha seguiu, aparentemente à paisana, para se encontrar com Seberino, o qual apareceu

55 APES, Câmara Municipal: correspondências expedidas e recebidas, atos, pareceres, ofícios e atas (CM[3]), pacotilha 39, Ofício do capitão comandante da diligência João Batista Rocha Banha ao chefe de polícia de Sergipe, dr. Vicente de Paula Cascaes Telles, 21 jan. 1876, p. 2.

56 APES, SP[1], pacotilha 728, Ofício do delegado de Maruim, Manoel Cardoso, ao chefe de polícia da província de Sergipe, 20 jan. 1876

alguns instantes depois dando parte que João Mulungu não se encontrava ali naquele momento, mas que presumia o seu retorno perto do meio dia.[57]

Mesmo cansados, os soldados optaram por aguardar escondidos o suposto retorno do quilombola. O sol estava a pino quando o escravo Seberino procurou os soldados para dizer "que João Mulungu se achava em descanso com o seu inseparável companheiro no centro de um grande canavial", debaixo de uma árvore do Flor da Roda.[58] Tratava-se, sem dúvida, do momento mais esperado pelo capitão João Batista da Rocha Banha e pelos demais soldados. Imediatamente iniciou-se um deslocamento sorrateiro até a região indicada.

Mesmo antes de aportarem no ponto indicado, achou-se prudente que o magistrado e o senhor Marcolino deveriam apear dos seus animais, os quais passariam a ser montados por "duas praças de confiança" do capitão João Batista.[59] Em seguida, esse ordenou que seis soldados atacassem pela esquerda, enquanto outros nove deveriam investir pela retaguarda, posicionando-se o restante para atacar diretamente. Lograra-se, assim, o esperado cerco. Vejamos como o próprio João Batista narrou o que estava por acontecer:

> Logo que os dois quilombolas sentiram a primeira opressão, um entregou-se e o João deslizando-se das mãos de três soldados e evadio-se a toda carreira deixando as armas composta de uma pistola de alcance

57 APES, Câmara Municipal: correspondências expedidas e recebidas, atos, pareceres, ofícios e atas (CM^3), pacotilha 39, Ofício do capitão comandante da diligência João Batista Rocha Banha ao chefe de polícia de Sergipe, dr. Vicente de Paula Cascaes Telles, 21 jan. 1876, p. 2.

58 APES, Câmara Municipal: correspondências expedidas e recebidas, atos, pareceres, ofícios e atas (CM^3), pacotilha 39, Ofício do capitão comandante da diligência João Batista Rocha Banha ao chefe de polícia de Sergipe, dr. Vicente de Paula Cascaes Telles, 21 jan. 1876, p. 2.

59 *Idem.*

> carregada e um facão grande de ponta; não perdi tempo em persegui-lo com as praças montadas que a distância de duzentos passos mais ou menos foi arrojado ao chão com um pequeno golpe na cabeça.[60]

Encerrou-se, desse modo, os quatro dias consecutivos de marcha contra João Mulungu, o qual, como se pode notar acima, ainda ensaiou outra escapada, mas acabou sendo conduzido ao solo após receber uma pancada. Sua captura mobilizou dezoito praças de polícia e mais dois oficiais experientes, além de uma autoridade do Poder Judiciário. Foram muitos quilômetros percorridos pelo Vale do Cotinguiba. Muitas denúncias acabaram sendo apuradas e, com isso, diversas matas inspecionadas. Em que pese o mapa a seguir não apontar a plenitude dos pontos inspecionados, pode-se obter, por meio dele, uma ideia não apenas do espaço percorrido pelos soldados que empreenderam sua captura, mas ainda onde estavam dispostos parte dos ranchos onde João Mulungu se acoitou enquanto permaneceu na condição de evadido, vejamos:

60 *Idem.*

Figura 8. Indicação dos ambientes onde João Mulungu se acoitou e parte do percurso percorrido pela diligência que o capturou

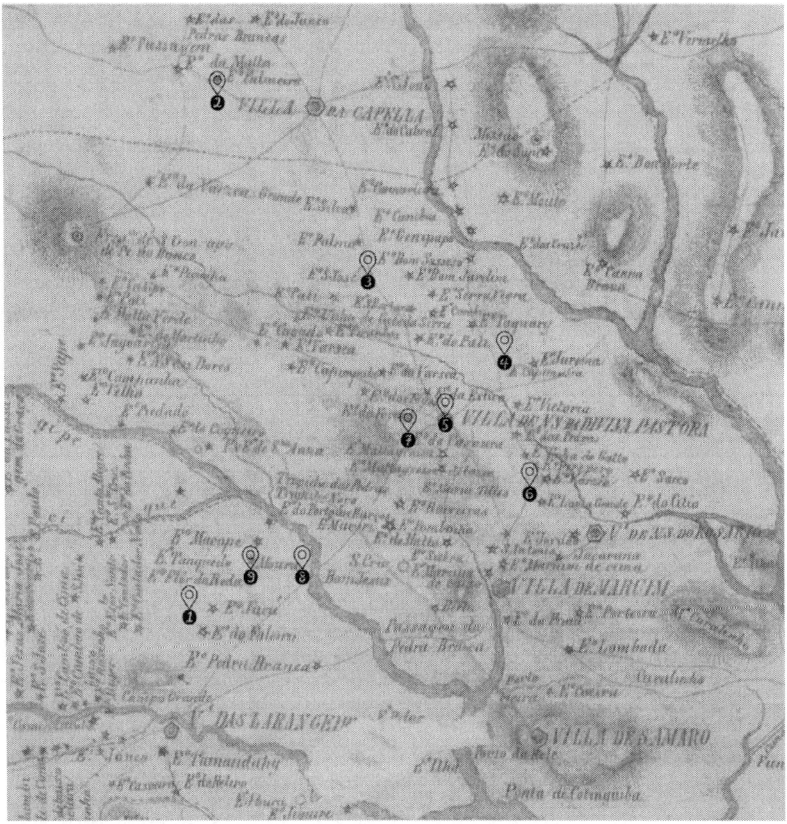

Fonte: Carta corográfica para a divisão das comarcas, termos e municípios da província de Sergipe Del Rey, produzida pelo engenheiro João Bloem, no ano de 1844 (versão recortada e editada).

Legenda: (1) Provável localização do engenho Mulungu, de onde o crioulo João se evadiu; (2) engenho Palmeira, onde, de acordo uma denúncia, um dos seus moradores realizava negociações com o quilombola João Mulungu. Este engenho estava situado nas imediações da Vila de Capela, onde estaria ainda as matas do engenho Boa Vista [não sinalizado no mapa], onde João Mulungu ergueria o seu primeiro rancho quilombola; (3) localização das matas do engenho São José, um dos principais pousos de João Mulungu e onde ele estaria a comandar uma comunidade quilombola volante; (4) o engenho Capim Assú e, próximo desse, o Jurema, pousos antigos de João Mulungu, e ambientes inspecionados pelos soldados que estavam em diligência no início do ano de 1876; (5) a Vila de Divina Pastora, onde estariam situadas as matas do engenho Limeira, outro importante pouso de João Mulungu e seus parceiros; (6) as matas do engenho Maria Teles; primeiro ponto inspecionado pelos soldados que estavam prestes a capturá-lo. É possível notar que estas matas eram acostadas ao engenho Periperi, onde os soldados acabaram se deparando com o destacamento de Maruim; (7) os engenhos Vassouras e (8) Velho Tanque do Moura, onde, respectivamente, os soldados receberam a carta que revelava o paradeiro de João Mulungu e onde aguardaram para iniciar o ataque; (9) o Flor da Roda, engenho onde se deu a captura de João Mulungu.

Vale salientar, *a priori*, que os pontos enumerados nesse mapa demonstram muito mais os ambientes por onde a marcha dirigida por João Batista passou do que a integralidade do roteiro percorrido durante os quatro dias de diligência. Foram inspecionadas as matas dispostas em, ao menos, quatro municípios do Vale do Cotinguiba: Maruim, Laranjeiras, Rosário do Catete e Divina Pastora. Enquanto as matas desses dois últimos municípios serviram em diversas ocasiões como pousos do escravo João Mulungu, as cidades de Maruim e Laranjeiras não pareciam ser muito visitadas pelo dito escravo, muito embora estivesse em um deles o engenho Mulungu, de onde ele se evadira anos antes. Inclusive, pode-se notar no mapa que esse engenho não devia estar situado muito distante do Flor da Roda, onde se realizou a sua captura.[61]

Logo depois de ser capturado, João Mulungu seguiu preso até o consistório da igreja matriz da vila de Divina Pastora. Lá, ele respondeu a um primeiro auto de perguntas. João Mulungu indicou ser solteiro – apesar das muitas amasias – e não possuir qualquer ocupação, uma vez que se achava

61 Toda a extensão do engenho Mulungu, de propriedade do senhor João Pinheiro de Mendonça, encontra-se disposto no inventário da sua esposa, datado do ano de 1863.

"no mato mais de oito anos".[62] Neste sentido, quando se considera esse dado e a idade registrada no ato do arrolamento do espólio dos seus senhores, pode-se presumir, então, que João Mulungu possuía 21 anos de idade quando se evadiu.

Mencionou que o dono do Mulungu, o senhor João Pinheiro de Mendonça, "o subjugava" com "trabalhos superiores às suas forças", chegando até mesmo a castigá-lo "por duas vezes" e sem qualquer "razão"; ambas, segundo ele, com muito "vigor".[63] Tais castigos contribuíram para que o crioulo João Mulungu escapasse por duas vezes, pois ainda acreditava que poderia mudar de senhor. Entretanto, como não conseguiu realizar esse seu desejo, ele se viu obrigado a retornar ao Mulungu, de onde se evadiria em outra oportunidade, uma vez que não mais podia suportar a maneira pela qual o "seu senhor o tratava": "surrando-o", prendendo ao seu pé "uma corrente" e obrigando-o a realizar "pesados serviços" como, por exemplo, o de atear "fogo na fornalha".[64]

Logo após deixar a casa do seu senhor, ele ergueu um rancho nas matas do engenho Boa Vista, da vila de Capela, onde conviveu com "os escravos José da Silva, pertencente ao capitão Manoel Antônio Morais," e com "Manoel da Hora, pertencente ao coronel Gaspar, proprietário do engenho Velho".[65] Nesse rancho, permaneceram por dois meses, passando depois para as matas do engenho Sobrinho, onde se somou aos ditos escravos um outro de nome Frutuoso, evadido do engenho Campinho.

---

62 APES. Fundo: SP[1]. Pacotilha: 397. Auto de perguntas feitas ao escravo João Mulungu, em 21 de janeiro de 1876.

63 APES. Fundo: SP[1]. Pacotilha: 397. Auto de perguntas feitas ao escravo João Mulungu, em 23 de janeiro de 1876.

64 *Idem.*

65 APES. Fundo: SP[1]. Pacotilha: 397. Auto de perguntas feitas a João Mulungu, em 21 de janeiro de 1876.

Não se pode atestar o período em que permaneceram acoitados nas matas do Sobrinho. Tão somente sabe-se que desse ponto João Mulungu e seus parceiros seguiram para "as matas do engenho Batinga", indo, posteriormente, "para as matas do engenho Limeira", em Divina Pastora, onde residiria com outros 20 escravos fugidos e "uma mulher livre" de nome Conceição.[66]

Enquanto permaneceram nesse novo arranchamento, praticaram muitos saques e roubos, não sabendo João Mulungu precisar quantos porque, segundo ele, "eram muitos companheiros e cada um" impetrava por conta própria. Indicou apenas que roubou cavalos de algumas propriedades da região; animais esses que acabaram sendo vendidos a ciganos pelo "preço de cinco mil a dez mil réis", quantia que nunca chegaram a receber integralmente. Indicou ainda que, muito embora empreendesse, na maioria das vezes, pequenas razias, em apenas uma ocasião chegou a dar "umas pancadas" em um indivíduo de nome Lourenço, que o andava espiando "para pegá-lo".[67]

Finalizado o seu auto, João Mulungu e o outro escravo capturado naquela mesma ocasião seguiram presos e escoltados na direção de Aracaju, onde chegariam no dia 22 de janeiro de 1876, pouco antes de anoitecer.[68] O então chefe de polícia de Sergipe, Vicente de Paula Cascaes Telles, descreveu assim a condução do escravo:

> Por toda parte em que a intrépida escolta passava com o referido escravo, era vitoriada pelo povo em massa que manifestava ainda francamente o seu agradecimento ao dr. juiz municipal de Divina Pastora, ao capitão João Batista da Rocha e ao alferes Marcolino,

66 *Idem.*

67 *Idem.*

68 APES. Fundo: SP[1]. Pacotilha: 636. Ofício de nº 11, datado de 22 janeiro de 1876.

> os quais acompanharam aquele malfeitor até a capital onde tem sido ele objeto de curiosidade.[69]

É de supor que mesmo a captura de João Mulungu sendo comemorada por alguns moradores do Vale do Cotinguiba, o senhor Vicente de Paula acabou enaltecendo demais o modo como a escolta que conduzia o dito escravo era recepcionada por onde passava. Talvez um modo de ampliar, ainda mais, a dimensão daquela apreensão. Entretanto, resta claro que João Mulungu seguiu para Aracaju como uma medalha, um verdadeiro símbolo que o capitão João Batista da Rocha Banha queria ostentar por onde passava. Tamanho era o entusiasmo com a aquela apreensão que, em correspondência dirigida ao presidente da província, Vicente de Paula indicou que era com muita "satisfação" que ele o escrevia para dizer que se encontravam "extintos os quilombos", visto que o "mais forte elemento de resistência, o calhambola João Mulungu, de quem geralmente mais se receava e todos diziam ser o mais audaz, o chefe dos escravos fugidos, foi capturado".[70]

Três dias após ser capturado, João Mulungu seria submetido a outro auto de perguntas, dessa vez em Aracaju, na casa de residência do dito chefe de polícia. Nesse depoimento – assim como no anterior – João Mulungu citou os nomes de muitos dos seus parceiros de rancho, os quais seguem registrados no quadro abaixo:

---

69 *Idem.*

70 Ofício do chefe de polícia de Sergipe, Vicente de Paula Cascaes Telles, ao então 1° vice-presidente da dita província, doutor Cypriano d'Almeida Sebrão, p. 12. Documento anexo ao: Relatório com que o exmo. senhor presidente, doutor João Ferreira d'Araújo Pinho, abriu a Assembleia Legislativa Provincial de Sergipe no dia 1° de março de 1876.

Quadro 4. Relação nominal dos quilombolas citados pelo escravo João Mulungu nos seus autos de perguntas

Quilombola	Proprietário	Engenho
Cornélio*	Antônio	Brejo
Maximiano*	José Nobre	Farias
Laureano	Antônio de Tal	Junco
Jacinto†	José Bernardino	n.d.
Victorio	n.d.	Palma
Alexandre	"	Lagoa Funda
Cupertino	Neco	Junco
José Maruim*	Isaac	Canabrava
Leonilo†	n.d.	Flor da Roda
Horácio	"	Bette
José	"	Quisanga
Benedito	"	Palma
Luiz	"	Imbiriba de Brejo – Rosário
Barnabé	"	Oitocentos
Belmira	"	Canabrava
Francisca	Guilherme de tal	Santa Bárbara
Thomazia*	n.d.	Santa Bárbara
Luísa*	"	Jurema
Joaquim*	"	Santa Bárbara
Sinforosa	"	Serra Negra
Carvalho	Antônio de Oliveira Ribeiro	n.d.
Vicência*	Antônio Dinis	n.d. – Itabaiana

Fontes: Auto de perguntas feitas ao preto João, de 21 de janeiro de 1876; Auto de perguntas feitas ao escravo João de João Pinheiro, proprietário do engenho Mulungu, de 23 de janeiro de 1876.

Legenda: n.d. = não declarado.

* = escravos já capturados.

† = escravos que se encontravam mortos.

Quando se compara os nomes registrados nesses dois depoimentos com os dados contidos em outros documentos remetidos ou produzidos pela própria secretaria de polícia de Sergipe, pode-se notar que dois escravos que eram parceiros do mencionado quilombola se encontravam, na ocasião do seu depoimento, mortos, enquanto que outros seis não mais se encontravam na condição de evadidos.[71] Todavia, precisamos considerar que esse número poderia ser ainda maior, uma vez que João Mulungu indicou que "quase todos" esses seus companheiros já haviam "sido entregues" aos "seus senhores".[72]

Inclusive, a sua apreensão podia estar relacionada diretamente a essa realidade. Tal como dito anteriormente, na medida em que os seus parceiros de rancho iam sendo capturados, podia estar, concomitantemente, se rompendo a ampla rede de alianças e solidariedade que, certamente, auxiliou João Mulungu a permanecer cerca de oito anos na condição de fugido. Ele viu muito dos seus parceiros – um por um – sendo capturados pelas operações policiais e, mesmo assim, permaneceu disposto em não retornar ao seu antigo cativeiro. Na verdade, assim como indicou uma das autoridades, João Mulungu chegou até mesmo a declarar que preferia ser enforcado em praça pública a retornar à "casa do seu senhor".[73]

71 Os dados sobre a morte dos dois escravos indicados no quadro acima constam em um documento de autoria do Tenente João Batista da Rocha Banha, datado do ano de 1873. APES. Fundo: SP[1]. Pacotilha: 393. Ofício do tenente João Batista da Rocha ao chefe de polícia de Sergipe, senhor doutor José Espínola Júnior, de 5 de setembro de 1873; Quanto a captura da escrava Luíza, ver: APES. Fundo: SP[3]. Pacotilha: 13. Livro de termos de fianças, identidade e outros.

72 Auto de perguntas feitas ao escravo João de João Pinheiro, proprietário do engenho Mulungu, em 23 de janeiro de 1876.

73 Ofício do chefe de polícia de Sergipe, Vicente de Paula Cascaes Telles, ao então 1° vice-presidente da dita província, doutor Cypriano d'Almeida Sebrão, p. 13. Documento anexo ao: Relatório com que o exmo. senhor presidente,

Essas alianças e os crimes que acreditavam ser de autoria de João Mulungu e/ou de outros quilombolas era certamente uma das maiores preocupações das autoridades, como se pode notar não apenas nos seus dois primeiros depoimentos, mas ainda em um outro, prestado dias depois. Quanto às alianças, João Mulungu indicou que chegou a entreter relações com os escravos residentes em alguns engenhos do Vale do Cotinguiba, os quais lhe entregavam, sobretudo, porções de farinha em troca de carne.[74] Também comunicou que comerciou com alguns ciganos parte dos animais de montaria que ele e seus companheiros roubaram dos pastos das propriedades, mas que nunca receberam a quantia plena acordada, o que não ocorreu com outros dois indivíduos residentes na vila de Capela, os quais compraram alguns "cavalos e mais quatro bois".[75] Em outro depoimento, o dito quilombola indicou que esses dois senhores chegaram a adiantar quantias em dinheiro até que ele pudesse pagar.[76] João Mulungu indicaria ainda os nomes de outras pessoas que comumente comerciavam com os escravos, e não necessariamente apenas com os quilombolas. Inclusive, uma delas residia na vila de Itabaiana, região agreste de Sergipe, o que denota que a rede de alianças desses escravos podia ser espacialmente muito maior do que até então se apontou aqui.

No que concerne a algumas supostas alianças ensejadas na vila de Riachuelo, Mulungu declarou conhecer sim por aquelas paragens "diversas pessoas", mas que a sua "negociação" apenas se dava com o sapateiro e purgador do engenho Palmeira. Indicou ainda que este mesmo senhor, "por algumas vezes", chegou a pedir que roubasse alguns animais e que, depois, os

---

doutor João Ferreira d'Araújo Pinho, abriu a Assembleia Legislativa Provincial de Sergipe no dia 1° de março de 1876.

74 Auto de perguntas feitas ao preto João, de 21 de janeiro de 1876.

75 *Idem.*

76 Auto de perguntas feitas ao escravo João de João Pinheiro, proprietário do engenho Mulungu, em 23 de janeiro de 1876.

conduzissem até ele, pois os comprariam; como realmente comprou um cavalo retirado dos pastos do engenho Cana Brava pelo valor de 25 mil réis.[77]

João Mulungu negou que seria o autor dos mais de cinco assassinatos que os seus inquiridores insistiam em o imputar. Também negou que participara do ataque promovido contra a pessoa do major Mainart, malgrado supor que esse crime era de autoria de seus parceiros Manoel Jurema, Manoel de Júlia e Malaquias.[78]

Quanto ao outro escravo capturado com Mulungu no canavial do Flor do Roda, esse acabou sendo igualmente submetido a um auto de perguntas. Indicou chamar-se Ilário e que, durante as poucas semanas que passou acompanhado de João Mulungu pelos matos do engenho Flor da Roda, não presenciou qualquer crime ou delito praticado por ele. Segundo Ilário, eles estavam a se alimentar "de alguma carne" que carregou consigo no momento da sua escapada, assim como dos caranguejos que capturavam no mangue, os quais eram, "às vezes", trocados por farinha com os escravos do dito engenho Flor da Roda, com quem se "entendiam à noite".[79]

Não obstante o depoimento do escravo Ilário indicar uma suposta aliança entre eles e alguns escravos residentes no engenho Flor da Roda, sabemos que um escravo dessa propriedade que avisou onde estaria João Mulungu. Na verdade, o escravo Seberino, como pudemos observar, além de ser o portador da carta-denúncia, prestou um auxílio muito importante para a marcha. E mesmo supondo que o dono do Flor do Roda era o redator da carta-denúncia, não se pode descartar ainda a possibilidade de ser esse

77 APES. Fundo: SP[1]. Pacotilha: 397. Auto de perguntas feitas ao escravo João Mulungu, em 26 de janeiro de 1876.

78 *Idem.*

79 APES. Fundo: SP[1]. Pacotilha: 397. Auto de perguntas feitas ao escravo Ilário, de Manoel Raimundo, proprietário do engenho Sítio Novo, do termo de Rosário, em 26 de janeiro de 1876.

escravo o responsável por dizer que João Mulungu se encontrava nos arredores da sua propriedade.

Essa conduta, mesmo contrariando a então prestada por outros escravos do Flor da Roda, poderia permitir que Seberino adquirisse alguma espécie de prerrogativa do seu senhor. Lembremos que uma das amásias do crioulo João Mulungu, a escrava de nome Angélica, era oriunda dessa propriedade, estando até mesmo com ele na ocasião em que ela acabou sendo capturada. Isso poderia aumentar ainda mais a obra e a contribuição de Seberino durante a captura do quilombola, mesmo o seu nome não constando entre os que deveriam receber os cumprimentos das autoridades.

Todavia, mesmo o seu nome não sendo registrado entre os principais responsáveis pela apreensão de João Mulungu, o cruzamento de dois documentos primários pode indicar que a atuação de Seberino seria recompensada. O primeiro documento corresponde a uma relação de escravos do município de Laranjeiras a ser remetida ao Fundo de Emancipação, produzida poucos dias antes de se realizar a apreensão de João Mulungu. Entre os 30 escravos que constam nessa documentação como sendo de propriedade do tenente coronel João Gonçalves Franco, dono do engenho Flor da Roda, pode-se encontrar o nome do preto Seberino, registrado acima da escrava Maria, sua companheira, e das suas duas crianças. Tratava-se de um pequeno núcleo familiar de escravizados, algo muito comum não apenas no Flor da Roda como ainda em outros engenhos do Vale do Cotinguiba, como se abordou aqui no início deste estudo.[80] Já o segundo documento corresponde ao inventário *post morten* de dona Cecília Bibiana de Almeida, esposa de João Gonçalves Franco, produzido um ano e meio depois da apreensão do quilombola João Mulungu e dois anos depois do documento produzido

80 APES. Fundo: AG[1] 03/[a], doc. 10. Cópia da classificação dos escravos do município de Laranjeiras, s/d. Documento anexo ao ofício de 12 de dezembro de 1875, classificação dos escravos para serem libertados pelo Fundo de Emancipação. Apud: Subrinho, p. 118

para o Fundo de Emancipação. Entre os escravos arrolados como pertencentes ao espólio do casal, não mais podemos encontrar o nome de Seberino. Nessa ocasião, estariam apenas residindo no Flor da Roda as duas crianças e a sua mulher, agora registrada como sendo "casada com um homem forro".[81] Teria, desse modo, a alforria de Seberino alguma relação com a captura de João Mulungu? Não se pode precisar, mas os indícios sugerem que sim.

Tratava-se, realmente, de uma captura importante. Logo as autoridades policiais remeteram cópias dos depoimentos de João Mulungu para a promotoria de Capela e Rosário do Catete. Tudo indicava que ele seria pronunciado, respectivamente, por um "crime de tentativa de morte perpetrada contra os escravos do proprietário do engenho Junco" e por um "crime de roubo" cometido na companhia de outros quilombolas. Enquanto isso, João Mulungu seguia "recolhido na casa de prisão" de Aracaju.[82]

No dia 27 de janeiro de 1876, o delegado de Capela, Deocrécio de Carvalho Andrade, solicitou que o chefe de polícia de Sergipe remetesse o dito quilombola até a cadeia daquela vila, porém não para ser processado pelo crime impetrado contra os escravos do engenho Junco, mas sim pela "tentativa de morte na pessoa do [próprio] ten. Manoel de Oliveira Matos, proprietário do engenho Junco Novo. Segundo o delegado, João Mulungu não poderia, de modo algum, permanecer "impune" diante de um "crime" dessa "gravidade".[83]

Tempos depois, a situação desse quilombola se agravou um pouco mais. Isto porque, no dia 04 de fevereiro daquele ano, o senhor Luiz Barbosa

81 AGJES. Fundo: LAR/C 1° OF. Série: Cível. Subsérie: Inventários. N° Caixa: 223. Inventário de Cecília Bibiana de Almeida, de 05 de junho de 1877.

82 APES. Fundo: SP[1]. Pacotilha: 585. Ofício de n° 13, dirigido ao promotor público da Vila de Capela, em 26 de janeiro de 1876; APES. Fundo: SP[1]. Pacotilha: 585. Ofício dirigido ao promotor público da Vila de Rosário, em 26 de janeiro de 1876.

83 APES. Fundo: SP[1]. Pacotilha: 728. Ofício do delegado de Capela Deocrécio de Carvalho Andrade ao chefe de polícia de Sergipe, em 27 de janeiro de 1876.

Madureira Mainart procurou o juiz municipal de Divina Pastora para prestar queixa contra João Mulungu e outros seis companheiros seus: Quirino, escravo de Manoel de Azevedo Faro, residente no Termo de Rosário; Manoel e Malaquias, ambos pertencentes ao senhor José Augusto Ferraz; Cassiano, escravo do ten. cel. João de Aguiar, do termo de Maruim; Pedro, escravo de José Ignácio, dono do engenho Cambão; e Manoel Jurema, escravo do capitão Paulo, morador em Laranjeiras.[84]

Essa denúncia, pouco depois, permitiu a produção de mais um processo contra João Mulungu. Tanto ele como seus companheiros passaram a ser acusados de atacarem o senhor Luiz Mainart, cerca de um mês antes, no caminho entre Maruim e a sua residência. Segundo Luiz, enquanto se dirigia, à noite, para a sua casa, situada "em terras do engenho Mata ou Triunfo", acabou sendo surpreendido pelos ditos quilombolas, os quais se encontravam "todos bem armados de bacamartes, facas de pontas e outros instrumentos mortíferos".[85]

Forçado a apear do cavalo, Luiz se viu, em seguida, obrigado a conduzir os escravos na direção da sua residência. Logo que se aproximaram dela, os quilombolas a "puseram em cerco" e a arrombaram, roubando alguns animais e outros objetos de valor; deixando um dano alçado em "dois contos de réis". Imediatamente após o roubo, os escravos se evadiram sem causar qualquer agressão corporal, uma vez que, assim como revelou o próprio denunciante, um dos quilombolas acabou se opondo "à sua morte".[86]

---

84 APES. Fundo: CM[3]. Pacotilha: 39. Ofício do Juiz Municipal de Divina Pastora, Manoel Cardoso Vieira de Melo, ao chefe de polícia de Sergipe, Vicente de Paula Cascae Telles, de 4 de fevereiro de 1876.

85 AGJES. Fundo: Maruim, 1° ofício. Caixa N° Geral: 884. Sumário de culpa dos escravos João Mulungu, Quirino, Manoel, Malaquias, Cassiano, Pedro e Manoel Jurema.

86 *Idem.*

Tomando, assim, conhecimento da prisão de João Mulungu, Luiz Mainart não demorou em revelar que esse escravo era um dos autores daquele crime, contrariando o que o quilombola respondeu em um dos seus depoimentos. Muito embora se note certa rapidez na realização da denúncia e na propositura da ação, pode-se perceber que essa mesma pressa não pôde ser repetida no decorrer do processo, sobretudo porque os escravos acusados eram muitos e pertenciam "a vários senhores", os quais, por sua vez, residiam ainda em termos distintos. Movido, *a priori*, no juízo municipal de Divina Pastora, o processo passou, em meados de 1876, a ser de responsabilidade do juízo de Maruim, onde se deu o crime. Infelizmente, como o processo se encontra incompleto, não se pode saber qual a pena e nem se, realmente, João Mulungu e os seus companheiros chegaram a ser condenados como autores desse crime. Muito provável que sim!

Enquanto corria o processo contra esses quilombolas, o promotor da vila de Capela pronunciou João Mulungu pelo crime cometido contra a pessoa do dono do engenho Junco Novo.[87] No dia 07 de fevereiro daquele ano, o juiz municipal de Rosário comunicou ao chefe de polícia de Sergipe de que estava prestes a promover a inquirição das pessoas que iriam depor no processo instaurado contra o crioulo João Mulungu e os seus companheiros, motivo pelo qual recomendava o envio daquele quilombola para a cadeia daquela vila.[88]

E assim se cumpriu. No dia 17 daquele mês, João Mulungu seguiu escoltado por "três praças de confiança" até Rosário do Catete, onde assistiu "a formação do processo", retornando depois para Aracaju, visto que a

87 APES. Fundo: CM[3]. Pacotilha: 38. Ofício do promotor público interino de Capela ao chefe de polícia de Sergipe, de 7 de fevereiro de 1876.

88 APES. Fundo: CM[3]. Pacotilha: 38. Ofício do Juiz Municipal de Rosário do Catete, Joaquim José Gomes, ao chefe de polícia de Sergipe, Vicente de Paula Cascaes Telles, de 7 de fevereiro de 1876.

cadeia da capital parecia ser mais segura.[89] Exatamente um mês depois, João Mulungu retornou para Rosário, dessa vez para participar da primeira sessão do júri.[90] No dia 12 abril de 1876, saiu a sentença: um ano de galés, dez açoites e a obrigação de portar, durante um mês, uma gargalheira presa ao seu pescoço.[91] Faltava ainda ouvir a sentença de outro processo em andamento. Menos de um mês depois, o juiz municipal de Capela recomendou a remessa de João Mulungu até a sua presença, de modo que pudesse assim instaurar o processo requerido pelo Ministério Público.[92] Segundo o magistrado, não requisitara esse escravo antes porque não era prudente conservá-lo em uma cadeia que não apresentava uma maior segurança. No dia 11 de maio daquele ano, atendeu-se a essa requisição, partindo João Mulungu escoltado para a vila de Capela.[93] Uma semana depois, um pequeno papel escrito pelo próprio carcereiro registrou que o comandante da escolta que acompanhou esse escravo acabara de entregá-lo na cadeia de Capela.[94]

Tempos depois, mais precisamente em agosto daquele mesmo ano, João Mulungu continuava recolhido na cadeia da vila de Capela, cumprindo

89 APES. Fundo: SP¹. Pacotilha: 636. Ofício nº 27, remetido ao vice-presidente da província de Sergipe, de 16 de fevereiro de 1876; APES. Fundo: SP¹. Pacotilha: 585. Ofício de nº 22, remetido ao juiz municipal de Rosário, datado de 16 de fevereiro de 1876.

90 APES. Fundo: SP¹. Pacotilha: 636. Ofício nº 70, de 27 de março de 1876; APES. Fundo: SP¹. Pacotilha: 585. Ofício Nº 64, dirigido ao Juiz Municipal de Rosário, nº 64, de 24 de março de 1876.

91 APES. Fundo: SP¹. Pacotilha: 378. Mapa dos crimes perpetrados por escravos na vila de Rosário do Catete depois da lei nº 2040 de 28 de setembro de 1871 até a data de 3 de maio de 1876.

92 APES. Fundo: CM³. Pacotilha: 38. Ofício do juiz municipal de Capela ao chefe de polícia de Sergipe, de 4 de maio de 1876.

93 APES. Fundo: SP¹. Pacotilha: 585. Ofício de nº 107, dirigido ao Juiz Municipal de Capela, de 11 de maio de 1876.

94 APES. Fundo: CM³. Pacotilha: 38. Bilhete do carcereiro da Vila de Capela, Candido Manoel de França, datado de 18 de maio de 1876.

a pena de 800 açoites e a obrigação de carregar um ferro ao seu pescoço pelo espaço de um ano.[95] Quando somadas, somente essas duas penas indicavam que João Mulungu deveria: permanecer recluso pelo espaço de um ano, cumprindo galés; suportar, por um ano, uma gargalheira presa ao seu pescoço; e receber pouco mais de 800 açoites em seu corpo. Tratava-se, certamente, de uma pena dura de ser suportada, mas que provavelmente não cessou por aí, uma vez que não se pode atestar ainda as penas que, muito provavelmente, acabaram sendo cominadas pelos magistrados de Maruim e de Divina Pastora.

No que concerne ao peso das penas cominadas contra esse escravo, o senhor Leandro de Siqueira Maciel publicou, em meados do ano de 1876, uma nota no *Jornal do Aracaju* onde indicou, entre outras coisas, que o juiz de Direito da vila de Japaratuba não apenas condenou João Mulungu, pelo crime de roubo do qual era processado, a uma pena maior do que a então prevista no Código Criminal do Império, como ainda que agiu assim movido pelo "ódio" que sentia desse escravo.[96]

Em agosto daquele ano, o comando da secretaria de polícia de Sergipe estava à procura de praças para conduzir com segurança o agora condenado João Mulungu da vila de Capela para a capital.[97] Em 1° de setembro de 1876, uma correspondência do juiz municipal de Capela registrou que João

---

95 APES. Fundo: SP[1]. Pacotilha: 378. Documento anexo ao ofício do 1° suplente do delegado do termo de Capela, Ângelo Pereira dos Andrade, ao chefe de polícia de Sergipe, em 8 de agosto de 1876.

96 Publicação a pedido. Resposta dada pelo Bacharel Leandro Ribeiro de Siqueira Maciel na qualidade de presidente da Junta Paroquial do Recrutamento da Vila do Rosário do Catete ao Dr. Antônio Ferreira França, Juiz de Direito da Comarca de Japaratuba, pelo imaginário crime de responsabilidade que lhe era instaurado ex-ofício. *Jornal do Aracaju*, ano VIII, N. 705, 14 de junho de 1876, p. 4.

97 APES. Fundo: CM[3]. Pacotilha: 38. Ofício do Juiz Municipal de Capela, de 22 de agosto de 1876; APES. Pacotilha: 585. Ofício ao Juiz Municipal de Capela, n° 200, de 24 de agosto de 1876.

Mulungu se encontrava naquele momento sendo remetido para Aracaju, onde iria dar continuidade ao cumprimento da sua pena.[98] Trata-se do último documento em que se encontrou menção ao nome desse quilombola. Nesse sentido, cerca de nove meses depois de ser capturado nas imediações do engenho Flor da Roda, o nome de João Mulungu desaparece da documentação primária arrolada para o desenvolvimento desse estudo. Teria ele retornado ao engenho Mulungu, após cumprir as suas penas? Ou o seu senhor, de modo prudente, optou em seguida por vendê-lo? Teria ele alcançado a derrocada da escravidão no Brasil, ocorrida cerca de 10 anos depois da sua captura? Ou, realmente, João Mulungu acabou sendo morto depois de ser pronunciado?[99] Muito embora não se possa ainda atestar o destino cumprido pelo crioulo João Mulungu após serem cominadas e cumprido as suas penas, alguns desses questionamentos podem ser aqui melhor discutidos, sobretudo porque eles se relacionam com o destino dado a outros escravizados que, assim como ele, residiram nas matas do Cotinguiba durante a segunda metade do século XIX.

Em março de 1873, uma correspondência endereçada ao chefe de polícia da província da Bahia participou que o senhor Antônio de Oliveira Ribeiro, dono do engenho Aroeiras, acabara ou ainda estava na iminência de embarcar para lá o seu escravo Cornélio, recém-capturado, o qual era considerado "um dos chefes dos quilombolas" do Vale do Cotinguiba. Todavia, segundo o autor do documento, esse escravo não poderia deixar Sergipe Del Rey sem que antes pudesse ser "devidamente punido dos

98 APES. Fundo: CM[3]. Pacotilha: 38. Ofício do juiz municipal da Vila de Capela ao chefe de polícia de Sergipe, 1° de setembro de 1876.

99 Em 19 de janeiro de 2012, ou seja, no dia estadual de denúncia contra o racismo e em alusão ao 136° ano da captura de João Mulungu, o site da Fundação Palmares, órgão então vinculado ao Ministério da Educação e Cultura, exibiu uma matéria onde indicou, entre outras coisas, que o dito quilombola acabou sendo assassinado. Neste sentido, ver: http://www.palmares.gov.br/?p=17360Acessado em: 21 de junho de 2016.

atentados" dos quais ele era acusado. Nesse sentido, recomendou-se, caso Cornélio realmente ali aparecesse, não apenas a sua prisão como o seu envio de volta para Sergipe.[100]

Em suma, Cornélio não poderia deixar Sergipe e, concomitantemente, "ser vendido em uma das províncias do Sul" sem que antes pudesse ser punido pelos crimes dos quais ele era acusado de ser o autor enquanto residira pelos quilombos do Vale do Cotinguiba, situação que, segundo o denunciante, podia ocorrer porque o senhor do dito escravo, ao conseguir novamente o domínio sobre ele, "não o apresentou as autoridades competentes", pois supunha com isso "evitar a ação da justiça".[101] Meses depois, outro documento remetido para a Bahia deu conta de que o escravo Cornélio, o qual estava pertencendo agora a um senhor chamado Victor Dinis Gonçalves, estava prestes a seguir para o Rio de Janeiro. Seria essa a oportunidade para apreendê-lo? Não. Isso porque, nessa mesma correspondência pediu-se a desconsideração da sua prisão, uma vez que o dito escravo estava agora "desembaraçado e livre de qualquer suspeita".[102] Vale salientar que essa nova orientação ia de encontro ao que as autoridades da secretaria de polícia de Sergipe apuraram sobre a possível participação desse quilombola em alguns crimes.[103]

Naquele mesmo ano, quem estava prestes a ser embarcado para o sul do Império era o "célebre quilombola" Venceslau, escravo pertencente a

100 APES. Fundo: SP[1]. Pacotilha: 539. Ofício ao chefe de polícia da Bahia, de 04 de março de 1873.

101 *Idem.*

102 APES. Fundo: SP[1]. Pacotilha: 539. Ofício ao chefe de polícia da província da Bahia, de 23 de agosto de 1873.

103 APES. Fundo: SP[1]. Pacotilha: 363. Ofício do Juiz Municipal da Vila de Capela, de 2 maio de 1873; APES. Fundo: SP[1]. Pacotilha: 363. Ofício do subdelegado de Laranjeiras, de 14 de agosto de 1873. APES. Fundo: SP[1]. Pacotilha: 363. Ofício do Juiz Municipal Luiz Carneiro de Souza Lacerda ao chefe de polícia de Sergipe, Manoel José Espínola Júnior, de 15 de agosto de 1873.

dona do engenho Bom Jardim, Maria Feliciana de Meneses Serra.[104] Muito "receosa" que Venceslau pudesse evadir-se outra vez, ela indicou que pretendia "embarcá-lo" assim que cumprisse a pena contra ele imposta pelo juízo da vila de Japaratuba, a qual correspondia a açoites e carregar, pelo "espaço de um ano", uma gargalheira presa ao seu pescoço. Tal "providência" – ou seja, "arredar para bem longe esse quilombola" – deveria ser prontamente atendida pelo "bem da ordem e sossego público" em Sergipe Del Rey.[105]

Mesmo não podendo precisar se Venceslau acabou sendo vendido para o sul do Império, se pode assegurar que outro quilombola seguiu esse destino. Trata-se do mencionado escravo Maximiano, aquele apelidado de Bacurau, o qual, segundo registrou-se em um documento, acabou sendo vendido para o sul sem "responder a processo" algum em Sergipe Del Rey.[106] Outro quilombola que estava prestes a deixar Sergipe pouco depois de ser capturado nos matos do Vale do Cotinguiba seria Laureano.[107]

Há, desse modo, uma série de indícios que apontam que alguns donos de escravos evadidos procuravam comercializá-los assim que esses eram capturados. Talvez, por saber que no ato da venda eles poderiam ser rapidamente reconhecidos como quilombolas, esses senhores procuravam negociantes que os remeteriam para regiões mais distante do Império; estariam assim não apenas assegurando a manutenção do valor de mercado dos seus

104 APES. Fundo: SP[1]. Pacotilha: 298. Ofício do delegado de Rosário do Catete, João da Silva Mainard, ao chefe de polícia de Sergipe, de 22 de março de 1873.

105 APES. Fundo: SP[1]. Pacotilha: 456. Ofício do primeiro suplente do delegado de Rosário, Ignácio Pascoal Bastos, ao chefe de polícia de Sergipe, doutor Manoel José Espínola Júnior, de 12 de agosto de 1873.

106 APES. Fundo: SP[1]. Pacotilha: 346. Ofício do delegado em exercício na Vila de Capela, Mathias José dos Santos, ao chefe de polícia de Sergipe, Vicente de Paula Cascaes Telles, de 1° de julho de 1875.

107 APES. Fundo: SP[1]. Pacotilha: 378. Ofício do delegado em exercício, Hermenegildo José de Oliveira, ao chefe de polícia de Laranjeiras, de 10 de agosto de 1876.

escravos, mas ainda as suas rápidas comercializações. Tratava-se, na verdade, de um comportamento consciente e aparentemente estratégico, mas que ia de encontro a própria manutenção da ordem pública e privada no Império, uma vez que alguns desses escravos estavam prestes a serem pronunciados como autores de crimes.

Todos os escravos mencionados acima eram parceiros do crioulo João Mulungu, motivo que contribuiu para que eles estivessem entre os quilombolas mais procurados de Sergipe. Tanto Venceslau, como Maximiano e Laureano acompanharam o quilombola João Mulungu em diversos ranchos dispostos pelas matas do Vale do Cotinguiba. Já no que concerne ao quilombola Cornélio, ele acabou sendo citado em um dos depoimentos do próprio João Mulungu, como se pode observar em um dos quadros expostos aqui anteriormente.

Não seria desmedido ponderar que o senhor João Pinheiro de Mendonça procurou vender João Mulungu durante ou pouco depois dele cumprir as suas penas. Teria assim adotado o mesmo comportamento de outros senhores do Vale do Cotinguiba, mais precisamente daqueles que eram proprietários de escravos notadamente reconhecidos como quilombolas perigosos. Todavia, mesmo com essa possibilidade da ida de João Mulungu para o sul do Império, onde os preços pagos pelos escravos eram mais atrativos, deve-se considerar ainda outro destino. Isso porque, uma declaração datada do mesmo mês em que se empreendeu a captura do dito quilombola, indicou que a secretaria de polícia de Sergipe pretendia conduzir os sentenciados com pena de galés para o presídio de Fernando de Noronha, vejamos:

> a conveniência de dirigir-se ao Exmo. Snr. Ministro da Justiça pedindo a S. Exc. Que se digne mandar transportar para o Presídio de Fernando de Noronha os sentenciado à galés existentes no referido edifício,

> a exemplo do que tem sido concedido a outras províncias.[108]

Tratava-se de uma orientação do próprio chefe de polícia de Sergipe, mas que se encontrava amparada em um decreto Imperial datado do ano de 1859, onde se indicou, dentre outras coisas, a possibilidade de se remeter para o presídio de Fernando de Noronha os condenados que estivessem cumprindo suas sentenças em prédios prisionais desprovidos de segurança.

Segundo Vicente de Paula Cascaes Telles, autor da requisição acima, as prisões de Sergipe se enquadravam plenamente nessa característica, opinião essa que se aliava a do senhor José Martins Fontes, então presidente da província, o qual indicou que:

> Chamar de prisão pública as cadeias que existem na província, incluindo a cadeia da Capital; chamar prisões públicas as pequenas, impróprias e mal seguras casas de aluguem que servem de quartel é a praças de polícia destacadas, em diversas localidades da província ; é mais do que impropriedade, é o escarneo atirado a civilização moderna, é a negação da caridade cristã.[109]

Tal realidade acabou contribuindo para que alguns sentenciados acabassem migrando para o presídio de Noronha, onde, segundo dados

108 Ofício do chefe de polícia Vicente de Paula Cascaes Telles ao vice-presidente da província de Sergipe Cypriano d'Almeida Sebrão, p. 19. Documento anexado ao Relatório com que o exm. snr. Presidente, dr. João Ferreira d'Araújo Pinho, abriu a Assembleia Legislativa Provincial de Sergipe, no dia 1 de março de 1876. Typ. do Jornal do Aracaju.

109 Relatório com que o exm. snr. dr. José Martins Fontes, 1º vice-presidente da província, abriu a 2ª sessão da 21ª legislatura da Assembleia Legislativa Provincial, no dia 6 de março de 1877. Sergipe. Typ. do Jornal do Aracajú, 1877, p. 13-14.

da secretaria de guerra datados do ano de 1873, existiam quatro sentenciados oriundos de Sergipe Del Rey.[110] Em março de 1876, o comando da Secretaria de Polícia de Sergipe se mostrava preocupado não apenas com a pequenez da prisão da Capital, incapaz até mesmo de acomodar o número de presos nela recolhidos, mas, igualmente, com o estado em que esses indivíduos se encontravam – em "quase completa nudez" – sobretudo os "galés empregados nos serviços públicos da cidade".[111]

Segundo o Art. 44 do Código Criminal do Império do Brasil, datado de 1830, o cumprimento da pena de galés obrigava os réus a andarem com calceta e corrente de ferro presos a um dos pés enquanto se ocupavam dos serviços públicos.[112] Mesmo sendo penosos, os serviços que os galés passariam a realizar pareciam ser menos extenuantes do que os desempenhados no interior dos engenhos, sobretudo os diretamente associados ao cultivo da cana-de-açúcar e da produção dos seus derivados.

Na documentação produzida pelas autoridades após a captura de João Mulungu, pode-se perceber uma preocupação deles em conservá-lo, mesmo durante as instaurações dos seus processos em municípios distintos do Vale do Cotinguiba, sempre encarcerado na prisão da Capital, a qual, apesar de não apresentar instalações adequadas, se constituía naquele momento na mais segura de Sergipe. Talvez, devido a essa precariedade dos prédios prisionais de Sergipe, algumas autoridades passaram a acreditar que

110 BRASIL, Ministério da Guerra. Documento A-Q1-3, anexo ao Relatório do Ano de 1871 apresentando à Assembleia Geral Legislativa na 3° sessão da 15ª legislatura, p. 03.

111 APES. Fundo: SP[1]. Pacotilha: 636. Ofício ao presidente da província, n° 60, de 22 de março de 1876; APES. Fundo: SP[1]. Pacotilha: 636.

112 Carlos Antônio Cordeiro. *Código Criminal do Império do Brasil* contendo não só toda a legislação alterante ou modificante de suas disposições, publicada até o fim do ano de 1860, com todas penas de seus diferentes artigos calculadas segundo os seus graus e as diversas qualidades dos criminosos. Rio de Janeiro: Typ. de Quirino e Irmão, 1861, p. 21.

o mais prudente seria remeter, assim que pudessem, João Mulungu para o presídio de Fernando de Noronha. Entretanto, enviar um sentenciado para esse presídio não era uma medida que podia ser empreendida rapidamente, sobretudo porque essa decisão dependia ainda da anuência do Ministro da Justiça. No início do ano de 1877, um documento *reservado* do Palácio do Governo de Sergipe declarou que o então Ministro da Justiça acabara de permitir o envio de outro escravo de nome João, esse acusado de assassinar o seu senhor, Torquato Correia de Meneses, dono do engenho Carrapato, de Laranjeiras.[113] Um documento datado de meados desse mesmo ano indicou que esse escravo se encontrava agora cumprindo a pena em Fernando de Noronha.[114] Teria, assim, João Mulungu seguido o mesmo destino desse outro escravo? Há, certamente, essa possibilidade, muito embora ela possa parecer mais remota que a indicada aqui anteriormente. Isso porque, apesar do noticiário e do entusiasmo das autoridades diante da captura de João Mulungu, a soma das suas penas parece que não excedeu um ano de reclusão, prazo que se supõe ser o de espera para obtenção da resposta/anuência do ministro da justiça para que um preso pudesse se deslocar para o presídio de Fernando de Noronha.

Há, no entanto, quem sugira que o destino dado a João Mulungu pelas autoridades de Sergipe Del Rey não seria outro senão a morte.[115] Todavia, não apareceu ainda nenhum documento da época que possa indicar que

---

113 APES. Fundo: SP[1]. Pacotilha: 71. Ofício do senhor dr. chefe de polícia, de 22 fevereiro de 1877.

114 APES. Fundo: SP[1]. Pacotilha: 71. Ofício do Palácio do Governo de Sergipe, de 14 de julho de 1877.

115 Em 19 de janeiro de 2012, ou seja, no dia estadual de denúncia contra o racismo e em alusão ao 136° ano da captura de João Mulungu, o site da Fundação Palmares, órgão então vinculado ao Ministério da Educação e Cultura, exibiu uma matéria onde indicou, entre outras coisas, que o dito quilombola acabou sendo assassinado. Neste sentido, ver: http://www.palmares.gov.br/?p=17360. Acessado em: 21 de junho de 2016.

isso realmente aconteceu. Também não se pode precisar que existiu uma divulgação precipitada ou se quer manipulação da sua morte por parte de algumas autoridades.[116] Malgrado não se saber ainda o destino suportado, dado ou alcançado por João Mulungu, não parece ser devaneio dizer que ele, muito provavelmente, não retornou ao engenho do seu senhor.

João Mulungu era notadamente reconhecido pelas autoridades e pelos próprios quilombolas como um dos principais dirigentes dos quilombos instalados nas matas do Vale do Cotinguiba. Inclusive, um dos seus antigos parceiros, de nome José Maruim, indicou em um auto de interrogatório que prestou pouco depois de ser capturado que não revelaria onde estavam dispostos os ranchos quilombolas nas matas. Tomaria essa atitude audaciosa "em atenção a João Mulungu"; não sem antes lembrar que esse quilombola quebrou e o retirou de um tronco ao qual ele, José Maruim, estava preso no engenho Piedade, pondo-o "em liberdade".[117]

Mesmo o destino de João Mulungu continuando a ser uma incógnita, atitudes como a narrada acima – mesmo quando dimensionadas – contribuíram para que o seu nome nunca deixasse de ser ecoado na História de Sergipe.[118]

---

116 Segundo Severo D'acelino, o então presidente da província de Sergipe, o senhor João Ferreira de Araújo Pinho, iniciou "uma manipulação em torno do nome de João Mulungu, divulgando sua morte". Severo D'acelino. *Panáfrica Iya N'La.* Aracaju: Cada de Cultura Afro-Sergipana, Editora MemoriAfro, 2002, p. 162.

117 APES. Fundo: SP[1]. Pacotilha: 393. Interrogatório feito pelo delegado de polícia de Divina Pastora ao escravo José Maruim, 25 de março de 1873.

118 Em um dos seus estudos, Petrônio Domingues analisou as memórias e os discursos promovidos a respeito de João Mulungu, especialmente por membros do Movimento Negro de Sergipe ao longo das décadas de 1980 e 1990. Foi, no decorrer desses anos, como apontou o dito autor, que os mitos e o processo de construção de João Mulungu como um herói afro-brasileiro acabou se consolidando. Nesse sentido, ver: Petrônio Domingues, "João Mulungu: a invenção de um herói afro-brasileiro", *História: Questões & Debates*, vol. 63, nº 2, jul./dez. 2015, p. 211-225.

CAPÍTULO 6

PARA ALÉM DAS MATAS: AS AÇÕES QUILOMBOLAS NA DÉCADA DA ABOLIÇÃO

No capítulo anterior, pudemos notar como as constantes marchas perpetradas pelas delegacias municipais do Vale do Cotinguiba, entre os anos de 1871 e 1876, resultaram não apenas em importantes apreensões, mas ainda na dispersão de algumas comunidades quilombolas. Neste, poderemos perceber que a resistência escrava a partir dos quilombos, distintamente do que pensavam algumas autoridades, não estava personificada na figura de João Mulungu. Muitos outros escravos continuariam a se acoitar pelas matas do Cotinguiba e a resistir para além delas. Não demoraria muito para que as autoridades percebessem que o cenário e os principais palcos da resistência escrava estavam mudando.

No decorrer do ano de 1876, muitas marchas contaram ainda com a presença do impetuoso e disposto capitão João Batista da Rocha Banha. Menos de um mês após realizar a captura do crioulo João Mulungu, nota-se que João Batista, acompanhado de mais oito soldados, se encontrava marchando na direção da Camaratuba, próximo à cidade de Laranjeiras, onde estariam outros escravos acoitados.

Logo que aportou na Camaratuba, João Batista percebeu que seria impossível operacionalizar, ao menos de imediato, um ataque exitoso. Isso porque, não apenas os seis escravos fugidos que estavam presentes, naquele momento, na Camaratuba se encontravam dispersos nas casas de alguns libertos como igualmente seria imprudente da sua parte ordenar o cerco com o número de soldados que então dispunha. Foi aí que ele resolveu requisitar do delegado de Laranjeiras o envio de mais quatro praças. Todavia, essa sua solicitação acabou não sendo atendida. Impossibilitado de realizar um ataque substancial, o capitão João Batista da Rocha Banha se viu impelido a abortar aquela missão, uma vez que, segundo ele, qualquer medida incisiva adotada naquele momento iria apenas acarretar, ainda mais, em cansaço por parte dos soldados.[1]

Em outras marchas impetradas contra as matas de Laranjeiras ainda naquele ano, o capitão João Batista obteria melhores resultados. No dia 21 de abril de 1876, ele comandou a diligência que conseguiu lograr, mais especialmente nos matos do engenho Jacu, a captura do negro Rogério, escravo fugido do engenho Cajueiro, disposto na vila de Divina Pastora.[2] Menos de dois meses depois, ele se mostraria diretamente envolvido em uma importante operação realizada em Laranjeiras, a qual seria responsável pela captura do escravo Laureano, no pasto do engenho Aroeira.[3]

Laureano, de propriedade do tenente coronel Antônio Siqueira Horta, dono do engenho Junco, de onde estava evadido há cerca de oito anos, era outro antigo companheiro do crioulo João Mulungu. Inclusive, seu nome aparece arrolado em um dos seus depoimentos. Há indícios ainda que ele, assim como Mulungu, era responsável pelo comando de acampamentos quilombolas, uma vez que, quando da captura do escravo de nome Sabino, ocorrida nos subúrbios da cidade de Laranjeiras, esse revelou, em

1 APES. Fundo: SP[1]. Pacotilha: 652. Ofício do Capitão João Batista da Rocha Banha ao chefe de polícia de Sergipe, Vicente de Paula Cascaes Telles, de 10 de fevereiro de 1876.

2 APES. Fundo: SP[1]. Pacotilha: 652. Ofício do capitão João Batista da Rocha Banha ao chefe de polícia de Sergipe, Vicente de Paula Cascaes Telles, de 22 de abril de 1876.

3 APES. Fundo: SP[1]. Pacotilha: 378. Ofício do capitão João Batista da Rocha Banha ao delegado de polícia de Laranjeiras, de 12 de junho de 1876.

depoimento, que no momento da sua prisão estava indo se unir ao "quilombo de escravos fugidos" em que Laureano era um dos chefes.[4]

Imediatamente após capturar Laureano, o capitão João Batista da Rocha Banha partiu, na companhia dos soldados das vilas de Divina Pastora e Siriri (antiga Jesus Maria José do Pé do Banco), em direção ao quartel de Laranjeiras, onde depositou o mencionado escravo; não sem presumir que podia ainda usá-lo como "guia" para alcançar "dois ranchos" aonde constava "existir mais alguns quilombolas".[5]

Tão logo soube dessa apreensão, o chefe de polícia de Sergipe ordenou que o delegado de Laranjeiras instaurasse – o "quanto antes" – um inquérito policial para investigar o crime praticado contra uma senhora "achada morta dentro de uma vala no engenho Junco", uma vez que se suspeitava que o autor era Laureano.[6]

Todavia, alguns dias depois, o delegado de Laranjeiras descartaria essa suspeita ao indicar que a queda da mulher ocorreu devido ao "estado de embriagues" em que ela se encontrava.[7] Menos de dois meses depois, o novo delegado de Laranjeiras, Hermenegildo José de Oliveira, participou o chefe de polícia de Sergipe pedindo que não o censurasse por devolver Laureano ao seu dono. Segundo ele,

---

4 APES. Fundo: SP[1]. Pacotilha: 728. Ofício do delegado em exercício de Laranjeiras, Hermenegildo José de Oliveira, ao chefe de polícia de Sergipe, Vicente de Paula Cascaes Telles, de 27 de janeiro de 1876.

5 *Idem*.

6 APES. Fundo: SP[1]. Pacotilha: 378. Ofício do delegado de Laranjeiras, José Pinheiro da Fraga, ao chefe de polícia de Sergipe, Ângelo Pires Ramos, de 19 de junho de 1876.

7 APES. Fundo: SP[1]. Pacotilha: 378. Ofício do delegado de Laranjeiras, José Pinheiro da Fraga, ao chefe de polícia de Sergipe, Ângelo Pires Ramos, de 22 de junho de 1876.

> quando foi preso esse escravo, eu não estava no exercício, e sim o 2º suplente, o tenente José Pinheiro da Fraga. Logo que assumi o exercício encontrei no Quartel o referido Laureano, e seu senhor reclamando-o a polícia, passei a me informar do tenente José Pinheiro, este disse-me que não tinha feito corpo de delito, a vista na parte que lhe fornece o capitão Banha, que comandou a escolta que fez a prisão, e que isto mesmo oficiava a V. S. remetendo a dita parte. E que se houve, que o capitão Banha ocultou, conduzido o soldado, no mesmo dia, para Divina Pastora, e que ele delegado, não havia de ir a aquele termo.[8]

Não obstante o capitão João Batista da Rocha Banha indicar que a prisão de Laureano ocorreu sem qualquer maior resistência, o que se pode perceber através do depoimento acima era que um dos soldados que participou da sua apreensão acabou sendo atingido por esse escravo, motivo pelo qual estava sendo requisitado o documento de corpo de delito. No entanto, como Hermenegildo José de Oliveira, que ocupava o cargo de delegado de Laranjeiras apenas interinamente, não encontrou nenhuma prova material que atestasse a ocorrência desse sinistro, ele acabou optando em entregar o escravo para o seu dono, o qual estava a reclamar o seu poder. Tal entrega seria depois reprovada pelo chefe de polícia, como se pode depreender a partir da correspondência reproduzida pouco acima.

Em suma, sabe-se que, mesmo sendo colocado à disposição do seu senhor, Laureano não demoraria ou sequer retornou ao engenho Junco, de onde o mesmo se evadira. Segundo sugeriu o delegado de Laranjeiras, esse escravo acabou sendo vendido para o senhor Pedro Telles de Menezes,

---

8 APES. Fundo: SP[1]. Pacotilha: 378. Ofício do delegado em exercício, Hermenegildo José de Oliveira, ao chefe de polícia de Laranjeiras, de 10 de agosto de 1876.

morador da cidade de Aracaju, o qual, por sua vez, conservou Laureano preso na cadeia apenas até vendê-lo para negociantes de fora da província.[9]

Não restam dúvidas de que essa parecia ser sim uma atitude comum entre os donos de escravos do Cotinguiba. Tratava-se de um meio rápido de restabelecer algum capital com propriedades que, durante determinado período, não estavam em suas posses e, por isso, não eram produtivos. Mostravam-se assim muito mais preocupados com a manutenção das suas riquezas pessoais do que, necessariamente, com a manutenção de uma ordem pública e privada na região onde residiam. Inclusive, estariam alimentando o sentimento de desordem ao sul do Império, onde as discussões sobre a problemática acerca do "mau [proveniente] do norte" mostravam-se, cada vez mais, acentuadas.[10]

Nota-se que o tenente coronel Antônio Siqueira Horta não demorou em reclamar o seu direito de propriedade. Tal precipitação impediu que Laureano acabasse sendo pronunciado por um crime que acreditavam ser ele o autor. Lembremos que meses poderiam se passar entre a data do pronunciamento e da divulgação da sentença, período esse em que o escravo suspeito deveria ser mantido preso e, por isso, distante das atividades nas propriedades do seu senhor.

Vale salientar que os custos dispendidos – sobretudo com alimentação e vestuário – com o escravo durante a sua permanência na prisão deveriam ser arcados pelos seus senhores, elementos esses que poderiam precipitar a petição de entrega. Todavia, nem sempre o pedido de relaxamento da prisão partia dos seus senhores. Isso porque, até mesmo as autoridades que eram responsáveis pelos prédios prisionais podiam se mostrar

9 APES. Fundo: SP[1]. Pacotilha: 378. Ofício do delegado em exercício, Hermenegildo José de Oliveira, ao chefe de polícia de Laranjeiras, de 10 de agosto de 1876.

10 Celia Maria Marinho de Azevedo. *Onda negra, medo branco:* o negro no imaginário das elites século XIX. 3ª edição. São Paulo: Annablume, 2004, p. 102.

substancialmente incomodadas em manterem reclusos escravos que não estavam sendo reclamados pelos seus donos, mesmo se passando meses desde as suas apreensões. Em dezembro de 1877, o delegado da vila de Capela, Ângelo Pereira de Andrade, se reportou ao chefe de polícia de Sergipe com a seguinte dúvida:

> Preciso que V. Sa. me diga se sou obrigado a conservar detida na cadeia uma escrava sem crime nenhum, só porque tem o costume de fugir, e tendo já avisado ao senhor da dita escrava para tirá-la visto como já achando-se a meses na cadeia e que pelo mau tratamento acha-se sofrendo [...].[11]

Ou seja, antes de ordenar a soltura da escrava, o delegado Ângelo achou prudente saber do seu superior se o mesmo era ou não obrigado a manter presa uma escrava que não cometera crime algum, mas que somente possuía o costume de fugir. Questionava isso porque o dono da escrava não estava a reclamar a sua entrega, mesmo estando plenamente ciente da sua apreensão e do lugar onde a mesma se encontrava.

Tratava-se, certamente, de um caso delicado, daí a necessidade de saber qual era a opinião da maior autoridade policial de Sergipe. Todavia, no que concerne aos escravos apontados como quilombolas e criminosos, a resposta era sabida; deveriam aguardar presos os pronunciamentos que estavam em curso. Inclusive, pouco antes de encerrar aquele ano de 1876, algumas autoridades policiais puderam comemorar mais uma importante apreensão nas matas do município de Laranjeiras: a do quilombola Isídio,

11 APES. Fundo: SP[1]. Pacotilha: 08. Ofício do delegado de Capela, Ângelo Pereira de Andrade, ao chefe de polícia de Sergipe, Geminiano Brasil de Oliveiro Góis, de 11 de dezembro de 1877.

o qual, por mais de dois anos, era comumente acusado de amedrontar a população dessa cidade, sempre em companhia de outros negros fugidos.[12]

Outras capturas importantes estavam prestes a serem realizadas. No dia 05 de dezembro de 1877, um documento do palácio do governo da província de Sergipe revelou que um decreto datado do mês anterior comutara "em galés perpétua a pena de morte" imposta ao escravo Manoel Jurema, acusado de um crime de morte pelo tribunal de júri de Divina Pastora.[13]

Lembremos que Manoel Jurema aparece, pela primeira vez, nesse estudo como sendo mais um dos companheiros de matos do quilombola João Mulungu. Inclusive, eles seriam partícipes no crime de roubo praticado por quilombolas contra o senhor Luiz Barbosa Madureira Mainart, como se indicou aqui no capítulo anterior.

Na verdade, a secretaria de polícia de Sergipe estava a sua procura antes mesmo de Manoel Jurema ser apontado como um dos supostos autores desse crime. No início do ano de 1876, por muito pouco esse escravo não acabou sendo preso em uma emboscada realizada entre Hermenegildo José, então delegado de Laranjeiras, e um mulher moradora da rua da Palha daquela cidade, a qual Manuel Jurema costumava visitar. Segundo Hermenegildo, assim que recebeu o "aviso da[quela] mulher" que o mencionado escravo estava em sua residência, ele ordenou que um destacamento realizasse imediatamente a sua captura.[14]

---

12 APES. Fundo: SP[1]. Pacotilha: 346. Ofício do delegado em exercício de Laranjeiras, Hermenegildo José de Oliveira, ao chefe de polícia de Sergipe, Ângelo Pires Ramos, de 19 de dezembro de 1876.

13 APES. Fundo: SP[1]. Pacotilha: 70. Ofício de nº 229 do Palácio do Governo de Sergipe, durante a 3º sessão, ao chefe de polícia José Martins Fontes, de 05 de dezembro de 1877.

14 APES. Fundo: SP[1]. Pacotilha: 728. Ofício do delegado de Laranjeiras, Hermenegildo José de Oliveira, ao chefe de polícia de Sergipe Del Rey, em 19 de janeiro de 1876. Em ofício datado de 27 de janeiro de 1876, o delegado de Laranjeiras comunicou que o cavalo foi entregue ao seu dono, o senhor Brás

Todavia, assim que avistou os soldados, Manoel Jurema montou em um cavalo e adentrou nos matos, sendo perseguido de perto apenas pelo comandante do destacamento, uma vez que esse era o único que se encontrava com montaria. Logo que notou que estava sendo perseguido, Manoel Jurema "largou o cavalo" e "meteu-se por umas grutas" desaparecendo pouco depois. [15]

Frustrado o cerco, os soldados retornaram para Laranjeiras conduzindo apenas o cavalo em que o escravo estava montado, animal este que se conservou em poder do delegado até ser, dias depois, reclamado pelo seu verdadeiro dono.[16] Talvez, a caçada contra o quilombola Manoel Jurema seria novamente retomada a partir do momento que se suspeitou que seria ele um dos assassinos de uma criança de apenas seis meses de idade, no engenho Mato Grosso, em Divina Pastora. Tal crime, segundo o pai da criança morta, poderia ser uma represália dos escravos fugidos devido as investidas que ele e outros moradores da região empreenderam dias antes contra os seus coutos.[17]

Manoel Jurema continuou a ser perseguido, sendo preso nas imediações do engenho São Francisco uma semana depois dele escapar daquela primeira emboscada. Na ocasião, o delegado Hermenegildo José revelou que:

Vieira Dantas. Neste sentido, ver: APES. Fundo: SP[1]. Pacotilha: 728. Ofício do delegado de Laranjeiras, Hermenegildo José de Oliveira, ao chefe de polícia de Sergipe Del Rey, Vicente de Paula Cascaes Telles, em 27 de janeiro de 1876

15 *Idem.*

16 APES. Fundo: SP[1]. Pacotilha: 728. Ofício do delegado de Laranjeiras, Hermenegildo José de Oliveira, ao chefe de polícia de Sergipe Del Rey, em 19 de janeiro de 1876. Em ofício datado de 27 de janeiro de 1876, o delegado de Laranjeiras comunicou que o cavalo foi entregue ao seu dono, o senhor Brás Vieira Dantas. Neste sentido, ver: APES. Fundo: SP[1]. Pacotilha: 728. Ofício do delegado de Laranjeiras, Hermenegildo José de Oliveira, ao chefe de polícia de Sergipe Del Rey, Vicente de Paula Cascaes Telles, em 27 de janeiro de 1876.

17 AMDP. Processo-crime por homicídio/furto, 1876. Pacotilha: 07. Apud: Santos, 1998, p. 50.

> pessoas fidedignas me informam de que o dito quilombola quando foi preso achava-se nu, sem suas vestes, por causa da perseguição que sofrera desta cidade para aquelas bandas. É presumível que assim acontecesse por causa da direção que o referido quilombola tomou andando pelas matas dos engenhos Boa Luz, Ribeira e São Pedro.[18]

O que se pode perceber era que a apreensão desse quilombola demandou muito empenho não apenas dos moradores da região, mas ainda dos soldados, os quais estavam naquele momento mais dedicados em apurar algumas notícias que davam conta da existência de coutos nos matos do Vale do Cotinguiba. Em 30 de agosto de 1876, Manoel Jurema prestou um depoimento na casa de audiência do dr. juiz municipal Manoel Cardoso Vieira de Melo, ocasião em que revelou, entre outras coisas, o motivo que o levou a cometer o crime mencionado acima.

Escravo do capitão Paulo de Menezes, proprietário do engenho Mandioca, situado na cidade de Laranjeiras, Manoel Jurema revelou ser crioulo, solteiro e possuir 38 anos de idade, pouco mais ou menos. Indicou ainda que, ao escapar do cerco realizado nos matos do engenho Maria Teles, optou por se dispersar dos "seus companheiros Pedro Laureano, Malaquias, Manoel e Cassiano", passando a andar então pelas paragens do engenho Mato Grosso de Cima, ocasião em que soube que o "capitão Rocha andava em caça deles com a força pública".[19]

Quanto à morte da criança, Manoel Jurema indicou ser sim o autor do crime. Segundo ele, a matou durante um roubo que estava empreendendo no engenho Mato Grosso, uma vez que receava que o choro dessa

18 APES. Fundo: SP[1]. Pacotilha: 728. Ofício do delegado de Laranjeiras, Hermenegildo José de Oliveira, ao chefe de polícia de Sergipe Del Rey, Vicente de Paula Cascaes Telles, em 27 de janeiro de 1876.

19 AMDP. Auto de perguntas do réu, 1876. Apud: Santos, 1998, p. 53.

pudesse atrair a atenção dos seus pais.[20] Manoel Jurema seria sentenciado a pena de morte pela autoria desse crime. Todavia, como era de costume, essa pena acabou sendo comutada depois em prisão perpétua.

Tal situação permitiu que Manoel Jurema continuasse não apenas vivo, mas ainda alimentando o desejo de viver em liberdade. No dia 23 de dezembro de 1878, ou seja, pouco mais de dois anos após ser capturado nas matas do engenho São Francisco, o soldado José Antônio Nunes, então responsável pela ronda no quartel de Aracaju, escreveu para o chefe de polícia de Sergipe revelando que Manuel Jurema se aproveitou do momento em que realizava o serviço de limpeza na área externa para se evadir da prisão.[21]

Logo que deixou o quartel de Aracaju, Manoel Jurema seguiu, aparentemente, outra vez na direção das matas do Vale do Cotinguiba, mais especialmente para as localizadas na vila de Riachuelo. No dia 1° de janeiro de 1879, o delegado ali alocado revelaria que Manoel Jurema estaria residindo em um "quilombo bastante crescido" instalado nas matas do engenho Mombaça.[22] Na verdade, uma denúncia do juiz municipal João Barbosa Dantas indicou, de modo mais preciso, que esse quilombo estava disposto "entre os engenhos Penha, Mumbaça [ou Mombaça], Carretão e Piedade", onde estaria residindo não apenas Manoel Jurema, mas outros "criminosos" como, por exemplo, um escravo do senhor Alexandre José de Faro, o qual era acusado de assassinar uma escrava do engenho São Felix.[23]

20 AMDP. Depoimento do escravo Manoel Jurema, Apud: Santos, 1998, p. 55.

21 APES. Fundo: SP[1]. Pacotilha: 299. Ofício do Alferes de ronda de visita do Quartel de Aracaju, José Antônio Nunes, ao chefe de polícia de Sergipe, José Leandro Martins, em 23 de dezembro de 1878.

22 APES. Fundo: SP[1]. Pacotilha: 711. Ofício do 1° suplente do delegado em exercício da vila de Riachuelo, Pedro José da Rocha, ao chefe de polícia de Sergipe, em 1° de janeiro de 1879.

23 APES. Fundo: SP[1]. Pacotilha: 377. Ofício do Juiz Municipal Joao Barbosa Dantas ao chefe de polícia de Sergipe, José Leandro Martins Soares, em 2 janeiro de 1879.

Todavia, mesmo estando cientes do paradeiro de Manoel Jurema, a sua nova captura seria alcançada apenas em meados do ano de 1879, não sem demandar, mais uma vez, muito empenho por parte das autoridades policiais. Segundo Manoel de Melo, delegado da vila de Divina Pastora, assim que chegou ao seu conhecimento que:

> se evadira da prisão em que se achava o calceta Manoel Jurema, condenado pelo júri deste termo, determinei não só aos soldados do destacamento desta vila, como mesmo a alguns paisanos de confiança a mais perfeita vigilância, para que fosse preso esse facínora, se por ventura aparecesse ele neste ponto, prometendo alguma recompensa a aquele paisano que o aprisionasse.[24]

Tal prudência se mostrou decisiva, visto que Manoel Jurema seria apreendido por dois paisanos, Manoel Cézar e Antônio Joaquim, os quais o conduziram rapidamente até a presença do delegado de Divina Pastora; estariam muito provavelmente ansiosos pela recompensa que estava sendo prometida. Logo Manoel Jurema seguiria – "convenientemente escoltado" por alguns praças – em direção a Aracajú, onde seria novamente encarcerado.

Manoel Jurema permaneceu dessa vez pouco mais de seis meses na condição de fugido. Nesse período, acabou sendo perseguido não apenas como um escravo que deixara a casa do seu senhor e que estaria integrando uma comunidade quilombola, mas ainda como um condenado, calceta e desertor.

Vale destacar que Manoel Jurema não demorou a retornar e procurar o apoio dos quilombolas do Vale do Cotinguiba. Todavia, sabemos que as

---

24 APES. Fundo: SP[1]. Pacotilha: 689. Ofício do delegado de Divina Pastora, Manoel de Melo, ao chefe de polícia de Sergipe, José Leandro Martins Soares, em 03 de junho de 1879.

alianças entretidas pelos quilombolas e a população que residia no entorno dos seus coutos podiam embaraçar, mas não impedir novas capturas. Logo depois de sabermos que Manoel Jurema estava sendo reconduzido ao quartel de Aracaju, o seu nome praticamente desaparece da documentação. Na verdade, encontramos apenas mais uma menção a esse escravo em um documento datado de outubro de 1880. Trata-se de uma correspondência de autoria do delegado de Divina Pastora, o supracitado Manoel Melo, a qual será reproduzida uma parte a seguir:

> Ismo Exmo. Senhor,
>
> Acuso a recepção do ofício de V. Exa. de 13 do corrente pelo qual cientifica-me da existência de um *quilombo* perto desta vila e do engenho Barreiros deste termo, e em resposta vou dizer a V. Exa. que fico dando a maior enérgica providência, para neste sentido já sido informado por um senhor do engenho vizinho do lugar entre as diligências que estou procedendo, tendo adotado a promessa de dizer a espia que fosse em ponto certo, o desertor *Frutuoso*, como já procedi em igual circunstância, o desertor *Manoel Jurema*, e que fui feliz; espero que por V. Exa. aprovara meu procedimento. Já não fui cerca os matos daquele engenho por que aqui só tenho 2 praças como já fiz ver a V. Exa. por ofício, aqui pedi o aumento de força e que não teve resposta de V. Exa. em vista do que aguardo as ordens de V. Exa. para com eles proceder sempre cumprindo as acertadas medidas que V. Exa. a mim ordenar [sic].[25]

25 APES. Fundo: SP[1]. Pacotilha: 712. Ofício do delegado de Divina Pastora, Manoel de Melo, ao chefe de polícia de Sergipe, Antônio Ferreira Garcez, em 20 de outubro de 1880, grifo nosso.

Nota-se que para realizar a captura de um outro desertor, Manoel Melo pretendia empregar os mesmos meios que ele, outrora, empregou para realizar a apreensão do escravo Manoel Jurema; ou seja, a combinação de espias e recompensa. Isso porque, assim como Manoel Jurema, esse novo desertor, denominado Frutuoso, estaria igualmente acoitado em um quilombo instalado nas matas de Divina Pastora, mais especialmente nas imediações do engenho Barreiros.

Esse outro desertor era mais um antigo parceiro de quilombo de João Mulungu, visto que esse sinalizou que residiu com um escravo de nome Frutuoso – então propriedade do major Frederico, do engenho Campinho – em um rancho instalado nas matas do engenho Sobrinho, da vila de Capela.[26]

Em seu estudo, Sharyse Amaral nos contou mais a respeito do escravo Frutuoso. Segundo ela, Frutuoso [ou Fructuoso] seria um dos autores do assassinato de José Croado, um capitão-do-mato que acabou sendo morto enquanto estava conduzindo preso um escravo, ainda no distante ano de 1866. Frutuoso acabaria sendo preso no dia 20 de agosto daquele mesmo ano na vila de Divina Pastora, mesmo ponto onde ele seria acusado não apenas de assassinar o aludido José Croado, mas ainda de causar lesões em João Jerônimo, um outro capitão-do-mato.[27]

Infelizmente, como ressaltou Sharyse Amaral, da documentação que deveria narrar o processo instaurado contra Frutuoso restou apenas um auto de perguntas, conduzido pelo então chefe de polícia de Sergipe, o senhor Félix Zeferino Cordeiro. Frutuoso indicou em depoimento que, embora nascido nas Piranhas, em Divina Pastora, residia em Capela. Trabalhava no engenho Boa Vista, de propriedade do capitão Frederico de Oliveira, de

26 APES. Fundo: SP[1]. Pacotilha: 397. Auto de perguntas feitas a João Mulungu, em 21 de janeiro de 1876.

27 Neste sentido, ver: Amaral, 2012, p. 155.

onde partiu um ano e meio antes, uma vez que não queria servir mais ao seu senhor.[28]

Indicou ainda que durante esse período andou mais pelos matos de Divina Pastora, de Capela e sobretudo de Japaratuba, mais especialmente em um lugar denominado Missão. No que concerne aos crimes dos quais se suspeitava ser ele o autor, Frutuoso salientou que uma das mortes mencionadas acima se deu no momento em que ele e seu companheiro de nome Malaquias procuravam salvar o velho Alexandre – muito provavelmente outro escravo fugido –, o qual ia sendo levado preso por dois condutores. Na ocasião, um deles acabou sendo morto.

Ou seja, apesar do documento analisado por Sharyse Amaral não se encontrar completo, a declaração dada por Frutuoso de que ele participou diretamente do assassinato de José Croado ampara o ideal de que ele era sim o mesmo que, no ano de 1880, estaria sendo procurado pela secretaria de polícia de Sergipe. Isso porque, um documento datado de setembro de 1880 salientou que Frutuoso, então "liberto", acabara de escapar do quartel de Aracaju, onde se encontrava cumprindo prisão perpétua.[29]

Haviam se passado muitos anos. No curso desse período, muita coisa mudou. Frutuoso não era mais um escravizado, muito embora continuasse impedindo de gozar a sua liberdade. Os matos do Vale do Cotinguiba, onde se encontrava mais uma vez escondido, não eram mais ocupados pelas mesmas comunidades quilombolas. Inclusive, um dos seus antigos parceiros de rancho, o quilombola Malaquias, acabara sendo morto por um outro escravo, esse de nome Maximiano.[30] Mas Frutuoso sabia onde poderia encontrar

---

28 *Idem.*

29 APES. Fundo: SP[1]. Pacotilha: 712. Ofício do delegado de polícia de Lagarto, Manoel Romão, ao chefe de polícia de Sergipe, Antônio Ferreira Garcez, em 17 de setembro de 1880.

30 Neste sentido, ver: Amaral, 2012, p. 156.

novas parcerias, pessoas que poderiam contribuir para que ele se mantivesse distante da prisão. E ele não demorou a procurá-las!

Muito embora não se possua aqui dados que permitam rastrear o destino rumado e alcançado por Frutuoso no momento imediato da sua escapada, uma correspondência de autoria de Mathias Afonso, então suplente do delegado de Divina Pastora, datada de 06 de janeiro de 1882, indicou que Frutuoso estaria naquele momento entre os escravos fugidos residentes nas matas do engenho Quindongá, vejamos:

> Tenho a honra de participar a V. Exa. Que ontem a noite, de conformidade com o que levei ao conhecimento de V. Exa. dei um cerco em um dos lugares onde me constava, com mais visos de probabilidade, acharam-se acoitados escravos fugidos e criminosos.
>
> Depois de andar toda noite, encontrei pela madrugada um rancho nas matas do engenho Quindongá, em lugar pantanoso e de difícil trânsito. Infelizmente a força pública e os paisanos que a acompanhavam foram pressentidos e visto de distância não pequena, de modo que só pude capturar dois escravos, conseguindo evadirem-se três, entre os quais um soldado reconheceu o criminoso Frutuoso.[31]

O ambiente pantanoso onde o rancho estava situado não apenas obrigou os soldados e os paisanos a empreenderem uma marcha mais extenuante, assim como não permitiu que os mesmos realizassem um ataque surpresa, como era então ansiado. Todavia, mesmo sendo pressentidos muito antes de alcançarem o rancho, os soldados conseguiram ainda capturar dois escravos fugidos, os quais seriam devolvidos imediatamente aos seus

31 APES. Fundo: SP[1]. Pacotilha: 683. Ofício do delegado 1° suplente em exercício da vila de Divina Pastora, Mathias Afonso, ao chefe de polícia da província de Sergipe, João Batista Guimarães, em 6 de janeiro de 1881.

respectivos senhores, apesar das "provas irrefragáveis de roubos" encontradas no couto.[32]

Segundo o delegado Mathias, um novo assalto estava sendo arquitetado para ocorrer naquele mesmo dia, visto que outros quilombolas se achavam "acoitados em diversos pontos" de Divina Pastora. Mesmo não podendo atestar se esse novo ataque realmente ocorreu, sabe-se que ele não seria responsável pela captura do negro Frutuoso. Isso porque, uma semana depois, o delegado Mathias, durante uma correspondência que reprovava a remoção do comandante e do destacamento alocados em Divina Pastora, indicou que:

> no estado em que se acha este termo não ser tomada esta medida sem que se efetuassem as diligências necessárias visto como ainda existem diversos quilombos, e os calhambolas continuam a dar assaltos como sucedeu a dois dias em casa de José Dias Cardoso Júnior, proprietário deste termo, cujo assalto foi dirigido pelo galé Frutuoso.[33]

Ou seja, percebe-se que Frutuoso não apenas voltou a se esconder nos quilombos, como ainda passou a comandar alguns quilombolas em pequenas razias e delitos em Divina Pastora. Mesmo se presumindo que ele estava acoitado nas imediações de Divina Pastora, de nada adiantou os reclames do delegado. Inclusive as remoções supracitadas motivaram o abando de uma operação que estava prestes a ser lançada contra Frutuoso e outros quilombolas. Marcha essa que, de acordo com o delegado, possuía muita "probabilidade de obter bom resultado".[34]

---

32 *Idem*.

33 APES. Fundo: SP[1]. Pacotilha: 683. Ofício do delegado de Divina Pastora, Mathias Afonso, ao chefe de polícia da província de Sergipe, João Batista, de 13 de janeiro de 1882.

34 *Idem*.

Mas essas reclamações não passariam plenamente despercebidas pela secretaria de polícia de Sergipe. Logo um novo destacamento passaria a atuar em Divina Pastora. No comando do capitão Contidiano Gomes da Rosa, esse novo destacamento se mostraria estar notadamente preocupado em apreender o preto Frutuoso, o qual, naquele momento, estava a residir nas matas das Piranhas.

O seu paradeiro acabou sendo descoberto por um espia, o qual se compromissou não apenas em conduzir os soldados até o ambiente onde Frutuoso comumente dormia, mas ainda a "outros pontos onde o mesmo" e seus parceiros costumavam se acoitar. Tal serviço seria realizado mediante o pagamento de 50 mil réis ao espia.[35]

O ato de remunerar indivíduos pelos serviços prestado na caça aos quilombos e aos quilombolas não era algo incomum em Sergipe Del Rey. Tão pouco no Vale do Cotinguiba. Inclusive, como abordado em outro momento deste estudo, o recrutamento de espias parecia ser sim uma estratégia oportuna, sobretudo quando se queria saber o paradeiro de determinados escravos.

Mesmo sem poder precisar se essa marcha contra o novo pouso de Frutuoso realmente ocorreu, pode-se atestar que ela não seria responsável pela sua captura. Isso por que, poucos dias depois, um documento do palácio do governo de Sergipe apontou que estava a regressar para Aracaju o comandante das operações que estavam sendo realizadas nas matas de Maruim e Divina Pastora contra Frutuoso e outros quilombolas que continuavam a se acoitar por aquelas paragens.[36]

---

35 Neste sentido, ver: APES. Fundo: SP[1]. Pacotilha: 386. Ofício do comandante da força em diligência em Divina Pastora, Contidiano Gomes da Rosa, ao chefe de polícia da província de Sergipe, em 20 de fevereiro de 1882. Ver ainda: APES. Fundo: SP[1]. Pacotilha: 386. Ofício do delegado 1° suplente de delegado em exercício de Divina Pastora, Mathias Afonso Wanderley, ao chefe de polícia de Sergipe, João Batista Guimarães, de 20 de fevereiro de 1882.

36 APES. Fundo: SP[1]. Pacotilha: 195. Ofício do Palácio do Governo de Sergipe, durante a 3° sessão, de n° 54, datado de 04 de março de 1882.

Frutuoso alcançaria ainda naquele ano outras matas do Cotinguiba. Em março de 1882, o delegado Pedro Souza indicou que esse preto se acoitara por um período nas matas da vila de Capela;[37] ou seja, na mesma região onde se encontrava disposto o engenho Boa Vista, propriedade do seu antigo senhor, e onde, de acordo com Frutuoso, ele costumava se acoitar ainda em meados da década de 1860.

O que se pode perceber era que se nos primeiros dois anos as novas operações contra Frutuoso estavam mais concentradas nas matas de Maruim e Divina Pastora, a partir do ano de 1883 elas passariam a rumar mais acentuadamente para as matas da vila de Capela. O tenente Francisco Pedro de Alcântara, então responsável pelo destacamento de Capela, se mostrou preocupado com a presença de Frutuoso por aquelas paragens. Em meados de 1883, pouco depois de receber o aviso de que um espia descobrira o suposto "rancho" onde Frutuoso e outros quilombolas estavam reunidos, o Tenente Francisco passou imediatamente a requisitar soldados para compor uma diligência. Todavia, antes mesmo de ser iniciada a marcha, se percebeu que o espia "de nada sabia" e que queria apenas conseguir algum dinheiro.[38]

Muito embora se mostrasse ainda esperançoso em descobrir o aposento daqueles escravos, em outubro daquele ano, o tenente Francisco participou ao seu superior que Frutuoso acabara de ser encontrado morto em um lugar denominado Saco, em Siriri, mais precisamente "nas imediações da estrada" que dava para a cidade de Maruim.[39] Logo a origem da morte

37 APES. Fundo: SP[1]. Pacotilha: 683. Ofício do delegado de Capela, Pedro Vieira Souza, ao chefe de polícia de Sergipe, João Almeida Lopes, de 10 de março de 1882.

38 APES. Fundo: SP[1]. Pacotilha: 681. Ofício do Tenente Comandante do Quartel do Destacamento Policial da vila de Capela, Francisco Pedro de Alcântara, ao chefe de polícia de Sergipe, Luiz de Albuquerque Martins Pereira, de 03 de agosto de 1883.

39 APES. Fundo: SP[1]. Pacotilha: 681. Ofício do Tenente Comandante do Quartel do Destacamento Policial na Capela, Francisco Pedro de Alcântara,

de Frutuoso, a qual era, *a priori*, desconhecida, passou a ser alvo de um inquérito. Esse seria comandado pelo senhor Manoel de Melo, o mesmo delegado de Divina Pastora mencionado aqui anteriormente.[40] Todavia, ao que parece, apesar das suas apurações, ele pôde apenas atestar que o Saco pertencia, na verdade, a vila de Capela, assim como que a pessoa que encontrou Frutuoso morto era um senhor de nome José Pedro, o qual, do mesmo modo, não sabia o motivo daquela morte.[41] Frutuoso morreria pouco mais de dois anos após escapar da prisão e se encontrar novamente com as matas do Vale do Cotinguiba.

Em Sergipe Del Rey, as contendas entre senhores e escravos, assim como entre estes e os subordinados dos primeiros se elevariam de modo acentuado no decorrer da década de 1880. Todavia, a partir da análise da documentação produzida pela secretaria de polícia de Sergipe, pode-se precisar que os escravos não mais estariam a se evadir e a se reunir em quilombos, ao menos com a mesma intensidade notada para a década anterior. Estariam, nesse momento, motivados a se rebelar sim, porém não mais nas matas dos engenhos, mas sim dentro das suas próprias instalações. Os impasses e os novos rumos da política nacional de emancipação servil adotado na Corte empurrava, cada vez mais, a "onda negra" para perto dos prédios senhoriais.

---

ao chefe de polícia de Sergipe, Gonçalo de Aguiar Boto de Menezes, de 09 de outubro de 1883.

40 APES. Fundo: SP[1]. Pacotilha: 681. Ofício do delegado de Divina Pastora. Manoel de Mello de Lima, ao chefe de polícia de Sergipe, Gonçalo Aguiar Telles de Menezes, de 13 de outubro de 1873.

41 *Idem*. Ver ainda: APES. Fundo: SP[1]. Pacotilha: 681. Ofício do delegado de Divina Pastora, Manoel de Mello Franco Lima, ao chefe de polícia de Sergipe, Gonçalo de Aguiar Boto de Menezes, de 14 de outubro de 1883; APES. Fundo: SP[1]. Pacotilha: 681. Ofício do subdelegado de Siriri, Fernando Manoel Barroso, ao delegado de Divina Pastora, de 22 de outubro de 1883.

Nesse sentido, situações como, por exemplo, a ocorrida na noite do dia 30 de maio de 1880, onde soldados e escravos entraram em combate nas ruas de Itaporanga, passaram a ser, cada vez mais, corriqueiras.[42] Quatro anos depois, um relatório produzido pelo presidente da província de Sergipe deu conta de que a vila de Itaporanga acabou sendo, mais uma vez, sacudida por uma insubordinação promovida por escravos, vejamos:

> no município de Itaporanga houve um levantamento dos escravos pertencentes ao engenho Paty, resultando disso o assassinato do feitor do mesmo engenho.
>
> Os escravos em número de 36, depois daquele fato, dirigiram-se a esta capital [Aracaju], apresentando-se ao dr. chefe de polícia, que imediatamente procedeu as necessárias diligências, a fim de descobrir o autor ou autores daqueles crimes.[43]

Nota-se que os escravos rebelados rumaram, de imediato, na direção da capital, onde se apresentaram na secretaria de polícia. Ou seja, em vez de se esconderem nas matas como antes, os escravos seguiram reunidos pelas estradas que os conduziriam até Aracaju. Tratava-se de algo aparentemente acordado antes mesmo de se iniciar o ato. No decorrer da investigação, pode-se atestar que "a culpabilidade" recaia apenas nos "escravos Leandro, David, Inocêncio e Francisco Pequeno", os quais acabaram sendo presos e

---

42 BED. Documentação Sergipana. N° 1448. Relatório com que o Exc. Se. Presidente Dr. Theophilo Fernandes dos Santos abriu a 1° sessão da 23° legislatura da Assembleia da Província de Sergipe no dia 01 de março de 1880, p. 04.

43 BED. Documentação Sergipana. Relatórios Presidenciais 1883-85. N° D.S. 1449. Relatório com que o Exc. Sr. Francisco de Gouvêa Cunha Barreto passou a administração desta Província de Sergipe ao Sr. Presidente Caetano Barreto em setembro de 1884, p. 04.

submetidos a um processo criminal. Quanto aos demais escravos, eles acabaram sendo, em seguida, "entregues ao [seu] respectivo senhor".[44]

Tal situação demonstra o quanto as relações entre senhores e escravos estavam a experimentar naquele momento novas situações, as quais, de certo modo, passariam a ser reportadas com mais regularidade na documentação produzida pela secretaria de polícia de Sergipe Del Rey. O número de notícias de crimes perpetrados dentro dos ambientes senhoriais aumentaria consideravelmente, e não apenas no Vale do Cotinguiba. No dia 23 de janeiro de 1884, os escravos Izaias e Francisco, ambos de propriedade da Baronesa de Japaratuba, assassinam o feitor dos engenhos Unha de Gato e Vitória, ambos pertencentes ao termo de Divina Pastora. Logo depois, os dois escravos se dirigiram para Aracaju onde se apresentaram como sendo os autores do crime.[45] Meses depois, mais especificadamente no dia 20 de junho daquele ano, os escravos Bertholdo, Fortunato e Luiz assassinaram Leonel da Silva Monteiro, feitor do engenho Grutão, do termo do Riachão, onde eles também residiam. Todos acabaram se evadindo após o delito.[46]

Tratava-se, como se sabe, de uma nova realidade social sim, mas que não estava restrita a Sergipe Del Rey. Na Província de São Paulo, no decorrer da década de 1880, de acordo com Célia Marinho de Azevedo, o "espaço da produção" passaria a ser, cada vez mais, o

> palco privilegiado das revoltas individuais e coletivas dos negros escravizados. Isto quer dizer que a resistência escrava estaria se concretizando cada vez mais no próprio lugar de trabalho (no eito e no interior das moradias dos senhores), muito mais do que fora dele, tal como nas tradicionais fugas e quilombos.[47]

44 *Idem*.

45 *Idem*, p. 03.

46 *Idem*, p. 04.

47 Azevedo, 2004, p. 158.

Mesmo o número de escapadas e, concomitantemente, de notícias a respeito da existência de quilombos se mostrando menor, pode-se encontrar ainda algumas notícias sobre o movimento de quilombolas pelas matas de Sergipe Del Rey nesse período. No dia 07 de março de 1882, o senhor João de Almeida Lopes, que ocupava, interinamente, o posto de chefe de polícia de Sergipe Del Rey, despachou uma circular para alguns delegados municipais onde procurava saber destes se realmente existiam em seus termos comunidades de escravos fugidos, assim como, sendo esta resposta positiva, saber quais as medidas que os mesmos vinham adotando contra a reprodução daqueles coutos.

Na verdade, muito embora não se possa reescrever, *ipsis litteris*, as palavras que compuseram essa circular, uma vez que não se encontrou esse documento durante a pesquisa, os seus objetivos eram seguramente os apontados acima. Evidencia-se isso, a seguir, por meio das respostas emitidas por três autoridades alocadas no Vale do Cotinguiba: Ernesto da Silva Travassos, delegado da vila de Japaratuba, Mathias Afonso Wanderley, delegado da vila de Divina Pastora, e Candido Barbosa Madureira, autoridade policial responsável pela vila de Rosário de Catete.

O primeiro a emitir um parecer sobre a circular foi o delegado de Japaratuba, o qual asseverou que era sim "verdade" que havia "aparecido alguns escravos fugidos em certos pontos" daquele termo, "porém ignorando o número existente". Indicou ainda que, "em virtude desse boato", vinha ele

> expedindo algumas diligências compostas por paisanos por falta de praça pública, em razão de 3 praças de que se compõe o destacamento desta se acham guardando 6 criminosos que estão respondendo processo, e esses paisanos em ditas diligências nada tem obtido.[48]

48 APES. Fundo: SP[1]. Pacotilha: 683. Ofício do delegado da vila de Japaratuba, Ernesto da Silva Travassos, ao chefe de polícia interino de Sergipe, João de Almeida Lopes, de 15 de março de 1882.

Pouco antes de encerrar o seu parecer, Ernesto da Silva Travassos prometeu que se manteria empenhado – contudo dentro das suas possibilidades, as quais sabemos, eram incipientes – no sentido de "extirpar" da vila de Japaratuba aquele mau que os ameaçavam.

O delegado Ernesto estava experimentando um dilema constrangedor, uma vez que ir à caça dos escravos fugidos poderia representar, concomitantemente, a fuga daqueles que se encontravam presos. Daí, segundo ele, o uso de paisanos para compor as diligências, opção essa que não estaria surtindo o resultado esperado.

Não obstante se atestar que outras empresas antiquilombos acabaram sendo compostas apenas por paisanos, essa não parecia ser ainda uma medida muito comum no Vale do Cotinguiba. Era uma medida alternativa e desesperada por parte das autoridades, mas que parecia se mostrar necessária sobretudo diante da impossibilidade de se contar com soldados para compor as marchas. Muito embora outras pessoas estivessem se dedicando a caça dos escravos fugidos, não se podia esperar muito deles; nem os paisanos e nem mesmo os soldados estavam plenamente disponíveis e preparados para combater os escravos no interior das matas.

Candido Barbosa de Madureira, delegado de Rosário do Catete, estaria a compartilhar daquele mesmo dilema. Segundo ele, apesar de "não [lhe] constar existir" no distrito de sua responsabilidade "grupo de escravos fugidos", era bem verdade que:

> por uma ou duas vezes tem aparecido esses grupos, que suponho serem compostos mais de pessoas livres do que escravos, e atacado algumas pessoas que transitam alta noite, não tendo eu dado providência alguma, por o não poder fazer, atendendo-se que seria temeridade de minha parte arriscar a vida de dois soldados, únicos que em caso urgente posso dispor

> aqui, visto como os outros 2 ficam no quartel de sentinela aos presos.[49]

Ou seja, não obstante a realidade na vila de Rosário do Catete se encontrar, ao menos aparentemente, mais módica, o número reduzido de soldados impedia a realização de novas operações, sobretudo porque não se sabia ao certo "quantas pessoas" compunham aqueles "grupos".[50]

Já de acordo com o delegado Mathias Afonso Wanderley, essas questões envolvendo a existência de comunidades quilombolas na vila de Divina Pastora, assim como as medidas que estavam sendo impetradas contra as mesmas estavam devidamente reportadas em seis correspondências que ele enviara anteriormente para a secretaria de polícia de Sergipe. Nesse sentido, salientou apenas que, devido ao auxílio prestado pelo chefe de polícia anterior, pôde ele "dissolver diversos quilombos de escravos e capturar alguns calhambolas", não lhe constando, ao menos até aquele dia, saber acerca da "continuação deles".[51]

Tais respostas, assim como a circular que motivou as mesmas, são indicativos de que a mencionada diminuição, na década de 1880, de registros policiais participando os atos promovidos contra os quilombolas do Vale do Cotinguiba não se encontra, necessariamente, associada a uma diminuição da preocupação das autoridades de Sergipe sobre esse modo de resistência escrava.

No dia 17 de abril de 1882, ou seja, pouco mais de um mês após o senhor Mathias Wanderley salientar que não sabia precisar acerca da

49 APES. Fundo: SP[1]. Pacotilha: 683. Ofício do delegado da vila de Rosário do Catete, Candido Barbosa Madureira, ao chefe de polícia de Sergipe, João de Almeida Lopes, de 16 de março de 1882.

50 *Idem.*

51 APES. Fundo: SP[1]. Pacotilha: 683. Ofício do delegado de polícia 1° suplente em exercício da vila de Divina Pastora, Mathias Afonso Wanderley, ao chefe de polícia interno de Sergipe, João de Almeida Lopes, de 16 de março de 1882.

perpetuação de comunidades de escravos fugidos pelas matas da vila de Divina Pastora, uma correspondência "reservada" do Palácio do Governo solicitava esclarecimentos do chefe de polícia sobre "uma publicação incerta" do Jornal do Comércio, a qual fazia "inferência ao fato de continuarem os calhambolas a atuar[em] no norte" da província de Sergipe, mais "especialmente no município de Divina Pastora".[52]

Não se encontrou ainda a mencionada edição do *Jornal do Comércio*. Todavia, salienta-se, mais uma vez, que se a década de 1880 em Sergipe Del Rey, mais especialmente no Vale do Cotinguiba, assistiu a um recrudescimento de outros modos de resistência escrava, eles não impediram que alguns escravizados continuassem a se aquilombar no interior das matas. Em outras palavras, mesmo o ambiente de produção aparecendo agora como principal palco dos atos de insubordinação escrava, a opção pelo aquilombamento não deixaria de existir.

Interessante notar ainda que, se por um lado, o número de notícias a respeito de comunidades quilombolas estava diminuindo, por outro, as poucas reportagens existentes davam conta de que o número de escravizados reunidos nos coutos aumentara exponencialmente. No dia 21 de janeiro de 1888, o delegado da vila de Japaratuba participou o chefe de polícia de Sergipe indicando que presumia existir "nos matos dos engenhos Cabral e Lagartixa", assim como nas proximidades de um local "denominado Miranda, do termo da Capela", cerca de "100 escravos fugidos". Estariam "quase todos armados", razão pela qual parecia ser:

> improfícua qualquer diligência contra os mesmos com a limitadíssima força pública destacada [naquela] vila e nas de Capela e Rosário, que toda reunida orçará 15 praças, pouco mais ou menos, podendo travar-se sério conflito em que a força pública seja

52 APES. Fundo: SP[1]. Pacotilha: 195. Ofício do Palácio do Governo da Província de Sergipe dirigido ao chefe de polícia de Sergipe, de 17 de abril de 1882.

> derrota. [...] Consta-me também que esses quilombolas já tem assaltados pessoas nas estradas e que tem furtado bois e outros animais nos pastos nos engenhos para se alimentarem.[53]

Nota-se que, de acordo com o delegado Firmino Batista de Andrade, estariam residindo nas matas que circundavam os termos de Capela e Japaratuba aproximadamente uma centena de escravos fugidos, número esse considerável. Nota-se ainda que a quantidade de escravos era muito superior ao número de soldados então reunidos nas vilas de Japaratuba, Capela e Rosário do Catete, razão pela qual o delegado dizia ser naquele momento inútil qualquer marcha contra eles.

Um mês depois, Firmino Batista de Andrade voltou a escrever para o chefe de polícia de Sergipe clamando por um maior policiamento em Japaratuba. O seu pedido seria, mais uma vez, pautado nos atos criminosos então impetrados pelos quilombolas, vejamos:

> Anteontem telegrafei a V. S. pedindo força para prender os quilombolas que infestam este termo.
>
> No rio Japaratuba lavavam roupa algumas mulheres desta vila, e já quando estavam recolhendo-a para se retirar, apareceu um grupo de escravos fugidos armados de faca de ponta e [ilegível] e ameaçando-as de mata-las tomou toda roupa.
>
> Uma delas que resistiu a entregar a sua roupa fora esbofeteada, e teve de ceder a força perdendo a roupa.
>
> Não é este o primeiro roubo que eles cometem: alguns proprietários tem perdido bois que eles

53 APES. Fundo: SP[1]. Pacotilha: 740. Ofício do delegado de Japaratuba, Firmino Batista de Andrade, ao chefe de polícia de Sergipe, José Ignácio Fernandes de Barros, de 21 de janeiro de 1888.

> furtam e até tem arrombado estribarias para furtar animais.[54]

Segundo Firmino, era prudente se enviar, o quanto antes, operações policiais contra os coutos daqueles escravos, de modo que ainda que não conseguissem "prendê-los", se poderia promover – ao menos – a dispersão deles. Tais medidas deveriam ser postas em prática ainda nos municípios do entorno, pois isso poderia promover o retorno dos escravos aos domínios "dos seus senhores".[55]

No início do ano de 1888, as problemáticas e os impasses a respeito da manutenção ou erradicação da escravidão no Império pareciam precipitar as ocorrências envolvendo a população escravizada. Fugas, antes individuais, passaram a ocorrer em massa. E muito embora ocorressem roubos e outros atos de violência contra andantes mais desavisados, os principais alvos dos escravizados pareciam pernoitar nos prédios senhoriais.

No Vale do Cotinguiba, as autoridades insistiam na necessidade de ampliar o número de soldados dispostos na região. Todavia, como não eram atendidos em seus pleitos, elas passaram a se sentir, cada vez mais, acuadas. Muitos se mostravam impedidos de atender aos rezingues senhoriais. Não era mais possível acossar os escravos dispostos no interior das matas das propriedades do Vale.

Manoel de Oliveira Matos, delegado da vila de Capela, em correspondência datada de 24 de março e dirigida ao chefe de polícia de Sergipe, revelaria que:

> uma ocorrência grave acontecida neste termo, que procedidas de outras mostram o estado de pouca

54 APES. Fundo: SP[1]. Pacotilha: 740. Ofício do delegado de polícia 1º suplente em exercício de Japaratuba, Firmino Batista de Andrade, ao chefe de polícia de Sergipe, de 10 de março de 1888.

55 *Idem.*

> segurança em que se acha o termo e a necessidade de providências eficazes em bem da ordem pública seriamente ameaçada.
>
> Já de algum tempo nota-se neste município [Capela] a fluência da parte da classe escravo: ora evadindo-se e reunindo-se em quilombos, e cometendo toda a sorte de latrocínios, nos pastos, nas estradas, nas fontes e até em torno desta vila; ora acometendo as propriedades agrícolas e em presença dos donos, desacatando a estes, e tirando-lhes bois, cavalos nas estribarias, sacos e pães de açúcar nos engenhos, ora mesmo acometendo as próprias pessoas, que por ventura se lhes tem querido opor defesa do que é seu. A isso acresce as evasões em massa de escravos de algumas propriedades agrícolas, as insuflações de alguns indivíduos que levam o seu abolicionismo até o desrespeito a lei, e toda a sorte de perturbações.[56]

Manoel de Oliveira Matos demostrou saber que não era de agora que os escravos se mostravam insubordinados. Todavia, o modo como algumas pessoas estavam pondo em prática os seus ideais abolicionistas permitiu o surgimento de uma nova onda de perturbação escrava na vila de Capela, dessa vez com dimensões maiores, ainda sem precedentes.

Foi somente a partir da década de 1880 que a documentação da secretaria de polícia de Sergipe Del Rey passou a associar a participação de abolicionistas com os atos de rebeldia impetrados pelos escravos. Eram indivíduos que se mostraram agora identificados com uma causa que se mostrava, cada vez mais, eminente: a abolição da escravatura.

56 APES. Fundo: SP[1]. Pacotilha: 740. Ofício do delegado de Capela, Manoel de Oliveira Matos, ao chefe de polícia da província de Sergipe, Licurgo de Albuquerque Nascimento, de 24 de março de 1888.

Tal como como abordou Celia Azevedo ao estudar a relação entre o "não quero" dos escravos com os discursos e atos promovidos por pessoas pertencentes ao movimento abolicionista, esses indivíduos costumavam se autoproclamar como os principais representantes de uma "raça amordaçada pelo cativeiro", e por isso incapaz de realizar seus próprios reclames.[57] Era assim que se apresentava o abolicionista Francisco José Alves, como se pode atestar em parte dos documentos que ele mesmo produziu. No ano de 1882, por exemplo, Francisco José Alves, em nome de uma escrava, se reportou ao chefe de polícia de Sergipe pedindo que se adotassem providências diante dos castigos imoderados que ela recebera do seu senhor, o Major Miguel da Silva Tavares, dono do engenho Ribeira, da vila de Socorro.[58]

Muitas outras denúncias contra os severos castigos aplicados pelos donos de escravos de Sergipe seriam noticiadas em dois periódicos de propriedade do abolicionista Francisco José Alves, como Maria Nely Santos abordou em estudo sobre esse personagem.[59] Os propósitos desse estudo não permitem discutir sobre como se desenvolveu o movimento abolicionista em Sergipe. No entanto, não se pode deixar de registrar que um estudo recém desenvolvido, de autoria de Camila Barreto Avelino, contrapõe a visão quase que idílica do personagem Francisco José Alves, ao indicar, até mesmo, que ele costumava cobrar valores altos dos escravos pelas ações que costumava mover contra os seus senhores.[60] Todavia, por mais contraditórias que possam parecer algumas das condutas adotadas por Francisco José Alves, elas não deixavam de ser consideradas pelas autoridades como incitadoras.

57 Azevedo, 2004, p. 153.

58 APES. Fundo: SP[1]. Pacotilha: 165. Ofício de Francisco José Alves ao chefe de polícia de Sergipe, datado de 1882.

59 Neste sentido, ver: Santos, 1997.

60 Neste sentido, ver: Avelino, 2018, p. 131.

Muitos se mostravam espantados com as novas posturas e os atos praticados pela massa de escravizado que estava a se rebelar no Cotinguiba. Em abril de 1888, o delegado da vila de Riachuelo indicou que muito embora não pudesse relatar "movimento algum que alterasse a ordem pública" naquela região, a sua população se encontrava substancialmente "receada" de que uma "sublevação por parte dos escravos" estava prestes a acontecer; razão pela qual ele indicaria ainda que estava de "prontidão" para "destroçar qualquer ajuntamento" de pretos que pudesse aparecer em Riachuelo, assim como em seus subúrbios.[61]

Não obstante os receios alimentados pela população de Riachuelo, uma ordem emanada pelo chefe de polícia de Sergipe obrigou aquele delegado ceder o destacamento que estava ali estacionado para a cidade de Laranjeiras, onde, no dia 14 de abril de 1888, ocorreu mais uma operação contra os quilombos situados em suas matas. Entretanto, segundo Joaquim de Oliveira, autoridade responsável pela marcha, os soldados puderam apenas se deparar com "um rancho" abandonado, estando o malogro dessa operação associado a uma suposta mudança dos quilombolas para o município de Itaporanga.[62]

Fugas, antes individuais, passariam a ser agora em massa. Na edição de 15 de abril de 1888, o periódico *A Reforma* publicou um artigo intitulado "Hégira dos Escravos", onde denunciava a evasão de dezenas de escravos das propriedades açucareiras em direção à capital, Aracaju. Segundo o autor

61 APES. Fundo: SP[1]. Pacotilha: 740. Ofício do delegado de Riachuelo, Francisco Antônio, ao chefe de polícia de Sergipe, Licurgo de Albuquerque Nascimento, de 02 de abril de 1888.

62 APES. Fundo: SP[1]. Pacotilha: 740. Ofício do delegado de Laranjeiras, Joaquim de Oliveira, ao chefe de polícia da província de Sergipe, Licurgo de Albuquerque Nascimento, de 16 de abril de 1888.

anônimo que assina o artigo, esses escravos estavam plenamente convencidos de que estava "decretada a abolição da escravidão no Império".[63]

Menos de uma semana depois, uma operação seria deitada contra quilombolas reunidos na Pindoba, próximo da vila de Itaporanga, vejamos:

> Achando-se homiziado no lugar denominado Pindoba, distante desta vila [Itaporanga] uma légua, um grupo de negros fugidos em número de 25, todos montados em bons cavalos e armados, atacando os transeuntes que infelizmente por aquelas paragens acontecem em passar e já quase todas as noites são aqui encontrados pessoas desconhecidas, vou pedir a V. S. mais umas praças para reforçar o pequeno destacamento desta vila [...].[64]

Segundo José Dantas Portela, autor do requerimento acima, somente com o imediato aumento do número de soldados era que se poderia restabelecer a ordem em Itaporanga. Entretanto, sabemos que o atendimento de um pleito como esse ocasionava, na maioria das ocasiões, em um deslocamento de soldados que estavam ocupados com a preservação e a manutenção da segurança pública em outros municípios do entorno. Munir aqui, significaria desguarnecer ali. Tratava-se de uma dúvida que atravessara a administração de diversos senhores que ocuparam o principal posto da secretaria de polícia de Sergipe, sobretudo nas décadas de 1870 e 1880.

No dia 22 de abril de 1888, o delegado de Riachuelo se reportou ao chefe de polícia de Sergipe dizendo que se deixara de acudir e atender "a requisição de praças" realizada pelo delegado de Laranjeiras era porque

---

63 "Hégira dos escravos". *A Reforma*. Aracaju. 15 de abril de 1888, n. 66, p. 1-2. Apud: Souza Neto, 2017, p. 27.

64 APES. Fundo: SP[1]. Pacotilha: 740. Ofício do delegado de Itaporanga, José Dantas Portela, ao chefe de polícia da província de Sergipe, Licurgo de Albuquerque Nascimento, de 20 de abril de 1888.

os soldados de que ele então dispunha se encontravam ocupados em outras operações, acudindo "as reclamações de alguns proprietários, cujos escravos se encontravam" acoitados "nos matos, praticando inúmeros latrocínios".[65] Francisco Antônio de Santana, mencionado delegado de Riachuelo, revelou ainda que:

> [era] abertamente impossível com os praças aqui existentes, auxiliar, em tempo, os termos de Divina Pastora e Laranjeiras, quando esta vila, cercada de inúmeros engenhos, necessita de maior número de praças para obstar os desacatos de escravos; e de homens livres empregados no trabalho do engenho Central, em número de 500, mais ou menos, que não cessão de frequentar a vila, mormente a noite.[66]

Ou seja, nota-se que o diminuto destacamento de Riachuelo deveria estender suas atividades até a vila de Divina Pastora, além de percorrer o entorno de Laranjeiras, onde o número de escravos alocados nos engenhos era maior. Temia-se o deslocamento dessas ações rebeldes para o interior das propriedades açucareiras. No dia 24 de abril de 1888, Francisco Antônio deu novas notícias sobre os atos impetrados pelos escravos na vila de Riachuelo. Em consequências das constantes "reclamações dos proprietários dos engenhos Penha, Piedade e Mumbaça", se dirigiu ele pessoalmente para essas propriedades, onde se deparou com "as famílias escravas na mais perfeita insubordinação". Isso era devido, de acordo com ele, ao ideal de que os escravos do Brasil estavam, naquele momento, "libertos por lei", não devendo eles mais aturar qualquer "opressão dos seus senhores".[67]

65 APES. Fundo: SP[1]. Pacotilha: 740. Ofício do delegado da vila de Riachuelo, Francisco Antônio de Santana, ao chefe de polícia de Sergipe, Licurgo de Albuquerque Nascimento, de 22 de abril de 1888.

66 *Idem*.

67 APES. Fundo: SP[1]. Pacotilha: 740. Ofício do delegado da vila de Riachuelo, Francisco Antônio de Santana, ao chefe de polícia de Sergipe, Licurgo de Albuquerque Nascimento, de 24 de abril de 1888.

Mediante essa situação, Francisco Antônio revelou que não viu outra saída a não ser "aconselhar" – com muita "prudência" e "inserção de espírito" – os escravos desses engenhos, de modo que eles continuassem a prestar os devidos "serviços a seus senhores" até que ele pudesse saber mais a respeito do que estavam a proclamar. Isso, de acordo com ele, impediu a debandada imediata dos escravos das propriedades, visto que acabaram sendo convencidos de que deveriam esperar a promulgação da legislação que os declarariam livres.[68]

Impedido de conter o movimento iniciado por esses escravos por meio do aparato policial, a autoridade em questão se viu obrigada a negociar com a escravaria de cada uma daquelas propriedades, sobretudo com os residentes no engenho Penha, os quais estavam sendo acusados de desrespeitar não apenas os seus senhores, mas ainda os "transeuntes e as pessoas livres" que nele residiam.

Logo após convencer a escravaria dos engenhos Penha, Mombaça e Piedade, Francisco Antônio marchou em direção a Divina Pastora para cumprir outra atividade não menos imperiosa; acossar quilombolas que estavam cometendo "desordens e depredações". Todavia, segundo ele, nada pode ser atestado durante a marcha. [69]

Naquele momento, o escravo Saturnino era apontado como um dos mais perigosos quilombolas que insistiam em ocupar as matas da Vila de Divina Pastora.[70] No dia 28 de abril de 1888, o delegado Francisco Antônio comandou uma marcha contra o couto desse escravo. Todavia, o suposto aviso de um comparsa possibilitou que ele e seus companheiros abandonassem o rancho onde estavam escondidos "antes [mesmo] do cerco".[71] No dia seguinte, Francisco Antônio comandou mais uma marcha contra os qui-

68 *Idem.*

69 *Idem.*

70 Neste sentido, ver: APES. Fundo: SP[1]. Pacotilha: 740. Ofício do delegado da vila de Riachuelo, Francisco Antônio de Santana, ao chefe de polícia de Sergipe, Licurgo de Albuquerque Nascimento, de 01 de maio de 1888.

71 *Idem.*

lombos de Divina Pastora, mais especialmente em um ponto denominado Brejo, onde pode-se capturar dez escravos. Todos acabaram, pouco depois, sendo devolvidos aos seus senhores, com exceção do sentenciado Salvador, o qual acabou sendo conduzido preso para Aracaju.[72]

Saturnino era acusado de ser autor de diversos delitos, entre eles o assassinato do escravo Canuto, de propriedade de uma senhora denominada Maria Etelvina de Oliveira Freire, dona do engenho Carvão.[73] Em um dos seus estudos, Maria Nely Santos estende o raio de ação dos quilombolas comandados por Saturnino para além de Divina Pastora. Segundo ela, eles atuaram ainda em São Cristóvão, Laranjeiras e na vila de Capela. Inclusive, em São Cristóvão, Saturnino e outros quilombolas acabaram sendo apontados como os principais incitadores dos atos de rebeldia praticados pelos escravos dos engenhos Poxim e Tábua. Muito embora os escravos dessas propriedades se mostrarem, aparentemente, dispostos a qualquer coisa para não mais permanecerem no cativeiro, o então chefe de polícia de Sergipe recomendou que as autoridades operassem contra os mesmos com muita prudência; acalmando os insurgidos e aconselhando-os a "esperarem resignados a aurora redentora". Já no que concerne aos quilombolas, a recomendação dada era promover a dispersão deles, com exceção do negro Saturnino, o qual deveria ser preso.[74]

Logo depois de conseguir aquietar os ânimos dos escravos, o destacamento policial seguiu imediatamente em direção ao engenho Itaperoá, onde cerca de 100 escravos se encontravam rebelados, a ponto inclusive de matarem diariamente dois bois para se alimentarem. Tais escravos estariam agindo a mando de Saturnino, o qual, segundo se dizia, impunha contra os mesmos a "sua vontade como lei".[75] Não se sabe de que modo as autoridades operacionalizaram

72 *Idem*.

73 Neste sentido, ver: Santos, 1997, p. 130.

74 *Idem*, p. 131.

75 *Idem, ibidem*.

contra esses escravos. Tão pouco se eles conseguiram apaziguá-los, assim como se deu com a escravaria dos outros engenhos mencionados.

No dia 18 de maio de 1888, o chefe de polícia de Sergipe despachou para os delegados uma circular onde indicou não apenas "ter sido sancionada a lei pela qual foi declarada extinta a escravidão no Brasil", mas ainda exigindo que os mesmos adotassem as "providências precisas para o cumprimento da mesma".[76]

Era, sem sombra de dúvidas, o momento mais aguardado pelos escravizados do Império do Brasil. Todavia, nem mesmo a promulgação da Lei Áurea impediu que parte deles continuasse a ser perseguido pelas autoridades policiais, a exemplo de Saturnino, o qual precisava ainda responder pelos crimes dos quais diziam ser ele o autor.

O que se pode perceber era que esse movimento ininterrupto de perseguições contribuiu para que as que as matas do Vale do Cotinguiba continuassem a ser ocupadas por populações negras, agora de ex-escravizados, os quais estariam, mais uma vez, entre os principais alvos das ações repressoras e violentas perpetradas pelas instituições policiais e militares do Império.

Os dias imediatos ao 13 de maio de 1888 combinariam dois sentimentos: entusiasmo e apreensão. Esses, como inúmeros estudos apontam, não eram compartilhados apenas entre os ex-escravizados. Logo que a notícia da abolição se espalhou, muitos ex-escravizados abandonaram as propriedades rurais onde residiam. Tomaram o rumo das cidades, onde muitos outros estavam reunidos a comemorar. Nas estradas, assistia-se a um vai e vem de caravanas negras. Mesmo os que procuraram retornar, dias depois, para as antigas propriedades onde residiam, se mostravam agora mais resistentes, negando-se, até mesmo, a realizar muitos dos serviços dos quais se ocupavam de modo compulsório. Tratava-se de um movimento ainda sem

---

76 Neste sentido, ver: APES. Fundo: SP[1]. Pacotilha: 740. Ofício do delegado da vila de Porto da Folha, Antônio Moreira de Souza, ao chefe de polícia de Sergipe, de 13 de junho de 1888.

precedente, o qual não demoraria a incomodar não apenas os antigos donos de escravos, mas ainda as autoridades responsáveis pela preservação e manutenção da ordem pública e privada no Império.

No dia 09 de julho de 1888, o delegado de Estância, doutor Antônio Martins Fontes, comunicou ao chefe de polícia de Sergipe acerca do constrangimento diante dessa nova realidade, vejamos:

> em observância ao que por V. S. me foi ordenado, fiz retirar para a vila de Arauá a força que havia requisitado, apesar de que, como por telegrama já fiz sentir a V. S. julgo de muita conveniência, presentemente, que seja reforçado o destacamento desta cidade com maior número de praça, atendendo a que, depois da publicação da lei de 13 de maio deste ano, a imigração de avultado número de libertos, sem ocupação de outro qualquer meio de vida, se tem tornado aqui considerável, do que tem resultado constante queixas de furtos praticados pelos mesmos, sendo certo que esta delegacia com o pequeno número de 12 praças, inclusive o corneta, não pode satisfazer as reclamações que nesse sentido lhe são feitas.[77]

Furtos e roubos nos pastos e em outras instalações das propriedades rurais passaram a ser cada vez mais comuns. O número elevado de delitos continuava a contrastar com o pequeno número de destacamentos dispostos nas delegacias municipais. Na vila de Estância, meses depois, o delegado continuava a solicitar o envio de mais praças para atender os muitos reclames dos proprietários da região. Segundo ele,

---

77 APES. Fundo: SP[1]. Pacotilha: 740. Ofício do delegado Martins Fontes, ao chefe de polícia de Sergipe, Licurgo de Albuquerque Nascimento, de 09 de julho de 1888.

> de dia em dia chega[vam] ao [seu] conhecimento queixas de indivíduos pedindo providências a repetidos ataques que tem sofrido em suas propriedades. Diversos proprietários de engenhos, deste termo, também se me tem queixado de furtos de animais, que tem sofrido, cometidos, pela maior parte, por ex-escravos. Esses ataques estão sendo repetidos espantosamente![78]

Muitos proprietários passaram a apontar os ex-escravizados como os principais responsáveis pelo desaparecimento de animais dos seus pastos. Em agosto daquele mesmo ano, seria a vez do delegado da vila de Japaratuba, Firmino Batista de Andrade, requerer o reforço do "pequeno destacamento" que estava em seu comando. Tal medida, de acordo com ele, era não apenas prudente, como ainda "cada vez mais" urgente, visto que "depois da abolição da escravidão" crescera substancialmente "o número de vadios e ociosos".

Nota-se, por meio das requisições acima, que as motivações para o aumento dos destacamentos municipais estavam plenamente associadas a nova ordem social estabelecida após abolição da escravatura no Império. Se antes esses pedidos estavam pautados na necessidade de conter os escravos insubordinados dos engenhos, agora os novos pedidos estariam pautados na necessidade de perseguir uma enorme massa de negros desocupados – muitos deles egressos da escravidão – que estavam a ocupar as ruas dos pequenos distritos do Vale do Cotinguiba.

Em estudo recentemente publicado, Edvaldo Souza Neto aborda como espaços menos centrais de Aracaju, especialmente os que estavam dispostos para além da proposta modernista desenhada pelo engenheiro

78 APES. Fundo: SP[1]. Pacotilha: 740. Ofício do delegado da cidade de Estância, Antônio Martins Fontes, ao chefe de polícia de Sergipe, Licurgo de Albuquerque Nascimento, de 28 de agosto de 1888.

Sebastião Pirro, seriam densamente ocupados por populações negras, entre os quais estariam muitos egressos da escravidão.[79] Nos dias que se seguiram a abolição da escravatura, o movimento migratório de negros em direção à Aracaju aumentaria exponencialmente. Tratava-se de uma capital recém construída, moderna, que estava a experimentar um acelerado crescimento econômico. Lá, as oportunidades de encontrar novos serviços, alguns deles muito destoantes dos que se operavam no eito agrícola, pareciam ser maiores. Também, em cidades como essa, o gozo da liberdade recém conquistada parecia receber novos sentidos, novos contornos. Na verdade, ao que parece, existia a necessidade de parte dos ex-escravizados em experimentar qualquer movimento de deslocamento naquele momento. Enquanto alguns saíram em procura de novos meios de vida, atrás dos seus entes separados pela escravidão, outros saíram sem qualquer direção estabelecida, apenas experimentando novos ares, estradas, lugares e ambientes que ainda eram desconhecidos.

Todavia, mediante a necessidade de sobreviverem e permanecerem distantes dos domínios dos seus antigos senhores, não era incomum serem avistados praticando delitos e roubos por onde passavam. Tais atos motivariam a perpetuação do discurso acerca da necessidade do aumento dos destacamentos policiais, além do emprego da violência contra as populações negras.

Isso explica o motivo porque elas acabariam procurando, mais uma vez, as matas do Vale do Cotinguiba como suas cúmplices. Lá, pequenos núcleos populacionais negros estariam novamente reunidos, sobrevivendo e se protegendo das operações policiais. Tratava-se de uma nova etapa na História das populações negras do Cotinguiba, mas que, sem sombra de dúvidas, seria muito próxima das experiências de segregação e violência experimentadas pelos antigos moradores dessas matas, os seus antepassados.

79 Essa problemática acabou sendo desenvolvida sobretudo no primeiro capítulo da sua obra. Nesse sentido, ver: Souza Neto, 2017, p. 23-60.

EPÍLOGO:
OS NEGROS DOS MATOS

Foi em meio a um processo movido contra um escravizado acusado de ser autor de um roubo, que a expressão *negros dos matos* surgiu para mim pela primeira vez. Tal expressão aparece, mais precisamente, durante um auto de inquérito designando que os quilombolas acoitados nos matos seriam os principais suspeitos do mencionado crime.

Em um primeiro momento, não dediquei muita atenção a ela. No entanto, meses depois, ao me deparar novamente com o nome *negros dos matos*, dessa vez em um documento que estava a indicar que quilombolas seriam os autores de um outro crime de roubo, pude notar que estava diante de uma elocução que podia ser muito mais comum do que a documentação me permitia antever.

Mesmo que nessas duas ocasiões ela acabe sendo empregada, aparentemente, com o intuito de distinguir os escravizados das senzalas daqueles que se encontravam aquilombados nos matos do Vale do Cotinguiba, não restam dúvidas que a expressão *negros dos matos* pode ir além disso. Identidade originada no contexto de criminalização dos atos praticados pelos quilombolas, ela revela a estreita relação que esses escravizados possuíam com o lugar onde estavam escondidos.

Mais do que um abrigo natural, os matos do Vale do Cotinguiba eram cúmplices de um novo momento das suas vidas. Não se quer com isso pintar uma paisagem pitoresca desses ambientes; existiam perigos e riscos, para além dos naturais, que indicavam que morar nesses matos, por si só, era um ato de resistência.

Incursos no interior ou no entorno das propriedades senhoriais açucareiras, os matos onde os quilombolas estariam arranchados podiam ser rapidamente alcançados. Tratava-se de um posicionamento ousado, porém estratégico, uma vez que permitia que uma ampla, diversa e complexa rede de apoio e sociabilidade pudesse os alcançar sem maiores obstáculos.

Os elos e os negócios realizados com pessoas que residiam nas imediações desses matos ou, até mesmo, em lugares mais distantes, permitia que eles recebessem avisos, abrigo, proteção, armas, cuidado, alimentação, além de outros elementos que se mostrariam importantes não apenas para a manutenção da condição de quilombola, mas ainda para a própria reprodução e perpetuação do couto onde estariam escondidos.

Todavia, ao descortinar e compreender a importância dessa rede de apoio, algumas autoridades do Vale do Cotinguiba passaram a estender o raio das suas ações para além dos quilombos. E mesmo que a maior parte das suas marchas e operações malograssem, elas causavam danos as comunidades quilombolas que nem sempre podiam ser medidos, computados ou sequer percebidos imediatamente, logo após o encerramento das incursões no interior dos matos.

O modo rotineiro como os seus ataques eram promovidos impedia os quilombolas de estabelecerem pousos mais duradouros. Viviam eles migrando de mato em mato, de quilombo em quilombo, porém sem abandonar, em qualquer momento, o espírito de comunidade, até quando parte dos seus integrantes se mantinha dispersa ou escondida em outros municípios do Vale do Cotinguiba.

Tratava-se de uma estratégia de sobrevivência importante, porém dura, motivo pelo qual nem sempre podia ser suportada. Os desgastes emocionais e corporais eram enormes, e muito superiores as distâncias que os quilombolas eram obrigados a percorrer. Nesse sentido, os escravizados e escravizadas que residiam nos matos, mesmo resistindo a partir dos quilombos, não deixavam de experimentar as agruras e as mais diversas modalidades de violências praticadas pela escravidão.

Hoje, não muito distante de onde estavam os matos das antigas propriedades açucareiras do Vale do Cotinguiba, pode-se encontrar dezenas de comunidades negras que descendem dessas do período da escravidão, poucas delas, no entanto, com a certidão de Comunidade Remanescente de Quilombo (CRQ) emitida pela Fundação Palmares. Não coincidentemente, os membros de algumas dessas comunidades são denominados enquanto *negros dos matos*; pessoas que estão ainda a resistir, agora contra um Estado que, quando não embaraça, nega a eles o direito de propriedade da terra onde se encontram. Trata-se, em suma, da continuação da História de resistência negra que se procurou apresentar aqui!

LISTA DE ILUSTRAÇÕES, MAPAS, TABELAS E QUADROS

LISTA DE ABREVIATURAS E SIGLAS

AGJES – Arquivo Geral do Judiciário do Estado de Sergipe
AMDP – Arquivo Municipal de Divina Pastora
AN – Arquivo Nacional
APES – Arquivo Público do Estado de Sergipe
BN – Biblioteca Nacional
BED – Biblioteca Epifânio Dória
IHGSE – Instituto Histórico e Geográfico de Sergipe
SP[1] - Segurança Pública (Ofícios recebidos e expedidos)
SP[9] – Segurança Pública (Autos de perguntas)
CM – Câmara Municipal

RELAÇÕES DE FONTES E ARQUIVOS CONSULTADOS

I - FONTES MANUSCRITAS

1.1. Arquivo Público do Estado de Sergipe (APES)

Fundo: Segurança Pública (SP[1] - Ofícios Recebidos e Expedidos).

Pacotilha: 05.

- Ofício de José Francisco, subdelegado de Maruim, a Henrique Jorge Rebello, chefe de polícia de Sergipe e juiz de Direito da província de Sergipe, de 28 de agosto de 1846.

Pacotilha: 08.

- Ofício do 1° suplente do delegado de Capela, Ângelo Pereira de Andrade, ao chefe de polícia de Sergipe, Geminiano Brasil de Oliveira Góis, de 13 de maio de 1877;
- Ofício do 1° suplente do delegado de Capela, Ângelo Pereira de Andrade, ao chefe de polícia de Sergipe, Geminiano Brasil de Oliveira Góis, de 18 de julho de 1877;
- Ofício do delegado de Capela, Ângelo Pereira de Andrade, ao Chefe de Polícia de Sergipe, de 01 de setembro de 1877;
- Ofício do delegado de Capela, Ângelo Pereira de Andrade, ao chefe de polícia de Sergipe, de 17 de setembro de 1877;
- Ofício do delegado de Capela, Ângelo Pereira de Andrade, ao chefe de polícia de Sergipe, Geminiano Brasil de Oliveira Góis, de 22 de setembro de 1877;

- Ofício do delegado de Capela, Ângelo Pereira de Andrade, ao chefe de polícia de Sergipe, Geminiano Brasil de Oliveira Góis, de 09 de outubro de 1877;
- Ofício do delegado de Capela, Ângelo Pereira de Andrade, ao chefe de polícia de Sergipe, Geminiano Brasil de Oliveiro Góis, de 11 de dezembro de 1877;
- Ofício do 1° suplente do delegado de Japaratuba, Pedro José da Rocha, ao chefe de polícia da Província de Sergipe, de 2 de abril de 1878.

Pacotilha: 70.

- Ofício de n° 229 do Palácio do Governo de Sergipe, durante a 3° sessão, ao chefe de polícia José Martins Fontes, de 05 de dezembro de 1877.

Pacotilha: 75.

- Ofício do Alferes João Batista da Rocha ao chefe de polícia de Sergipe, Joaquim Barbosa Lima, de 10 de março de 1872;
- Auto de perguntas ao escravo Roberto, de 10 de março de 1872;
- Auto de inquérito a escrava Florinda, de 10 de março de 1872;
- Auto de perguntas ao escravo Felipe, de 10 de março de 1872;
- Auto de perguntas feita a João Batista de Melo, de 11 de março de 1872.

Pacotilha: 77.

- Ofício do secretário do Governo de Sergipe, Manoel Barbosa Álvares Ferreira, durante a 3° sessão do dia 25 de janeiro de 1873;
- Ofício de Manoel do Nascimento Galvão, na 3° Seção do Palácio do Governo da Província de Sergipe Del Rey, de 31 de março de 1873;
- Ofício de Manoel do Nascimento Galvão ao chefe de polícia de Sergipe, de 17 de julho de 1873.

Pacotilha: 119.

- Ofício do delegado de Japaratuba, Antônio Luis Rolemberg da Cruz, ao Chefe de Polícia de Sergipe, Manoel José Espínola Júnior, de 04 de março de 1873;

- Ofício de João Batista da Rocha ao chefe de polícia de Sergipe, Manoel José Espínola Júnior, de 20 de maio de 1873.

Pacotilha: 174.

- Ofício do delegado de Rosário, João da Silva Maynard, ao chefe de polícia interino de Sergipe, Francisco Gonçalves Martins, de 03 de junho de 1872;
- Ofício do delegado de Rosário, João da Silva Maynard, ao chefe de polícia de Sergipe, Francisco Gonçalves Martins, de 9 de junho de 1872.

Pacotilha: 176.

- Mandado de busca e prisão de escravos fugidos, vila do Rosário, 06 de novembro de 1871;
- Auto de perguntas feitas à escrava Limôa, em 09 de novembro de 1871;
- Ofício do delegado de Rosário, João da Silva, ao chefe de polícia de Sergipe, Manoel Maria do Amaral, de 9 de novembro de 1871;
- Ofício do delegado de Rosário, João da Silva, ao Chefe de Polícia de Sergipe, Manoel Maria do Amaral, de 12 de novembro de 1871;
- Ofício do oficial de justiça de Rosário, José Pereira da Cruz, datado de 12 de novembro de 1871.

Pacotilha: 178.

- Ofício despachado da vila de Divina Pastora, em 29 de julho de 1871;
- Ofício do 2° suplente do delegado em exercício de Divina Pastora, Antônio de Melo, ao chefe de polícia de Sergipe, em 7 de agosto de 1871;
- Ofício do 2° Suplente do Delegado de Divina Pastora, Veríssimo Antônio de Mello, ao chefe de polícia de Sergipe, Alexandre Pinto Lobão, de 10 de agosto de 1871;
- Ofício do delegado de Divina Pastora, Veríssimo Antônio de Mello, ao chefe de polícia de Sergipe, Alexandre Pinto Lobão, de 22 de agosto de 1871.
- Ofício do delegado de Rosário, João da Silva Maynard, ao chefe de polícia de Sergipe, Manoel Maria do Amaral, de 22 de setembro de 1871;

- Ofício do delegado de polícia 1° suplente em exercício, Antônio Pereira Resende, ao chefe de polícia de Sergipe, Manoel Maria do Amaral, de 6 de dezembro de 1871;
- Ofício do delegado de Japaratuba, Manoel Pereira dos Anjos, ao chefe de polícia de Sergipe, Manoel Maria do Amaral, de 14 de dezembro de 1871;
- Ofício de João da Silva Maynard ao chefe de polícia de Sergipe, Manoel Maria do Amaral, de 15 de dezembro de 1871;
- Interrogatório feito a Domingos, escravo do Barão do Japaratuba, em 14 de dezembro de 1871;
- Ofício do delegado de Rosário, João da Silva Maynard, ao chefe de polícia de Sergipe, de 27 de abril de 1872;
- Auto de perguntas feito ao escravo Vicente, em 28 de abril de 1872;
- Auto de perguntas feito ao escravo Leocádio, conhecido por José Boi, em 28 de abril de 1872;
- Auto de perguntas feitas ao escravo Filirmino, em 22 de dezembro de 1872.

Pacotilha: 195.

- Ofício do Palácio do Governo de Sergipe, durante a 3° sessão, de n° 54, datado de 04 de março de 1882;
- Ofício do Palácio do Governo da Província de Sergipe dirigido ao chefe de polícia de Sergipe, de 17 de abril de 1882.

Pacotilha: 241.

- Ofício do delegado e comandante de Capela, Mathias José dos Santos, ao chefe de polícia de Sergipe, Casimiro de Sena Madureira, de 1 de outubro de 1874.

Pacotilha: 242.

- Ofício do delegado de Rosário, João da Silva Maynard, ao Chefe de Polícia de Sergipe, de 21 de abril de 1872;

- Ofício do delegado de Divina Pastora, José Vieira Dantas de Almeida, ao Chefe de Polícia de Sergipe, Francisco Gonçalves Martins, de 28 de junho de 1872.

Pacotilha: 296.

- Auto de perguntas, de 16 de abril de 1873;
- Ofício do Tenente do Delegado de Laranjeiras, Jeremias Roberto de Carvalho, ao chefe de polícia de Sergipe, Manoel José Espínola Júnior, de 10 de maio de 1873.

Pacotilha: 298.

- Auto de perguntas feitas a escrava Isabel, em 07 de janeiro de 1873;
- Auto de perguntas feitas a preta Luísa, em 09 de janeiro de 1873;
- Auto de perguntas feitas a José da Roxa, em 09 de janeiro de 1873;
- Ofício do delegado de Divina Pastora, alferes João Batista da Rocha, ao chefe de polícia de Sergipe, de 10 de janeiro de 1873;
- Ofício do 2° suplente de delegado de Divina Pastora, Veríssimo Antônio de Melo, ao chefe de polícia de Sergipe, de 18 de janeiro de 1873;
- Ofício do delegado de Laranjeiras, Vítor Diniz, ao chefe de polícia de Sergipe, Manoel José Espínola Júnior, de 21 de fevereiro de 1873;
- Ofício do delegado de Divina Pastora, Jeremias Roberto de Carvalho, ao chefe de polícia de Sergipe, Manoel Espínola Júnior, de 10 de março de 1873;
- Ofício do delegado de Rosário, João da Silva Mainard, ao chefe de polícia de Sergipe, Manoel José Espínola Júnior, de 22 de março de 1873;
- Interrogatório feito pelo delegado de polícia ao escravo José Maruim, em 25 de março de 1873;
- Ofício do delegado de Itaporanga, José de Melo, ao chefe de polícia de Sergipe, Manoel José Espínola Júnior, de 03 de setembro de 1873.

Pacotilha: 301.

- Ofício do delegado de polícia da vila do Rosário, João da Silva Mainard, ao chefe de polícia interino de Sergipe, Alexandre Pinto Lobão, em 16 de agosto de 1871;
- Ofício do delegado de polícia em exercício, Pedro Telles de Oliveira, ao chefe de polícia de Sergipe, Alexandre Pinto Lobão, de 22 de agosto de 1871;
- Ofício do delegado de Japaratuba, Manoel Dias de Almeida, ao chefe de polícia de Sergipe, Manoel Maria do Amaral, de 05 de outubro de 1871;
- Ofício de Manoel Pereira dos Anjos ao chefe de polícia de Sergipe, Manoel Dias do Amaral, de 05 de outubro de 1871;
- Ofício do Barão de Propriá ao Chefe de Polícia Interino de Sergipe, de 11 de outubro de 1871;
- Ofício de pessoa não identificada, residente em Laranjeiras, datado de 11 de dezembro de 1871.

Pacotilha: 345.

- Ofício do delegado em exercício de Divina Pastora, Veríssimo Antônio, ao chefe de polícia de Sergipe, Victor Dinis Gonçalves, de 14 de março de 1875.

Pacotilha: 346.

- Ofício do delegado de Japaratuba, Manoel Ferreira Passos de Faro, ao chefe de polícia de Sergipe, de 16 de janeiro de 1875;
- Auto de perguntas feitas a Maximiano, escravo de José Nobre da Cunha, de 29 de junho de 1875;
- Ofício do delegado em exercício de Capela, Mathias José dos Santos, ao chefe de polícia de Sergipe, Vicente de Paula Cascaes Telles, de 1° de julho de 1875;
- Ofício do comandante do quartel de Capela, Mathias José dos Santos, ao chefe de polícia de Sergipe, Vicente de Paula Cascaes Telles, de 11 de julho de 1875;

- Ofício do Capitão Comandante da Companhia Municipal de Rosário do Catete, João da Silva Maynard, ao chefe de polícia de Sergipe, Vicente de Paula Cascaes Telles, de 26 de outubro de 1875;
- Ofício do delegado em exercício de Laranjeiras, Hermenegildo José de Oliveira, ao chefe de polícia de Sergipe, Ângelo Pires Ramos, de 19 de dezembro de 1876.

Pacotilha: 363.

- Ofício do Juiz Municipal de Japaratuba, Bene Lobão, ao chefe de polícia de Sergipe, de 28 de julho de 1872.

Pacotilha: 373.

- Ofício do capitão-comandante da força de Rosário, Joam Esteves de Freitas, ao chefe de polícia de Sergipe, Joaquim Barbosa Lima, de 15 de março de 1871;
- Ofício do Tenente Comandante Jeremias Roberto de Carvalho, Francisco Gonçalves Martins, ao chefe de Polícia de Sergipe, de 17 de janeiro de 1872;
- Ofício do Capitão-Comandante da Força de Rosário, Joam Esteves, ao chefe de polícia de Sergipe, de 23 de março de 1872;
- Ofício do Capitão-Comandante da Força de Divina Pastora, Joam Esteves de Freitas, ao chefe de polícia de Sergipe, Francisco Gonçalves Martins, de 08 de abril de 1872;
- Ofício do Alferes João Batista da Rocha, destacado no Quartel de Laranjeiras, ao chefe de polícia de Sergipe, Cypriano d'Almeida Sebrão, de 28 de julho de 1872;
- Ofício do Alferes João Batista da Rocha ao chefe de polícia de Sergipe, Cypriano de Almeida Sebrão, de 04 de outubro de 1872;
- Auto de perguntas feitas a escrava Ana Rita no engenho Tábua, em 03 de janeiro de 1873;
- Auto de perguntas feitas a escrava Vicência do proprietário do engenho Bete, de 04 de janeiro de 1873;

- Auto de perguntas feita a Maria, em 04 de janeiro de 1873;
- Auto de perguntas, de 15 de julho de 1873;
- Ofício do 1° suplente de delegado de Rosário, Ignácio Pascoal Santos, ao chefe de polícia interino de Sergipe, Alexandre Pinto Lobão, de 10 de janeiro de 1874.

Pacotilha: 375.

- Ofício do subdelegado do Pé do Banco, Manoel Nunes Barroso, ao chefe de polícia de Sergipe, de 09 de abril de 1873;
- Auto de perguntas feitas a Porfírio Zacharias dos Santos, de 09 de abril de 1873.
- Auto de perguntas feitas a Clementino José da Costa, de 09 de abril de 1873.
- Auto de perguntas feitas a Clementino José Batista de Carvalho, de 09 de abril de 1873.
- Ofício do subdelegado do Pé do Banco, Manoel Nunes Barroso, ao chefe de polícia de Sergipe, Manoel Joaquim Espínola Júnior, de 15 de abril de 1873;
- Auto de perguntas feito ao escravo de nome Anastácio, em 26 de janeiro de 1875.

Pacotilha: 378.

- Mapa dos crimes perpetrados por escravos na vila de Rosário do Catete depois da lei n° 2040 de 28 de setembro de 1871 até a data de 3 de maio de 1876;
- Ofício do Capitão João Batista da Rocha Banha ao delegado de polícia de Laranjeiras, de 12 de junho de 1876;
- Ofício do delegado de Laranjeiras, José Pinheiro da Fraga, ao chefe de polícia de Sergipe, Ângelo Pires Ramos, de 19 de junho de 1876;
- Ofício do delegado de Laranjeiras, José Pinheiro da Fraga, ao chefe de polícia de Sergipe, Ângelo Pires Ramos, de 22 de junho de 1876;

- Documento anexo ao ofício do 1° suplente do delegado do termo de Capela, Ângelo Pereira dos Andrade, ao chefe de polícia de Sergipe, em 8 de agosto de 1876;
- Ofício do delegado em exercício, Hermenegildo José de Oliveira, ao chefe de polícia de Laranjeiras, de 10 de agosto de 1876;

Pacotilha: 379.

- Ofício do Juiz Municipal Suplente de Rosário do Catete, José Sotero de Sá Barreto, ao chefe de polícia de Sergipe, de 09 de novembro de 1878;
- Ofício do Juiz Municipal de Rosário do Catete, José Cavalcante Albuquerque Uchoa, ao chefe de polícia de Sergipe, José Leandro Martins Soares, de 30 de novembro de 1878.

Pacotilha: 385.

- Ofício de Francisco José Alves ao chefe de polícia de Sergipe, de setembro de 1881.

Pacotilha: 386.

- Ofício do comandante da força em diligência em Divina Pastora, Contidiano Gomes da Rosa, ao chefe de polícia da província de Sergipe, em 20 de fevereiro de 1882;
- Ofício do delegado 1° suplente de delegado em exercício de Divina Pastora, Mathias Afonso Wanderley, ao chefe de polícia de Sergipe, João Batista Guimarães, de 20 de fevereiro de 1882.

Pacotilha: 393.

- Ofício do tenente João Batista da Rocha Banha ao chefe de polícia de Sergipe, Manoel José Espínola Júnior, em 10 de abril de 1873;
- Ofício do tenente João Batista da Rocha Banha, ao chefe de polícia de Sergipe, dr. Manoel José Espínola Júnior, de 07 de agosto de 1873;
- Ofício do tenente João Batista da Rocha Banha ao chefe de polícia de Sergipe, Manoel Espínola Júnior, em 05 de setembro de 1873.

Pacotilha: 397.

- Auto de perguntas feitas ao preto João, em 21 de janeiro de 1876;

- Auto de perguntas feitas ao escravo João Mulungu, em 23 de janeiro de 1876.
- Auto de perguntas feitas ao escravo Ilário, de Manoel Raimundo, proprietário do engenho Sítio Novo, do termo de Rosário, em 26 de janeiro de 1876.

Pacotilha: 463.

- Ofício de Francisco José Alves ao chefe de polícia de Sergipe, de setembro de 1881.

Pacotilha: 580.

- Ofício do Juiz de Direito da Comarca de Capela, Gonçalo Vieira Melo, ao Chefe de Polícia de Sergipe, de 29 de agosto de 1877;
- Ofício do Juiz de Direito da Comarca de Capela, Gonçalo Vieira Melo, ao chefe de polícia de Sergipe, Geminiano Brasil de Oliveira Góis, de 22 de setembro de 1877.

Pacotilha: 608.

- Termo de declaração que fez Francisco Pedro da Cruz, de 21 de novembro de 1879.

Pacotilha: 652.

- Ofício do Capitão João Batista da Rocha Banha ao chefe de polícia de Sergipe, Vicente de Paula Cascaes Telles, de 10 de fevereiro de 1876;
- Ofício do Capitão João Batista da Rocha Banha ao chefe de polícia de Sergipe, Vicente de Paula Cascaes Telles, de 22 de abril de 1876.

Pacotilha: 658.

- Termo de declaração que fez a preta de nome Ana, escrava de Herculano Luciano da Costa Samango, de 15 de outubro de 1879;
- Auto de perguntas feitas a Manoel Fernandes de Araújo, em 26 de maio de 1880;
- Auto de perguntas feitas a Martiniano José de Souza, em 26 de maio de 1880.

Pacotilha: 681.

- Ofício do Tenente Comandante do Quartel do Destacamento Policial da Vila de Capela, Francisco Pedro de Alcântara, ao chefe de polícia de Sergipe, Luiz de Albuquerque Martins Pereira, de 03 de agosto de 1883;
- Ofício do Tenente Comandante do Quartel do Destacamento Policial na Capela, Francisco Pedro de Alcântara, ao chefe de polícia de Sergipe, Gonçalo de Aguiar Boto de Menezes, de 09 de outubro de 1883;
- Ofício do delegado de Divina Pastora. Manoel de Mello de Lima, ao chefe de polícia de Sergipe, Gonçalo Aguiar Telles de Menezes, de 13 de outubro de 1873;
- Ofício do delegado de Divina Pastora, Manoel de Mello Franco Lima, ao chefe de polícia de Sergipe, Gonçalo de Aguiar Boto de Menezes, de 14 de outubro de 1883;
- Ofício do subdelegado de Siriri, Fernando Manoel Barroso, ao delegado de Divina Pastora, de 22 de outubro de 1883.

Pacotilha: 683.

- Ofício do delegado 1° suplente em exercício da vila de Divina Pastora, Mathias Afonso, ao chefe de polícia da província de Sergipe, João Batista Guimarães, em 6 de janeiro de 1881;
- Ofício do delegado de Divina Pastora, Mathias Afonso, ao chefe de polícia da província de Sergipe, João Batista, de 13 de janeiro de 1882;
- Ofício do delegado de Capela, Pedro Vieira Souza, ao chefe de polícia de Sergipe, João Almeida Lopes, de 10 de março de 1882;
- Ofício do delegado da vila de Japaratuba, Ernesto da Silva Travassos, ao chefe de polícia interino de Sergipe, João de Almeida Lopes, de 15 de março de 1882;
- Ofício do delegado da vila de Rosário do Catete, Candido Barbosa Madureira, ao chefe de polícia de Sergipe, João de Almeida Lopes, de 16 de março de 1882;

- Ofício do delegado de polícia 1° suplente em exercício da vila de Divina Pastora, Mathias Afonso Wanderley, ao chefe de polícia interno de Sergipe, João de Almeida Lopes, de 16 de março de 1882.

Pacotilha: 689.

- Ofício do delegado de Divina Pastora, Manoel de Melo, ao chefe de polícia de Sergipe, José Leandro Martins Soares, em 03 de junho de 1879.

Pacotilha: 705.

- Ofício do 1° suplente do delegado de Capela, Antônio Pereira Resende, ao chefe de polícia de Sergipe, de 04 de janeiro de 1872;
- Ofício do delegado de Rosário do Catete, João da Silva Maynard, ao chefe de polícia de Sergipe, Francisco Gonçalves Martins, de 05 de janeiro de 1872;
- Ofício do delegado de Japaratuba, Manoel Pereira dos Anjos, ao Chefe de Polícia de Sergipe, Francisco Martins, de 17 de janeiro de 1872;
- Ofício do delegado de Rosário, João da Silva, ao chefe de polícia de Sergipe, Francisco Gonçalves, 02 de fevereiro de 1872;
- Ofício do delegado de polícia da cidade de Laranjeiras ao chefe de polícia de Sergipe, Joaquim Barbosa Lima, de 17 de fevereiro de 1872;
- Ofício do delegado de Rosário, João da Silva, ao chefe de polícia de Sergipe, Joaquim Barbosa Lima, de 18 de fevereiro de 1872;
- Ofício do delegado de Rosário do Catete, João da Silva Maynard, ao chefe de polícia de Sergipe, Joaquim Barbosa Lima, de 24 de fevereiro de 1872;
- Auto de perguntas ao escravo Maurício por alcunha Udô, em 03 de março de 1872;
- Auto de perguntas a escrava Joana, em 13 de março de 1872;
- Ofício do delegado de Rosário do Catete, João da Silva Maynard, ao chefe de polícia de Sergipe, Joaquim Barbosa Lima, de 15 de março de 1872;
- Auto de perguntas ao escravo Romão, em 22 de março de 1872;
- Auto de perguntas ao escravo Evaristo, em 22 de março de 1872;

- Auto de perguntas a escrava Germana, em 22 de março de 1872;
- Ofício do delegado de Rosário do Catete, João da Silva Maynard, ao chefe de polícia de Sergipe, de 23 de março de 1872;
- Ofício do delegado de Rosário, João da Silva Maynard, ao chefe de polícia de Sergipe, Francisco Gonçalves Martins, de 31 de março de 1872;
- Ofício do delegado de Rosário, João da Silva Maynard, ao chefe de polícia de Sergipe, Francisco Gonçalves Martins, de 01 de julho de 1872;
- Auto de perguntas feitas a Januário, de 03 de janeiro de 1882.

Pacotilha: 712.

- Ofício do delegado de polícia de Lagarto, Manoel Romão, ao chefe de polícia de Sergipe, Antônio Ferreira Garcez, em 17 de setembro de 1880;
- Ofício do delegado de Divina Pastora, Manoel de Melo, ao chefe de polícia de Sergipe, Antônio Ferreira Garcez, em 20 de outubro de 1880.

Pacotilha: 728.

- Ofício do delegado de Laranjeiras, Hermenegildo José de Oliveira, ao chefe de polícia de Sergipe Del Rey, em 19 de janeiro de 1876;
- Ofício do delegado de Maruim, Manoel Cardoso, ao chefe de polícia da província de Sergipe, em 20 de janeiro de 1876;
- Ofício do delegado de Capela Deocrécio de Carvalho Andrade ao chefe de polícia de Sergipe, em 27 de janeiro de 1876;
- Ofício do delegado em exercício de Laranjeiras, Hermenegildo José de Oliveira, ao chefe de polícia de Sergipe, Vicente de Paula Cascaes Telles, de 27 de janeiro de 1876.

Pacotilha: 740.

- Ofício do delegado de Japaratuba, Firmino Batista de Andrade, ao chefe de polícia de Sergipe, José Ignácio Fernandes de Barros, de 21 de janeiro de 1888;
- Ofício do delegado de polícia 1° suplente em exercício de Japaratuba, Firmino Batista de Andrade, ao chefe de polícia de Sergipe, de 10 de março de 1888;

- Ofício do delegado de Capela, Manoel de Oliveira Matos, ao chefe de polícia da província de Sergipe, Licurgo de Albuquerque Nascimento, de 24 de março de 1888;
- Ofício do delegado de Riachuelo, Francisco Antônio, ao chefe de polícia de Sergipe, Licurgo de Albuquerque Nascimento, de 02 de abril de 1888;
- Ofício do delegado de Laranjeiras, Joaquim de Oliveira, ao chefe de polícia da província de Sergipe, Licurgo de Albuquerque Nascimento, de 16 de abril de 1888;
- Ofício do delegado de Itaporanga, José Dantas Portela, ao chefe de polícia da província de Sergipe, Licurgo de Albuquerque Nascimento, de 20 de abril de 1888;
- Ofício do delegado da vila de Riachuelo, Francisco Antônio de Santana, ao chefe de polícia de Sergipe, Licurgo de Albuquerque Nascimento, de 22 de abril de 1888;
- Ofício do delegado da vila de Riachuelo, Francisco Antônio de Santana, ao chefe de polícia de Sergipe, Licurgo de Albuquerque Nascimento, de 24 de abril de 1888.
- Ofício do delegado da vila de Porto da Folha, Antônio Moreira de Souza, ao chefe de polícia de Sergipe, de 13 de junho de 1888;
- Ofício do delegado da cidade de Estância, Antônio Martins Fontes, ao chefe de polícia de Sergipe, Licurgo de Albuquerque Nascimento, de 09 de julho de 1888.
- Ofício do delegado da cidade de Estância, Antônio Martins Fontes, ao chefe de polícia de Sergipe, Licurgo de Albuquerque Nascimento, de 28 de agosto de 1888.

Fundo: Segurança Pública (SP^9 – Autos de Perguntas).

Pacotilha: 09.

- Auto de perguntas feitas ao escravo Manoel, de 24 de janeiro de 1882;

- Auto de perguntas feitas ao cidadão Francisco José Alves, de 18 de dezembro de 1883;
- Auto de perguntas feitas ao cidadão Augusto de Magalhães Carneiro, de 18 de dezembro de 1883 [documento anexo ao auto de perguntas de Francisco José Alves].

12. Arquivo Geral do Judiciário do Estado de Sergipe

Fundo: LAR/C. 1° OF. (Laranjeiras).

- Série: Cível / Subsérie: Inventários.

Caixas (N° Geral): 219; 219-A; 220; 221; 222; 222-A; 223; 224; 225; 226; 227; 228; 229; 230.

- Série: Cível. Subsérie: Libelo Cível.

Caixa (N° Geral): 248.

- Auto de resistência e apreensão, de 31 de abril de 1872.
- Auto de perguntas feitas ao preto de nome Victorino, de 01 de maio de 1872.

- Série: Penal/ Subsérie: Sumário de Culpa.

Caixas (N° Geral): 242; 291, 292.

- Série: Diversificada. Subsérie: Diversos.

Caixa (N° Geral): 299.

Fundo: MAR/C. 1° OF. (Maruim).

- Série: Cível / Subsérie: Inventários.

Caixas (N° Geral): 817; 819; 820.

- Série: Penal.

Caixa (N° 884)

- Sumário de culpa dos escravos João Mulungu, Quirino, Manoel, Malaquias, Cassiano, Pedro e Manoel Jurema.

Fundo: ROS/GEM. (Rosário do Catete e General Mainard).
- Série: Cível / Subsérie: Inventários.
Caixas (N° Geral): 1687; 1688; 1689; 1690; 1691; 1692; 1693.

Fundo: CAP/C. 1° e 2° OFS. (Capela).
- Série: Cível / Subsérie: Inventários.
Caixas (N° Geral): 3079; 3080; 3081; 3082; 3083; 3084; 3085; 3086; 3087.

Fundo: SAB/C. (Santo Amaro das Brotas).
- Série: Cível / Subsérie: Inventários.
Caixas (N° Geral): 1765.

Fundo: RIA (Riachuelo).
- Série: Cível / Subsérie: Inventários.
Caixas (N° Geral): 07; 17; 22; 24;

II - FONTES IMPRESSAS

2.1. Biblioteca Epifânio Dória

Setor: Documentação Sergipana (Relatórios Presidenciais)
- N° D. S. 1448. Relatório com que o Exc. Se. Presidente Dr. Theophilo Fernandes dos Santos abriu a 1° sessão da 23° legislatura da Assembleia da Província de Sergipe no dia 01 de março de 1880.
- Relatórios Presidenciais 1883-85. N° D. S. 1449. Relatório com que o Exc. Sr. Francisco de Gouvêa Cunha Barreto passou a administração desta Província de Sergipe ao Sr. Presidente Caetano Barreto em setembro de 1884.

- Relatórios Presidenciais 1883-85. N° D. S. 1449. Documentos da Secretaria de Polícia anexado ao Relatório com que o Exc. Sr. Francisco de Gouvêa Cunha Barreto passou a administração desta Província de Sergipe ao Sr. Presidente Caetano Barreto em setembro de 1884.

2.2. Internet

Relatórios dos presidentes da província de Sergipe Del Rey

- Relatório de todos os atos do governo da Província de Sergipe, na Presidência do Dr. Manoel Ribeiro da Silva Lisboa e por ele publicados. Bahia: Typ. do Correio Mercantil, 1835. Disponível em: http://brazil.crl.edu/bsd/bsd/u1188/000002.html
- Relatório com que o ilustríssimo senhor doutor Evaristo Ferreira da Veiga passou a administração da província de Sergipe ao ilustríssimo senhor Barão de Propriá no dia 17 de junho de 1869.

Disponível em: http://brazil.crl.edu/bsd/bsd/u1209/000001.html

- Relatório com que o ex-presidente desta província, exmo. senhor doutor Rui Álvares de Azevedo Macêdo, passou a administração da mesma ao exmo. senhor doutor Joaquim Bento de Oliveira, no dia 16 de junho de 1872.

Disponível em: http://brazil.crl.edu/bsd/bsd/u1216/000001.html

- Relatório com que o Presidente Dr. Joaquim Bento de Oliveira Júnior passou a administração da Província de Sergipe para o 1° Vice-Presidente Cypriano D'Almeida Sebrão, no dia 5 de setembro de 1872. Typ. do Jornal do Aracaju, 1872.

Disponível em: http://brazil.crl.edu/bsd/bsd/u1217/000002.html

- Relatório com que o exm. snr. dr. Antônio dos Passos Miranda abriu a Assembleia Legislativa Provincial de Sergipe no dia 1° de março de 1875. [Aracajú] Typ. do Jornal do Aracajú, 1875.

Disponível em: http://brazil.crl.edu/bsd/bsd/1072/

- Relatório com que o exm. snr. dr. Cypriano D'Almeida Sebrão passou a administração da província de Sergipe ao exm. snr. presidente dr. João Pereira de Araújo Pinho, em 24 de fevereiro de 1876.
Disponível em: http://brazil.crl.edu/bsd/bsd/u1220/
- Relatório com que o exmo. senhor presidente, doutor João Ferreira d'Araujo Pinho, abriu a Assembleia Legislativa Provincial de Sergipe no dia 1° de março de 1876.
Disponível em: http://brazil.crl.edu/bsd/bsd/1073/

Livros

NABUCO, Joaquim. *Um estadista no Império. Nabuco de Araújo: sua vida, suas opiniões, sua época por seu filho Joaquim Nabuco.* Tomo I (1813-1857). Rio de Janeiro: H. Garnier, Livreiro-Editor, 1899.
Disponível em: http://www2.senado.leg.br/bdsf/item/id/179441
VARNHAGEN, Francisco Adolfo de. *História Geral do Brasil (antes de sua separação e independência de Portugal).* 2° edição, vol. 1, 1877.
Disponível em: http://www.brasiliana.usp.br/bbd/handle/1918/01819210.

2.3. Periódicos

Noticiador Sergipense
- Governo da Província. *Noticiador Sergipense*, n° 78, 19 de janeiro de 1836, p. 3-4;
- Governo da Província. *Noticiador Sergipense*, n° 79, 22 de janeiro de 1836, p. 4-5.
Correio Sergipense
- N° 405, de 07 de dezembro de 1842, p. 4.
Jornal do Aracaju
- "Quilombolas". *Jornal do Aracaju*, n° 257, 3 de abril de 1872, p. 2;
- "Quilombos". *Jornal do Aracaju*, n° 298, 10 de agosto de 1872, p. 2.

A Liberdade
- Ano 1, nº 42, Aracaju, 16 de fevereiro de 1874;
- Ano 1, nº 44, Aracaju, 28 de fevereiro de 1874;
- Ano 1, nº 46, Aracaju, 24 de março de 1874;
- Ano 1, nº 53, Aracaju, 27 de agosto de 1874.

2.4. Livros Antigos

BUENO, Francisco Antônio Pimenta. *Reconhecimento e estudos na província de Sergipe sobre a preferência de traçados para a construção de uma estrada de ferro.* 1881.

CORDEIRO, Carlos Antônio. *Código Criminal do Império do Brasil contendo não só toda a legislação alterante ou modificante de suas disposições, publicada até o fim do ano de 1860, com todas penas de seus diferentes artigos calculadas segundo os seus graus e as diversas qualidades dos criminosos.* Rio de Janeiro: Typ. de Quirino e Irmão, 1861.

JÚNIOR, Araújo Figueiras. *Código criminal do Brasil.* Rio de Janeiro, 1876.

MACEDO, Joaquim Manoel de. *As vítimas algozes. Quadros da escravidão.* Porto Alegre: Editora Zouk, 2006 [1869].

RUGENDAS, Johann Moritz. *Viagem pitoresca através do Brasil.* São Paulo: Martins; EDUSP, 1972 [1835].

SCHRAMM, Adolphine. *Cartas de Maruim.* Trad. José Edgar da Mota Freitas. Aracaju: Núcleo de Cultura Alemã de Sergipe/UFS, 1991.

SOUZA, Marcos Antônio de. *Memória sobre a capitania de Sergipe.* Aracaju: Secretária da Cultura do Estado de Sergipe, 2005 [1808].

REFERÊNCIAS BIBLIOGRÁFICAS

DALENCASTRO, Luiz Felipe de. Vida privada e ordem privada no Império. In: Fernando A. Novais e Luiz Felipe de Alencastro. *História da vida privada no Brasil: Império.* São Paulo: Companhia das Letras, 2010.

ALMEIDA, Maria da Glória Santana de. "Estrutura de produção: a crise de alimentos na província de Sergipe (1855-1860)". *Revista do Instituto Histórico e Geográfico de Sergipe*, nº 27, 1965-1978, p. 15-40.

____. *Sergipe: fundamentos de uma economia dependente.* Petrópolis: Vozes, 1984.

____. *Nordeste açucareiro: desafios num processo do vir-a-ser capitalista.* Aracaju: UFS; Secretária de Estado do Planejamento; Banco do Estado de Sergipe, 1993.

AMANTINO, Marcia Sueli. "O perfil demográfico do escravo fugitivo". *Estudos Afro-Asiáticos*, nº 31, out. 1997, p. 169-188.

____. "As condições físicas e de saúde dos escravos fugitivos anunciados no Jornal do Commercio (RJ) em 1850". *História, Ciências, Saúde – Manguinhos*, Rio de Janeiro, nº 4, v. 14, out./dez. 2007, p. 1377-1399.

____. "Os escravos fugitivos em Minas Gerais e os anúncios do Jornal "O Universal", 1825 a 1832". *Locus, revista de história*, Juiz de Fora, v. 12, nº 2, 2006, p. 59-74.

____. *O mundo das feras: os moradores do Sertão Oeste de Minas Gerais – Século XVIII.* São Paulo: Annablume, 2008.

____. "Uma morfologia dos quilombos nas Américas, séculos XVI-XIX". *História, Ciências, Saúde – Manguinhos,* Rio de Janeiro, v. 19, supl., dez/2012, p. 259-297.

AMARAL, Sharyse Piroupo do. "Emancipacionismo e as representações do escravo na obra literária de Joaquim Manuel de Macedo". *Afro-Ásia*, nº 35, 2007, p. 199-236.

____. *Escravidão, liberdade e resistência em Sergipe: Cotinguiba, 1860-1888.* Tese (doutorado em História) - Faculdade de Filosofia e Ciências Humanas, Universidade Federal da Bahia, Salvador, 2007.

____. "A lei, as cartas e o silêncio senhorial: uma análise das alforrias na Cotinguiba (1860 -1888)". *Revista do Instituto Histórico e Geográfico de Sergipe*, nº 37, 2008, p. 27-49.

____. "O 'campo negro' da Cotinguiba e a lei de 1871: ações e motivações dos quilombolas sergipanos". *História, Memória e Justiça – Revista Eletrônica do Arquivo Judiciário*, nº 1, mar./jun. 2008, p. 01-12.

____. *Um pé calçado, outro no chão: liberdade e escravidão em Sergipe (Cotinguiba, 1860-1888).* Salvador: EDUFBA; Aracaju: Editora Diário Oficial, 2012.

ANTÔNIO, Edna Maria Matos. *A independência do solo que habitamos: poder, autonomia e cultura política na construção do império brasileiro, Sergipe (1750-1831).* São Paulo: Cultura Acadêmica, 2012.

ARAÚJO, Ubiratan Castro de. "Por uma política da economia escravista". *Caderno CRH – UFBA*, vol. 7, nº 20, 1994.

ASSUNÇÃO, Matthias Rhöring. "Quilombos maranhenses". In: GOMES, Flávio dos Santos & REIS, João José (orgs.). *Liberdade por um fio: histórias dos quilombos no Brasil.* São Paulo: Companhia das Letras, 1996, p. 433-466.

AVÉ-ALLEMANT, Robert. "Excursão à província de Sergipe. Viajando para Aracaju no rio Cotinguiba. Maruim". *Revista do Instituto Histórico e Geográfico de Sergipe*, nº 26, vol. XXI, 1961, p. 92-99.

AVELINO, Camila Barreto Santos. *Os sentidos da liberdade: trajetórias, abolicionismo e relações de trabalho no Vale do Cotinguiba no pós-abolição (Sergipe, 1880-1930)*. Tese (doutorado em História) – Programa de Pós-Graduação em História da Universidade Federal Fluminense, Niterói, 2018.

AZEVEDO, Célia Maria Marinho de. "Irmão ou inimigo: o escravo no imaginário abolicionista do Brasil e dos Estados Unidos". *Revista USP*, nº 28, dez./fev. 1995-1996, p. 96-109.

____. "Quem precisa de São Nabuco?", *Estudos Afro-Asiáticos*, ano 28, nº 1, 2001, p. 85-97.

____. *Onda negra, medo branco: o negro no imaginário das elites, século XIX*. 3ª edição. São Paulo: Annablume, 2004.

BARICKMAN, B. J. "Até a véspera: o trabalho escravo e a produção do açúcar nos engenhos do Recôncavo baiano (1850-1881)". *Afro-Ásia*, nº 21-22, 1998-1999, p. 177-238.

____. "E se a casa-grande não fosse tão grande? Uma freguesia açucareira do recôncavo baiano em 1835". *Afro-Ásia*, nº 29-30, 2003, p. 79-132.

BEZERRA, Felte. *Etnias sergipanas: contribuição ao seu estudo.* 1ª edição, Aracaju: Gráfica J. Andrade, 1984.

CARDOSO, Amâncio. "Escravidão em Sergipe: fugas e quilombos, século XIX". *Revista do Instituto Histórico e Geográfico de Sergipe*, nº 34, 2005, p. 55-73.

CARNEIRO, Edison. "A lei do Ventre Livre". *Afro-Ásia*, nº 13, 1980, p. 13-25.

____. "Singularidades dos quilombos". In: MOURA, Clóvis (org.). *Os quilombos na dinâmica social do Brasil.* Maceió: EDUFAL, 2001, p. 11-18.

CASTELLUCCI JUNIOR, Wellington. *Pescadores e roceiros: escravos e forros em Itaparica na segunda metade do século XIX (1860-1888)*. São Paulo: Annablume; Salvador: Fapesb, 2008.

CARVALHO, Marcus Joaquim M. de. *Liberdade: rotinas e rupturas do escravismo no Recife*, 1822-1850. Recife: Ed. Universitária da UFPE, 2010.

____. "O quilombo do Malunguinho, o rei das matas de Pernambuco". In: GOMES, Flávio dos Santos & REIS, João José (orgs.). *Liberdade por um fio: história dos quilombos no Brasil.* São Paulo: Companhia das Letras, 1996, p. 407-432.

CASTRO, Hebe M. Mattos de. "Laços de família e direitos no final da escravidão". In: NOVAIS, Fernando (org.). *História da vida privada no Brasil: Império.* São Paulo: Companhia das Letras, 2010, p. 337-383.

CHALHOUB, Sidney. *Visões da liberdade: uma história das últimas décadas da escravidão na Corte.* São Paulo: Companhia das Letras, 1990.

____. *Machado de Assis historiador.* São Paulo: Companhia das Letras, 2003.

CONRAD, Robert. *Os últimos anos da escravatura no Brasil, 1850-1888.* Trad. de Fernando de Castro Ferro. 2ª ed., Rio de Janeiro: Civilização Brasileira, 1978.

COSTA, Maria de Fátima & DIENER, Pablo. *A América de Rugendas: obras e documentos.* São Paulo: Espaço Liberdade; Kosmos, 1999.

COUTINHO, Ruy. "Alimentação e estado nutricional do escravo no Brasil". In: *Estudos Afro-Brasileiros*, trabalhos apresentados ao 1° Congresso Afro-Brasileiro realizado no Recife em 1934. Recife: FUNDAJ, Editora Massangana, 1988.

CURTO, José C.. "Resistência à escravidão na África: o caso dos escravos fugitivos recapturados em Angola, 1846-1876". *Afro-Ásia*, n° 33, 2005, p. 67-86.

D'ACELINO, Severo. *Resistência e religiosidade do negro sergipano.* Aracaju: Casa da Cultura Afro Sergipana, 1994.

____. *Panáfrica África Iya N'La.* Aracaju: MemoriAfro, 2002.

DANTAS, Mônica Duarte. "Povoamento e ocupação do serão de dentro baiano (Itapicuru, 1549-1822)". *Penélope*, n° 23, 2000, p. 09-30.

DEBIEN, Gabriel. Marronage in the French Caribean. In: PRICE, Richard (org.). *Maroon Societies. Rebel slave communities in the Americas.* Third edition. Baltimore, The Johns Hopkins University Press, 1996.

DINIS, Diana M. (coord.), SANTOS, Lenalda (org.). *Textos para a história de Sergipe.* São Cristóvão: Universidade Federal de Sergipe; Aracaju: BANESE, 1991.

DOMINGUES, Petrônio & GOMES, Flávio (orgs.). *Experiências da emancipação: biografias, instituições e movimentos sociais no pós-abolição (1890-1980).* São Paulo: Selo Negro, 2011.

___. *Da nitidez e invisibilidade: legados do pós-emancipação no Brasil.* Belo Horizonte: Fino Traço, 2013.

___. *Políticas da raça: experiência e legados da abolição e da pós-emancipação no Brasil.* São Paulo: Selo Negro, 2014.

___. "João Mulungu: a invenção de um herói afro-brasileiro". *História: Questões & Debates*, vol. 63, n° 2, jul./dez. 2015, p. 211-225.

ENGEMANN, Carlos. "Mundos torcidos: diferenças entre crioulos e africanos na dinâmica da construção de comunidades de grandes propriedades no sudeste brasileiro do século XIX". *Revista Brasileira de História & Ciências Sociais*, vol. 1, n° 2, dez. 2009.

FERREIRA JÚNIOR, Fernando Afonso. *Derrubando os mantos purpúreos e as negras sotaianas (Sergipe Del Rey na crise do antigo regime 1763-1823).* Dissertação –Instituto de Economia da UNICAMP, Campinas, 2003.

FERREIRA, Roquinaldo. "Escravidão e revolta de escravos em Angola". *Afro-Ásia*, n° 21-22, 1998-1999, p. 09-44.

FIGUEIREDO, Ariosvaldo. *O negro e a violência do branco: o negro em Sergipe.* Rio de Janeiro: J. Álvaro, 1977.

____. "Escravidão em Sergipe: índios, quilombos e desempregados". In: MOURA, Clóvis (org.). *Os quilombos na dinâmica social do Brasil.* Maceió: EDUFAL, 2001, p. 219-232.

FLORENTINO, Manolo & AMANTINO, Márcia. "Uma morfologia dos quilombos nas Américas, séculos XVI-XIX". *História, Ciências, Saúde – Manguinhos*. Rio de Janeiro, v. 19, supl., dez. 2012, p. 259-297.

FONER, Eric. "O significado da liberdade". *Revista Brasileira de História*, v. 8, nº 16, mar./ago. 1988, p. 9-36.

____. *Nada além da liberdade: a emancipação e o seu legado*. Rio de Janeiro: Paz e Terra; Brasília: CNPQ, 1988.

FRAGA FILHO, Walter. *Encruzilhadas da liberdade: histórias de escravos e libertos na Bahia (1870-1910)*. Campinas: Editora da UNICAMP, 2006.

FREIRE, Felibeslo. *História de Sergipe*. 2ª edição, Petrópolis, 1977.

____. *História territorial de Sergipe*. Aracaju: Sociedade Editorial de Sergipe; Secretaria de Estado da Cultura; FUNDEPAH, 1995.

FREITAS, Décio. *Palmares: a guerra dos escravos*. Rio de Janeiro: Graal, 1981.

____. *O escravismo brasileiro*. 2ª ed., Porto Alegre: Mercado Aberto, 1982.

FREYRE, Gilberto. *Os escravos nos anúncios de jornais brasileiros do século XIX: tentativa de interpretação antropológica, através de anúncios de jornais brasileiros do século XIX, de característicos de personalidade e de formas de corpo de negros ou mestiços, fugidos ou expostos à venda, como escravos no Brasil do século passado*. São Paulo: Global, 4ª edição, 2010.

FREUDENTHAL, Aida. "Os quilombos de Angola no século XIX: a recusa da escravidão". *Estudos Afro-Asiáticos*, nº 32, dez. 1997, p. 109-134.

FUNES, Eurípedes Antônio. *Nasci nas matas, nunca tive senhor. História e memória dos mocambos do baixo Amazonas*. Tese (doutorado em História) – Faculdade de Filosofia e Ciências Humanas, Universidade de São Paulo, São Paulo, 1995.

____. "Mocambos dos Trombetas: memória e etnicidade (Séculos XIX e XX)". In: PRIORE, Mary Del & GOMES, Flávio dos Santos (orgs.). *Os Senhores dos Rios*. Rio de Janeiro: Elsevier, 2003, p. 227 -257.

GENOVESE, Eugene. *A terra prometida: o mundo que os escravos criaram.* Rio de Janeiro: Paz e Terra, 1988.

GINZBURG, Carlo. *O queijo e os vermes: o cotidiano e as ideias de um moleiro perseguido pela Inquisição.* São Paulo: Companhia das Letras, 1987.

____. *A micro-história e outros ensaios.* Lisboa: DIFEL, 1989.

____. *Mitos, emblemas, sinais: morfologia e história.* Trad. Federico Carotti, São Paulo: Companhia das Letras, 1989.

GOMES, Flávio dos Santos. "Em torno dos bumerangues: outras histórias de mocambos na Amazônia colonial". *Revista USP*, n. 28, dez./fev. 1995-1996, p. 96-109.

____. "Jogando a rede, revendo as malhas: fugas e fugitivos no Brasil Escravista". *Tempo*, vol. 1, 1996, p. 67-93.

____. "Uma tradição rebelde: notas sobre os quilombos na capitania do Rio de Janeiro (1625-1818)". *Afro-Ásia*, nº 17, 1996, p. 07-28.

____. "Quilombos do Rio de Janeiro no século XIX". In: GOMES, Flávio dos Santos & REIS, João José (orgs). *Liberdade por um fio: histórias dos quilombos no Brasil.* São Paulo: Companhia das Letras, 1996, p. 263-290.

____. "Etnicidade e fronteiras nas Guianas (Sécs. XVIII – XX)". *EAVirtual*, nº 2, p. 30-59.

____ & SOARES, Carlos Eugênio Líbano. "'Com o pé sobre um vulcão': africanos minas, identidades e a repressão antiafricana no Rio de Janeiro (1830-1840)". *Estudos Afro-Asiáticos*, ano 23, nº 2, 2001, p. 1-44.

____ & SOARES, Carlos Eugênio Líbano. "Em busca de um 'risonho futuro': seduções, identidades e comunidades em fugas no Rio de Janeiro escravista (séc. XIX)". *Lócus*, vol. 7, nº 13, 2001, p. 9-28.

____ & SOARES, Carlos Eugênio Líbano. "Sedições, haitianismo e conexões no Brasil escravista. Outras margens do Atlântico negro". *Novos Estudos. CEBRAP*, nº 63, jul. 2002, p. 131-144.

____. *A Hidra e os pântanos: mocambos, quilombos e comunidades de fugitivos no Brasil, (Séculos XVII – XIX)*. São Paulo: UNESP: Ed. Polis, 2005.

____. "'No labirinto dos rios, furos e igarapés': camponeses negros, memória e pós emancipação na Amazônia, c. XIX-XX". *História Unisinos*, vol. 10, nº 3, set./dez. 2006, p. 281-292.

____. *Histórias de quilombolas: mocambos e comunidades de senzalas no Rio de Janeiro, século XIX*. Ed. rev. e ampl. – Companhia das Letras, 2006.

____ [et al.]. *Cidades Negras: africanos, crioulos e espaços urbanos no Brasil escravista do século XIX*. São Paulo: Alameda, 2006.

____ & FERREIRA, Roquinaldo. "A miragem da miscigenação". *Novos Estudos*, mar. 2008, p. 141-160.

____. *Mocambos de Palmares: histórias e fontes (Séc. XVI-XIX)*. Rio de Janeiro: 7Letras, 2010.

GORENDER, Jacob. *A escravidão reabilitada*. 1ª ed., São Paulo: Expressão Popular, Fundação Perseu Abramo, 2016.

GOULART, José Alípio. *Da fuga ao suicídio: aspectos da rebeldia dos escravos no Brasil*. Rio de Janeiro: Conquista, INL, 1972.

GUIMARÃES, Carlos Magno. *A negação da ordem escravista: quilombos em Minas Gerais no século XVIII*. São Paulo: Ícone, 1988.

_______. "Quilombos e política (MG - Século XVIII)". *Revista de História*, nº 132, 1995, p. 69-81.

GRINBERG, Keila. *O fiador dos brasileiros. Cidadania, escravidão e direito civil no tempo de Antônio Pereira Rebouças*. Rio de Janeiro: Civilização Brasileira, 2002.

KARASH, Mary C. *A vida dos escravos no Rio de Janeiro (1808-1850)*. Trad. Pedro Maia Soares. São Paulo, Companhia das Letras, 2000.

KRAY, Hendrik. "'O abrigo da farda': o Exército brasileiro e os escravos fugidos, 1800-1880". *Afro-Ásia*, nº 17, 1996, p. 29-56.

LAMUR, Humphrey E. "O impacto das guerras dos quilombolas na política populacional durante a escravidão no Suriname". *Afro-Ásia*, nº 25-26, 2001, p. 61-93.

LARA, Silvia Hunold. *Campos da violência: escravos e senhores na Capitania do Rio de Janeiro, 1750-1808.* Rio de Janeiro: Paz e Terra, 1988.

____. "Biografia de Mahommah G. Baquaqua". *Revista Brasileira de História*, São Paulo, v. 8, nº 16, mar./ago. 1988, p. 269-284.

____. "Do singular ao plural – Palmares, capitães-do-mato e o governo dos escravos". GOMES, Flávio dos Santos & REIS, João José (org.). *Liberdade por um fio: histórias dos quilombos no Brasil.* São Paulo: Companhia das Letras, 1996, p. 81-109.

____. "Com fé, lei e rei: um sobado africano em Pernambuco no século XVII". In: Flávio Gomes (org.) *Mocambos de Palmares: histórias e fontes (Séc. XVI-XIX).* Rio de Janeiro: 7Letras, 2010.

____. "Uma grande diferença". *Revista Brasileira de História*, vol. 38, nº 79, set./dez. 2018, p. 13-18.

LAVIÑA, Javier (coordinador). *Esclavos rebeldes y cimarrones.* Fundación Hernando de Larramendi Tavera, Madrid, 2005.

LIMA, Lana Lage da Gama. *Rebeldia negra e abolicionismo.* Rio de Janeiro: Achiamé, 1981.

LIMA, Ivana Stolze. "Escravos bem falantes e nacionalização linguística no Brasil – uma perspectiva histórica". *Estudos Históricos.* Rio de Janeiro, vol. 25, nº 50, jul./dez. 2012, p. 353-369.

LOVEJOY, Paul E.. "Identidade e a miragem da etnicidade". A jornada de Mahommah Gardo Baquaqua para as Américas. *Afro-Ásia*, nº 27, 2002, p. 9-39.

MACHADO, Maria Helena P. Toledo. *Crime e escravidão: lavradores pobres na crise do trabalho escravo, 1830-1888.* São Paulo: Brasiliense, 1987.

____. "Em torno da autonomia escrava: uma nova direção para a história social da escravidão". *Revista Brasileira de História*, v. 8, nº 16, mar./ago. 1988, p. 143-160.

____. *O plano e o pânico: os movimentos sociais na década da abolição.* Rio de Janeiro: UFRJ; São Paulo: USP, 1994.

____ [et al.]. *Ventres livres? Gênero, maternidade e legislação.* São Paulo: Editora Unesp, 2021.

MAESTRI FILHO, Mario José. *Quilombos e quilombolas em terra gaúchas.* Porto Alegre, Escola Superior de Teologia São Lourenço de Brindes, Caxias do Sul, Universidade de Caxias, 1979.

____. *Depoimentos de escravos brasileiros.* São Paulo: Ícone, 1988.

MARQUESE, Rafael de Bivar. "A dinâmica da escravidão no Brasil. Resistencia, tráfico negreiro e alforrias, séculos XVII a XIX". *Novos Estudos*, CEBRAP, nº 74, mar. 2006, p. 107-123.

MATTOS, Wilson Roberto de. *Negros contra a ordem: astúcias, resistências e liberdades possíveis (Salvador, 1850 – 1888).* Salvador: EDUNEB, 2008.

MATTOSO, Kátia M. de Queirós. *Ser escravo no Brasil.* 3ª edição, São Paulo: Brasiliense, 1990.

MIKI, Yuko. "Fugir para a escravidão: as geografias insurgentes dos quilombolas brasileiros, 1880-1881". In: GOMES, Flávio & DOMINGUES, Petrônio (orgs.). *Políticas da raça: experiência e legados da abolição e da pós-emancipação no Brasil.* São Paulo: Selo Negro, 2014, p. 35-68.

MOTT, Luiz. "População e economia: aspectos do problema da mão-de-obra escrava em Sergipe (Séculos 18 e 19)". *Revista do Instituto Histórico e Geográfico de Sergipe*, nº 28, 1879-1982, p. 19-32.

____. *Sergipe Del Rey: população, economia e sociedade.* Aracaju: Fundesc, 1986.

____. "O escravo nos anúncios de jornal de Sergipe". *Revista do Instituto Histórico e Geográfico de Sergipe,* nº 29, 1987, p.133-147.

____. "Rebeliões escravas em Sergipe". *Estudos Econômicos*, São Paulo, v. 17, nº especial, 1987, p. 111-130.

_____. "Santo Antônio, o divino capitão-do-mato". In: GOMES, Flávio dos Santos & REIS, João José (orgs.). *Liberdade por um fio: histórias dos quilombos no Brasil.* São Paulo: Companhia das Letras, 1996, p. 110-138.

_____. *Sergipe colonial & imperial: religião, família e sociedade (1591-1882).* São Cristóvão: EDUFS; Aracaju: Fundação Oviêdo Teixeira, 2008.

MOURA, Clóvis. *Rebeliões na senzala: quilombos ressurreições guerrilhas.* 3ª ed., São Paulo: Livraria e Editora Ciências Humanas, 1981.

_____. *Quilombos: resistência ao escravismo.* São Paulo: Ática, 1987.

_____. *Os quilombos na dinâmica social do Brasil.* Maceió: EDUFAL, 2001.

MUNANGA, Kabengele. "Origem e histórico do quilombo na África", *Revista USP*, nº 28, dez./fev. 1995-1996, p. 56-63.

NASCIMENTO, Rômulo Luiz Xavier do. "Caçada aos 'bosnegers'". *Revista de História da Biblioteca Nacional,* ano 3, nº 27, dez. 2007, p. 28-31.

NUNES, Maria Thétis. *Sergipe Colonial I.* Sergipe: UFS/ Rio de Janeiro: Tempo Brasiliense, 1989.

_____. *Sergipe provincial II (1840-1889).* Rio de Janeiro: Tempo Brasileiro; Aracaju: Banco do Estado de Sergipe, 2006.

PARÉS, Luis Nicolau. "O processo de crioulização no recôncavo baiano (1750-1800)". *Afro-Ásia*, nº 33, 2005, p. 87-132.

PIRES, Maria de Fátima Novaes. *O crime na cor: escravos e forros no alto sertão da Bahia (1830-1888).* São Paulo: Annablume/Fapesp, 2003.

PRICE, Richard. *Firts Time. The historical vision of an afro-american people.* Baltimore and London: The Johns Hopkins University Press, 1983.

_____. *Maroon Societies. Rebel slave communities in the Americas.* Third edition. Baltimore, The Johns Hopkins University Press, 1996.

_____. "Palmares como poderia ter sido". In: GOMES, Flávio dos Santos & REIS, João José (orgs.). *Liberdade por um fio: histórias dos quilombos no Brasil.* São Paulo: Companhia das Letras, 1996, p. 52-59.

_____. "Reinventando a história dos quilombos: rasuras e confabulações". *Afro-Ásia*, nº 23, 2000, p. 239-263.

QUEIROZ, Suely Reis de. *Escravidão negra em São Paulo: um estudo das tensões provocadas pelo escravismo no século XIX.* Rio de Janeiro: J. Olympio; Brasília: INL, 1977.

RAMOS, Donald. "O quilombo e o sistema escravista em Minas Gerais do século XVIII". In: GOMES, Flávio dos Santos & REIS, João José (orgs.). *Liberdade por um Fio: história dos quilombos no Brasil.* São Paulo: Companhia das Letras, 1996, p. 164-192.

REBELATTO, Martha. "Fugas e quilombos na ilha de Santa Cantarina, Século XIX". *Afro-Ásia*, nº 36, 2007, p. 82-110.

REIS, Isabel Cristina Ferreira dos. "'Uma negra que fugiu, e consta que já tem dous filhos': fuga e família entre escravas na Bahia". *Afro-Ásia*, nº 23, 2000, p. 27-46.

REIS, João José Reis. "Recôncavo rebelde: revoltas escravas nos engenhos baianos". *Afro-Ásia*, nº 15, 1992, p. 100-126.

____. "A greve negra de 1857 na Bahia". *Revista USP*, nº 18, 1993, p. 8-30.

____. "Quilombos e revoltas escravas no Brasil. 'Nos achamos em capo a tratar da liberdade'". *Revista USP*, São Paulo, vol. 28, dez./fev. 1995-1996, p. 14-39.

____. "Escravos e coiteiros no quilombo do Oitizeiro – Bahia, 1806". In: GOMES, Flávio dos Santos & REIS, João José (orgs.). *Liberdade por um Fio: história dos quilombos no Brasil.* São Paulo: Companhia das Letras, 1996, p. 332-372.

____. *Rebelião escrava no Brasil: a história do levante dos malês em 1835.* 2ª edição. São Paulo: Companhia das Letras, 2003.

____ & SILVA, Eduardo. *Negociação e conflito: a resistência negra no Brasil escravista.* São Paulo: Companhia das Letras, 2005.

____ & GOMES, Flávio dos Santos (orgs.). *Revoltas escravas no Brasil.* 1ª ed. – São Paulo: Companhia das Letras, 2021.

RESENDE, José Mario dos Santos. *Entre campos e veredas da Cotinguiba: o espaço agrário em Laranjeiras (1850-1888).* Dissertação – Programa de Pós-Graduação em Geografia, Universidade Federal de Sergipe, São Cristóvão, 2003.

SANTOS, Joceneide Cunha dos. *Entre farinhadas, procissões e famílias: a vida de homens e mulheres escravos em Lagarto, Província de Sergipe (1850-1888)*. Dissertação (mestrado em História) – Faculdade de Filosofia e Ciências Humanas, Universidade Federal da Bahia, Salvador, 2004.

SANTOS, Lourival Santana. "Quilombos e quilombolas em terras de Sergipe no século XIX". *Revista do Instituto Histórico e Geográfico de Sergipe,* n° 31, 1992, p. 31-43.

SANTOS, Lucimar Felisberto dos. "Disputas pelos significados da liberdade do ventre escravizado: episódios de fugas de africanas e de suas descendentes". In: Maria Helena Pereira Toledo Machado [et al.]. *Ventre livres? Gênero, maternidade e legislação.* São Paulo: Editora Unesp, p. 385-304, 2021.

SANTOS, Maria Nely dos. "Outros Mulungus, outros mitos?". *Revista Gbàlà*, 1995, p. 5-9.

____. *A sociedade libertadora "Cabana do Pai Thomaz". Francisco José Alves, uma história de vida e outras histórias.* Aracaju: J Andrade, 1997.

SCHWARTZ, Stuart. *Escravos, roceiros e rebeldes.* Trad. Jussara Simões. Bauru, SP: EDUSC, 2001.

SILVA, Danielle Luna. "Sem tempo para sonhar (?) Apropriação, maternagem e resistência em um defeito de cor e compaixão". *Revista Ártemis*, Vol. XXIV, nº 1, jul./dez. 2017. p. 18-28.

SILVA, Eduardo. *As camélias do Leblon e a abolição da escravatura:* uma investigação de história cultural. São Paulo: Companhia das Letras, 2003.

SILVA, Francisco Carlos Teixeira da. "Conflitos de terras numa fronteira antiga: o sertão do São Francisco no século XIX". *Tempo*, n° 7, p. 9-28.

SILVA, Joelma Santos da. "Entre a Igreja e o Império: Dom Marcos Antônio de Souza, o primeiro bispo Brasil Independente". *Saeculum*, n° 33, jul./dez. 2015, p. 49-69.

SILVA, Maria Lúcia Marques Cruz e. *Rosário do Catete.* Prefeitura Municipal de Rosário do Catete, 2000.

SLENES, Robert W. *Na senzala, uma flor:* esperanças e recordações na formação da família escrava, Brasil Sudeste, século XIX. Rio de Janeiro: Nova Fronteira, 1999.

SOUZA NETO, Edvaldo Alves de. *Saindo das senzalas, mas não da História: libertos em Sergipe no pós-abolição (1888-1900).* São Cristóvão: Editora UFS, 2017.

SUBRINHO, Josué Modesto dos Passos. "Tráfico inter e intra – provincial no nordeste açucareiro: Sergipe (1850-1887)". *Revista do Instituto Histórico e Geográfico de Sergipe,* nº 31, 1992, p. 45-69.

____. *Reordenamento do trabalho: trabalho escravo e trabalho livre no nordeste açucareiro, Sergipe 1850-1930.* Aracaju: FUNCAJU, 2000.

____ (org.). *Os classificados da escravidão.* Aracaju: Instituto Histórico e Geográfico de Sergipe, 2008.

SCHWARTZ, Stuart B.. *Escravos, roceiros e rebeldes.* Trad. Jussara Simões. Bauru (SP), Edusc, 2001.

____. *Segredos internos: engenhos e escravos na sociedade colonial, 1550-1835.* São Paulo: Companhia das Letras, 2005.

THOMPSON, E. P.. *Costumes em Comum: estudos sobre a cultura popular tradicional.* São Paulo: Companhia das Letras, 1998.

WISSENBACH, Maria Cristina C. *Sonhos africanos, vivências ladinas: escravos e forros no município de São Paulo 1850-1880.* São Paulo: Hucitec, 1998.

Alameda nas redes sociais:
Site: www.alamedaeditorial.com.br
Facebook.com/alamedaeditorial/
Twitter.com/editoraalameda
Instagram.com/editora_alameda/

Esta obra foi impressa em São Paulo no verão de 2024. No texto foi utilizada a fonte Garamond Premier Pro em corpo 11 e entrelinha de 16 pontos.